"十二五"职业教育国家规划教材
经全国职业教育教材审定委员会审定
福建省精品课程

学前教育类专业教材系列

幼儿教育法规

（第三版）

林雪卿　主编

科学出版社

北　京

内 容 简 介

本书针对幼儿园教育教学工作及幼儿园管理工作中依法处理教师与幼儿园的关系、依法处理教师与幼儿的关系、依法维护教师自身的合法权益与提高教师自身素质四个方面进行系统介绍，以提高教师应用幼儿教育法规分析、解决实际问题的能力。

本书可作为职业教育学前教育类专业教材，以及幼儿园在职人员培训教材，也可作为报考幼儿园事业编制内教师或者报考全国统一组织的教师资格考试的辅导书。

图书在版编目（CIP）数据

幼儿教育法规/林雪卿主编. —3 版. —北京：科学出版社，2021.1
（"十二五"职业教育国家规划教材·经全国职业教育教材审定委员会审定·福建省精品课程·学前教育类专业教材系列）

ISBN 978-7-03-066752-6

Ⅰ. ①幼⋯　Ⅱ. ①林⋯　Ⅲ. 学前教育 – 教育法 – 中国 – 高等职业教育 – 教材　Ⅳ. ①D922.16

中国版本图书馆 CIP 数据核字（2020）第 218254 号

责任编辑：沈力匀 / 责任校对：王　颖
责任印制：吕春珉 / 封面设计：汇瑞中

科学出版社 出版
北京东黄城根北街 16 号
邮政编码：100717
http://www.sciencep.com
铭浩彩色印装有限公司 印刷

科学出版社发行　　各地新华书店经销
*
2010 年 8 月第 一 版　　2021 年 1 月第二十次印刷
2014 年 1 月第 二 版　　开本：787×1092　1/16
2021 年 1 月第 三 版　　印张：13 1/2
字数：330 000
定价：42.00 元
（如有印装质量问题，我社负责调换〈铭浩〉）
销售部电话 010-62136230　编辑部电话 010-62135235（VP04）

本书编写委员会

主　编　林雪卿（厦门城市职业学院）

编　委　吴丽芳（福建幼儿师范高等专科学校）

　　　　杨　静（集美大学诚毅学院）

　　　　罗丽丹（琼台师范学院）

　　　　姚莉娜（厦门市第十幼儿园）

　　　　王丹丹（闽江师范高等专科学校）

　　　　孙林红（宁德职业技术学院）

　　　　胡丽园（琼台师范学院）

　　　　练宝珍（泉州幼儿师范高等专科学校）

第三版前言

《幼儿教育法规》于 2010 年由科学出版社出版，2014 年进行第二版修订，并被评为教育部"十二五"职业教育国家规划教材。本书出版多年来，得到全国读者的广泛认可，产生了较好的社会效益。当前，在国家统筹推进教师、教材、教法"三教"改革及深化产教融合、校企合作，推动校企"双元"合作开发教材的背景下，结合我国学前教育事业的飞速发展，幼儿教育（简称"幼教"）政策法规不断出台或修订，新的研究成果不断涌现，根据职业院校教师对立体化教学的迫切需求的实际情况，我们与时俱进，充分汲取一线教师在职业院校课堂教学实践中积累的经验，再次做了修订。

本次内容修订的主要特点有以下几个方面。

第一，以"问题"为导向，围绕"问题"编写内容，即本书打破了传统的知识结构体系，建构以学生解决实际法律问题为导向的新体系。

经调研，我们认为学前教育类专业学生必须处理好以下几个主要法律关系。①教师与幼儿园的关系。要处理好这一关系，涉及的问题有：幼儿园应如何依法设置？幼儿园有哪些权利和义务？教师应如何做好保教（保健、养育、教育）工作？违法办园应承担哪些法律责任？②教师应懂得依法维护自身的合法权益，提高自身的素质。为此，教师要懂得：教师有哪些法定的权利和义务？教师如何通过申诉、复议、诉讼等法律途径维护自身的合法权益？有关组织或个人侵犯教师合法权益应承担哪些法律责任？教师应如何取得教师资格证书？教师应如何与幼儿园签订聘任合同？③幼儿园及其教师与幼儿及其家长的关系。要处理好这一关系，涉及的问题有：幼儿园及其教师在保护未成年人方面有哪些法定义务？侵犯未成年人合法权益应承担哪些法律责任？应如何处理幼儿伤害事故？

我们将这些幼儿园教师在实际工作中遇到的问题设计为专题，并以这些专题为框架来构建"幼儿教育法规"课程的教学内容，打破了该课程原有的知识体系。除了专题一"法和幼儿教育法规的基本知识"仍以知识体系来编写内容外，其他专题均以问题的解决为导向组织内容。《中华人民共和国教育法》（简称《教育法》）、《中华人民共和国教师法》（简称《教师法》）、《中华人民共和国未成年人保护法》（简称《未成年人保护法》）、《中华人民共和国民办教育促进法》（简称《民办教育促进法》）、《幼儿园管理条例》与《幼儿园工作规程》等实体法不再作为一个完整的体系来介绍，而是在解决相关实际问题时才进行讲解。与传统教材编写结构比较而言，本书所设置的第二、三、四个专题都是独立和完整的，学生不必学完专题二才可学习之后的专题。我们期待学前教育类专业学生通过对本书的学习，能够掌握幼儿教育法规的基本知识，并能够应用幼儿教育法规的基本知识分析、解决在保教和管理过程中碰到的实际法律问题。

第二，教材立体化。我们顺应时代需求，融合"互联网＋"思想，开发了与书相配套的教学资源，以二维码形式将与学前教育相关的法律法规文件、教学课件和历年教师资格考试真题及答案等材料纳入其中，以拓宽教师教学、学生学习的空间。新增的二维码资源丰富了教材的内容，使教材从平面化走向立体化。

第三，本次修订的内容时效性强，涉及面广。在修订过程中，我们将国家最新颁布的幼教法规、与幼教有关的法律法规及幼教法规领域最新的研究成果吸纳于书中。由于幼教领域的法律问题涉及面很广，所以，本书涉及的幼教政策法规及与幼教相关的政策法规文件近百个。

第四，本书案例丰富。为了改变法律法规教材过于单调、乏味，可读性不强的现状，本书提供了多个典型案例以供学生自主学习或教师作为课堂案例分析、模拟课堂、模拟法庭、小组课堂讨论、正反方课堂辩论时使用。因此，全书内容既有理论讲解，又有案例分析，深入浅出，通俗易懂，具有可读性与实用性。

第五，校企（园）合作共同开发教材。本书除了由担任该课程教学的职业院校教师参与编写外，还吸纳了实训基地幼儿园的园长、教师共同编写内容。书中的一些案例都是在幼儿园中真实发生的，对学生学习具有真实性和补益性。

全书共分四大专题，专题一，专题三的问题一、问题二、问题五和专题四由林雪卿编写；专题二的问题一由吴丽芳编写，问题二由杨静编写，问题三由姚莉娜、练宝珍编写，问题四由孙林红、王丹丹编写；专题三的问题三由胡丽园编写；问题四由罗丽丹编写。全书由林雪卿统稿。

本书可作为职业教育学前教育类专业，幼儿园园长任职资格培训班、提高培训班、研修班及幼儿园骨干教师培训班的教材，也可作为报考幼儿园事业编制内教师或者报考全国统一组织的教师资格考试的复习参考材料。

教材的完善是个永无止境的过程。本书虽然已是第三次出版，但还会存在一些疏漏和不足之处，恳请读者继续给予关注，并多提宝贵意见。

第一版前言

　　"幼儿教育法规"是职业院校学前教育专业的专业必修课、专业基础课，是幼儿园园长任职资格培训、提高培训、研修培训和幼儿园教师培训的必修课程，也是学前教育专业学生报考幼儿园事业编制内教师和报考全国统一组织的教师资格考试的必考课程。通过对本课程的学习，可具备从事幼儿园教育教学和管理工作所需要的法律法规知识，从而提高从业人员的法律意识和素养，正确履行教师的法定职责，增强依法治园的意识、水平和能力。

　　为了提高学前教育从业人员依法治园的意识、水平和能力，我们对"幼儿教育法规"课程进行了一系列的教学改革，包括：构建充分重视课程实践性、开放性和职业性的教学理念，坚持校企合作开发课程；构建问题导向的教学模式，以提高学生解决法律问题的实际能力；解构知识原有的逻辑结构体系，重构以学生解决问题的逻辑结构为体系的教学内容；改革传统的、单一的授课法，采用多样化的教学方法；改革考试评价模式，减少终结性评价的权重，增加过程性评价的权重等。

　　我们在进行幼儿园调查研究与分析后认为，学前教育从业人员应具备应用"幼儿教育法规"知识分析、解决在教育教学和管理过程中碰到的实际法律问题的能力。这些能力包括以下几点。第一，教师应处理好与幼儿园的关系，即：了解幼儿园应如何依法设置？幼儿园有哪些权利和义务？教师应如何做好保教工作？违法办园应承担哪些法律责任？第二，教师应依法维护自身的合法权益，即：了解教师有哪些法定权利和义务？教师如何通过申诉、复议、诉讼等法律途径维护自身的合法权益？有关组织或个人侵犯教师合法权益应承担哪些法律责任？教师应如何取得教师资格证书？教师如何与幼儿园签订聘用合同？第三，幼儿园及其教师应依法处理好与幼儿及其家长的关系，即：幼儿园及其教师在保护未成年人方面有哪些法定义务？侵犯未成年人合法权益应承担哪些法律责任？应如何处理幼儿伤害事故？

　　我们将这些实际工作中遇到的问题设计为专题，并以这些专题为框架来构建课程的教学内容，这就打破了该课程原有的知识体系。也就是说，除了专题一"法和幼儿教育法规的基础知识"仍以知识体系来编写外，其他专题均以问题导向设计内容结构。原来的《教育法》《教师法》《未成年人保护法》《民办教育促进法》《幼儿园管理条例》《幼儿园工作规程》等实体法也不作为一个完整体系来介绍，而是在解决相关问题需要用到时才进行讲解。与传统编写结构比较，本书所设置的每个专题都是独立的、完整的，学生不必学完专题一后才能学专题二。因此，本书打破了知识原有的逻辑结构体系，重构以学生解决实际法律问题的逻辑结构为体系的教学内容，符合能力体系教学模式的特点与要求。此外，我们对课程进行了一体化的资源建设，并且建有全开放的课程网站（http://218.85.130.148/jpkc/yjfg/index.html），网站内容会不断更新，纸质教材与课程网站相互补充，以拓宽学生的学习视野。在编写过程中，我们还将国家最新颁发的幼儿教育法规的内容与该领域最新的研究成果吸纳于书中，并吸纳了实训基地园长、教师的共同开发课程。为了配合教学改革，提高学生解决实际问题的能力，全书除了提供29个典型案例及其分析外，还选择了28个典型案例供学生自主学习或教师课堂案例分析、模拟课堂、模拟法庭、小组课堂讨论、正反方课堂辩论时使用。

本书既有理论讲解，又有案例分析，深入浅出，通俗易懂。可作为本、专科院校学前教育类专业，幼儿园园长任职资格培训班、提高培训班、研修班及幼儿园骨干教师培训班教材，也可作为学前教育专业毕业生报考幼儿园事业编制内教师或者报考全国统一组织的教师资格考试的复习参考材料。

全书共分四大专题，专题一、专题三、专题四由林雪卿编写；专题二的问题一由林良章、彭琦凡编写，问题二由陈景明、罗丽丹编写，问题三由丁翎、叶明芳编写，问题四由姚健儿、刘育红编写；全书由林雪卿统稿。

"幼儿教育法规"课程已于2009年被评为福建省省级精品课程，该精品课程负责人为林雪卿教授，课题组成员有厦门城市职业学院的易化、吴开龙、张颖颖、刘育红、黄珠红、江湘、丁翎，厦门市第四幼儿园的园长。本书中的一些案例即来自精品课程网站上的资源，在此向精品课程课题组教师表示感谢。本书在编写前期及修订时曾到厦门市第一幼儿园、厦门市第四幼儿园、厦门市第九幼儿园、厦门市莲龙幼儿园、厦门市思明区实验幼儿园等实训基地进行调研，得到了院领导和广大教师的大力支持，在此向这些幼儿园的园长、教师表示感谢。

我们虽然长期从事"幼儿教育法规"课程教学，但打破知识原有的逻辑结构体系，重构以学生解决实际法律问题的逻辑结构为体系的教学内容，还只是个初探，因此，我们希望在将来的教育教学中不断探索、不断完善，也希望读者多提宝贵意见。

目　　录

专题一 法和幼儿教育法规的基本知识

一、法、教育法规与幼儿教育法规

1. 法的概念

通常，法的概念有狭义和广义之分。狭义的法专指法律。在我国，只有全国人民代表大会及其常务委员会（简称"全国人大及其常委会"）按照一定的立法程序制定、修订和颁布的规范性文件才成为法律。广义的法是指国家机关依照法定权限和程序制定和公布的规范性文件的总称，包括法律、行政法规、地方性法规、规章等，有时还包括具有普遍约束力的"规章性文件"。我们一般是从广义上来使用"法"这一概念的。

从一般意义上说，法是指由国家制定或认可，并以国家强制力保证实施的行为规范的总和，可以从三个层面来理解法的含义。

1）法是一种特殊的社会行为规范

行为规范包括自然行为规范和社会行为规范两大类。社会行为规范又包括法律规范、道德规范、政治规范和技术规范等。可见，法律规范是社会行为规范中的一种。所谓法律规范，是指通过行为控制来调整和控制社会关系，是不同于宗教、道德、社会习俗等其他规范的特殊的社会规范。

2）法是由国家制定或认可的一种社会行为规范

（1）国家创制规范有两种基本形式，即制定法律法规和认可法律法规。所谓制定法律法规，是指国家机关按照法定权限和程序，制定、修改和废止法律法规的行为。所谓认可法律法规，是指国家机关通过一定的形式承认某些已经存在的习惯、判例等具有法律效力的行为。

（2）法只能由国家制定或认可。也就是说，行为规范如果不是由国家制定或认可，这种行为规范也不是法律规范。

（3）法由国家制定或认可，所以法具有国家意志属性，它是高度统一、普遍有效的。

一个国家除了极特殊的情况（如我国的一国两制）外，只能有一个法的体系，并且一体遵行。

概括而言，由国家制定或认可，是法与其他行为规范，如道德规范、乡规民约、家规校纪等的原则区别之一，不经国家制定或认可的行为规范就不是法。

3）法是以国家强制力保证实施的行为规范

具有国家强制力，是法律规范与其他行为规范的最重要区别。法律所规定的权利和义务是由专门的国家机关以强制力保证实施的，国家的强力部门包括军队、警察、法庭、监狱等。对违法者的制裁是保证法律实施的必要强制手段。

法和幼教法规
的基本知识

2．教育法规

教育法规是指由国家制定或认可，经过必要的程序通过，能够反映统治阶级意志，并且由国家强制力保证实施的有关教育活动的规范体系。

教育法规包括有关教育的专门法律、行政法规、地方性法规和规章等，也包括其他法规中调整有关教育的各种法律关系的规范性条文。由全国人大及其常委会制定和发布的教育法规称为"教育法律"；由国家最高行政机关制定和发布的教育法规称为"教育行政法规"；由有权的地方人民代表大会及其常务委员会（简称"地方人大及其常委会"）制定和发布的教育法规称为"地方性教育法规"；由国务院各部委或者有权的地方人民政府制定和发布的教育法规称为"教育规章"。

此外，本书中涉及的教育法、教育法律法规、教育法规这几个概念在广义上使用时，是同义词，可以互相替代。

3．幼儿教育法规

幼儿教育法规是教育法规的一个组成部分，它是由国家制定或认可、经过必要的程序通过、能够反映统治阶级意志，并且由国家强制力保证实施的有关幼儿教育活动的规范体系。

二、教育法规的制定、渊源、效力及体系

（一）教育法规的制定

社会主义法制建设的基本要求是有法可依、有法必依、执法必严、违法必究。加强教育立法，使教育有法可依，是加强教育法制建设的前提。

教育法规的制定是指法定的国家机关依照法定职权和程序制定（含修改和废止）教育法规的活动，也称教育立法。

那么，有权制定教育法规的国家机关有哪些呢？我国的国家机关包括中央国家机关与地方国家机关两大部分。中央国家机关包括：最高国家权力机关，指全国人民代表大会及其常务委员会；最高国家行政机关，指国务院，也称中央人民政府；审判机关，指最高人民法院；最高国家检察机关，指最高人民检察院，是国家的法律监督机关；最高国家监察机关，指国家监察委员会；国家中央军事机关，指中央军事委员会。在这六大中央国家机关中，最高国家权力机关与其他五大中央国家机关之间并不是并列的关系，其他五大中央国家机关都是由最高国家权力机关产生的。在这六大中央国家机关中，最高国家权力机关与中央行政机关都有权制定教育法规。最高国家权力机关的立法权也称最高立法权，或称国家立法权、法律立法权，中央行政机关的立法权也称行政立法权。我国宪法规定：法院、检察院、监察委员会依法独立行使职权，不受行政机关、社会团体和个人的干涉。

地方国家机关包括：地方国家权力机关，指地方各级人大及其常委会；地方国家行政机关，指地方各级人民政府；地方国家审判机关，指地方各级人民法院；地方国家检察机关，指地方各级人民检察院；地方各级监察机关，指地方各级监察委员会。在这五大地方国家机关中，部分地方国家权力机关与部分地方国家行政机关有权制定教育法规。

（二）教育法规的渊源

教育法规的形式渊源，是指教育法规的创立方式，即法是由何种国家机关、通过何种方式创立的，表现为何种法律文件的形式，也称教育法规的表现形式。

我国教育法规以成文法为主要表现形式。主要的形式渊源有：宪法、教育法律、教育行政法规、地方性教育法规、教育规章五种。

1. 宪法

宪法是由国家最高权力机关制定的国家的总章程和根本大法，在我国法的渊源体系中占据首要地位，具有最高的法律效力，是我国全部立法工作的基础和根据，一切规范性文件皆不能与宪法相抵触。只有全国人民代表大会（简称"全国人大"）有宪法的制定和修改权。宪法作为教育法的渊源，规定了我国教育的社会性质、目的任务、结构系统、办学体制、管理体制；规定了公民有受教育的权利和义务；规定了对少数民族、妇女和有残疾的公民在教育方面应予以帮助；规定了对未成年人的保护；规定了宗教与教育的关系，这些都是各种形式和层级的教育立法的最高依据。任何形式的教育法都不得与宪法相抵触，否则便是违宪。

2. 教育法律

教育法律是由全国人大及其常委会制定的教育规范性文件，其效力仅次于宪法。教育法律又分为两种形式：基本法律和单行法律。

基本法律一般由全国人大制定，它比较全面地规定和调整某一方面根本性、普遍性的社会关系。基本法律的范围又包括刑事的基本法律、民事的基本法律、国家机构的基本法律和其他的基本法律。如《教育法》就属于"其他的基本法律"。就教育领域而言，《教育法》是教育领域的基本法律，是"教育的宪法"，或教育法规体系中的"母法"。

单行法律是调整某类教育或教育的某一具体部分关系的法律，一般由全国人大常委会制定。但 1986 年《中华人民共和国义务教育法》（简称《义务教育法》）是由全国人大制定的，是个例外，2006 年已由全国人大常委会修订。

此外，全国人大及其常委会发布的关于教育的具有规范性内容的决议和决定，也属于教育法律的范畴，与教育法律具有同等效力，如 1985 年 1 月 21 日第六届全国人大常委会第九次会议通过的《全国人民代表大会常务委员会关于教师节的决定》就属于此类。

《中华人民共和国立法法》（简称《立法法》）第九条规定，关于犯罪和刑罚、对公民政治权利的剥夺和限制人身自由的强制措施和处罚、司法制度等事项只能制定法律，不能制定行政法规。法律的解释权属于全国人大常委会，法律解释同法律具有同等效力。

法律根据内容需要，可以分为编、章、节、条、款、项、目。全国人大及其常委会通过的法律由国家主席签署主席令予以公布。法律签署公布后，及时在全国人民代表大会常务委员会公报和中国人大网及在全国范围内发行的报纸上刊载。

3. 教育行政法规

教育行政法规是指国家最高行政机关为实施、管理教育事业，根据宪法和教育法律制定的规范性文件，其效力仅次于宪法和教育法律，由总理签署，国务院令予以公布。

教育行政法规一般有两种发布方式：一是由国务院直接发布，如《中华人民共和国残疾人教育条例》（简称《残疾人教育条例》）（2017 年 1 月 11 日修正）和《教师资格条例》（1995 年 12 月 12 日发布）都是由国务院直接发布的；二是经国务院批准、由国家教育委员会（简称"国家教委"，现称"教育部"）发布，如《幼儿园管理条例》是于 1989 年 8 月 20 日经国务院批准，1989 年 9 月 11 日由国家教委发布的。教育行政法规不论采取何种发布形式，其效力是一样的。

行政法规签署公布后，及时在国务院公报和中国政府法制信息网及在全国范围内发行的报纸上刊载。

4．地方性教育法规

地方性教育法规包括执行性、补充性的地方教育法规和自主性的地方教育法规两种。执行性、补充性的地方教育法规如 1996 年的《福建省实施〈中华人民共和国教师法〉办法》；自主性的地方教育法规如 2009 年修订的《厦门经济特区学校用地保护规定》等。

地方性教育法规是由地方人大或地方人大常委会制定的关于教育的规范性文件。《立法法》第七十二条第一款规定："省、自治区、直辖市的人民代表大会及其常务委员会根据本行政区域的具体情况和实际需要，在不同宪法、法律、行政法规相抵触的前提下，可以制定地方性法规。"第二款规定："设区的市的人民代表大会及其常务委员会根据本市的具体情况和实际需要，在不同宪法、法律、行政法规和本省、自治区的地方性法规相抵触的前提下，可以对城乡建设与管理、环境保护、历史文化保护等方面的事项制定地方性法规，法律对设区的市制定地方性法规的事项另有规定的，从其规定。设区的市的地方性法规须报省、自治区的人民代表大会常务委员会批准后施行。省、自治区的人民代表大会常务委员会对报请批准的地方性法规，应当对其合法性进行审查，同宪法、法律、行政法规和本省、自治区的地方性法规不抵触的，应当在四个月内予以批准。"第六款规定："省、自治区的人民政府所在地的市，经济特区所在地的市和国务院已经批准的较大的市已经制定的地方性法规，涉及本条第二款规定事项范围以外的，继续有效。"可见，并不是所有的地方人大及其常委会都有权制定地方性教育法规。

地方性法规公布后，及时在本级人民代表大会常务委员会公报和中国人大网、本地方人民代表大会网站以及在本行政区域范围内发行的报纸上刊载。

5．教育规章

教育规章包括各部委教育规章与地方政府教育规章。部委教育规章是指国务院各部委（主要指教育部）根据法律和行政法规的规定，在本部门权限内制定的关于教育方面的规范性文件，各部委教育规章在全国有效；地方政府教育规章是指地方政府为保证法律、行政法规和本行政区的地方性法规的遵守和执行而制定的规范性教育法律文件，地方政府教育规章只能在本行政区域内有效。

《立法法》第八十二条第一款规定："省、自治区、直辖市和设区的市、自治州的人民政府，可以根据法律、行政法规和本省、自治区、直辖市的地方性法规，制定规章。"相对于教育法律和教育行政法规而言，教育规章的数量很大，三者在数量上呈金字塔状。

部门教育规章由部门首长签署命令予以公布；地方政府教育规章由省长或自治区主席或市长签署命令予以公布。

部门规章签署公布后，及时在国务院公报或者部门公报和中国政府法制信息网以及在全国范围内发行的报纸上刊载。地方政府规章签署公布后，及时在本级人民政府公报和中国政府法制信息网以及在本行政区域范围内发行的报纸上刊载。

除了上述五种主要渊源外，教育法规的渊源还有教育自治条例和教育单行条例，其地位相当于地方教育法规。此外，教育国际条约或协定也是教育法规的表现形式。所谓教育国际条约或协定，是指以一国最高权力机关或最高行政机关名义同别国缔结的教育方面的条约或协定，以及宣布承认或加入的一些已经存在的教育国际条约。如教育公约、教育宪章、教育协定、教育协约等。在中国，一般认为教育国际条约或协定具有与教育法律同等的地位。中国签订或加入的条约生效后，对国内有关机关、公职人员和公民具有法律约束力。如联合国 1989 年 11 月 20 日第 44 届联合国大会第 25 号决议通过，于1990 年 9 月 2 日在世界生效，1991 年 12 月 29 日第七届全国人大常委会第 23 次会议批准的《儿童权利公约》，是第一部有关保障儿童权利且具有法律约束力的国际性约定，是我国广泛认可的国际公约。

由以上所列的我国教育法规的几种主要表现形式可以看出，本书所讲的教育法规是广义的，它不是仅指《中华人民共和国教育法》，而是指一个庞大的、包括不同层级在内的教育法律体系。

（三）教育法规的层级及效力从属关系

1. 教育法规的层级

各种表现形式的教育法规，是由不同性质、不同地位的国家机关制定的，而这些机关的性质和法律地位是不同的，所以它们所制定的教育法规就具有不同的效力。按照效力的大小，可以把教育法规的各种形式渊源从高到低排列为六个层级，见表 1-1。

表 1-1　教育法规的层级

法的层级	法的渊源
最高层级	宪法中关于教育的条款
第一层级	教育基本法律
第二层级	教育单行法律
第三层级	教育行政法规
第四层级	地方教育法规、教育自治条例、教育单行条例
第五层级	教育规章（包括部委教育规章和地方政府教育规章）

需要说明的是，第一层级至第五层级，连同最根本的宪法渊源，为教育活动提供了系统的行为规则。整个五个层级构成了教育行政机关进行教育管理活动和教育行政复议的依据。其中，前四个层级是人民法院审理教育行政案件的依据，但第五层级不能作为法院判案时的依据，仅能作为法院判案时的参考。

2. 教育法规的效力从属关系

教育法规的效力，是指各层级的教育法规文件在司法上和行政上的效力。从立法机关的权力和立法依据上分析，教育法规的效力从属关系见图1-1。

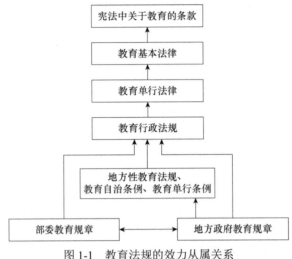

图1-1　教育法规的效力从属关系

解读图1-1时应注意以下几点。

（1）下一级的教育法规不能与本级及本级以上的教育法规相抵触，即下位法要服从上位法。

（2）同一机关制定的教育法律、教育行政法规、地方性教育法规、自治条例和单行条例、教育规章，特别规定与一般规定不一致的，适用特别规定，即特别法优于一般法。所谓特别规定，是指根据某种特殊情况和需要而规定的调整某种特殊问题的法律规范；所谓一般规定，是指为调整某类社会关系而制定的法律规范。新的规定与旧的规定不一致的，适用新的规定，即新法优于旧法。

（3）地方性教育法规的效力高于本级和下级地方政府教育规章的效力。

（4）省、自治区的人民政府制定的教育规章的效力高于本行政区域内的设区的市、自治州的人民政府制定的教育规章的效力。

（5）部门教育规章之间、部门教育规章与地方政府教育规章之间具有同等效力，在各自的权限范围内施行。

（6）教育法律之间对同一事项的新的一般规定与旧的特别规定不一致，不能确定如何适用时，由全国人大常委会裁决。教育行政法规之间对同一事项的新的一般规定与旧的特别规定不一致，不能确定如何适用时，由国务院裁决。

（7）地方性教育法规、教育规章之间不一致时，由有关机关依照下列规定的权限作出裁决：同一机关制定的新的一般规定与旧的特别规定不一致时，由制定机关裁决。地方性教育法规与部门教育规章之间对同一事项的规定不一致，不能确定如何适用时，由国务院提出意见，国务院认为应当适用地方性教育法规的，应当决定在该地方适用地方性教育法规的规定；认为应当适用部门教育规章的，应当提请全国人大常委会裁决。部

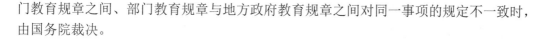

门教育规章之间、部门教育规章与地方政府教育规章之间对同一事项的规定不一致时，由国务院裁决。

（四）教育法规的体系

所谓教育法规的体系，是指教育法规作为一个专门的法律部门，按照一定的原则组成一个相互协调、完整统一的整体。它是教育法规按照一定的纵向和横向联系组成的覆盖各级各类教育工作和教育工作的主要方面的、不同层级、不同效力的教育法律规范的体系。

1. 教育法规体系的横向结构

教育法规体系的横向结构由若干处于同一层级、属于不同部门的法律规范组成。从教育法规体系的横向结构看，我国现已颁布的教育法律有七部，它们分别是：

（1）《中华人民共和国教育法》，第八届全国人大第三次会议于 1995 年 3 月 18 日通过，自 1995 年 9 月 1 日起施行。2015 年 12 月 27 日第十二届全国人大常委会第十八次会议通过修正决议，自 2016 年 6 月 1 日起施行。

（2）《中华人民共和国学位条例》（简称《学位条例》），第五届全国人大常委会第十三次会议于 1980 年 2 月 12 日通过，自 1981 年 1 月 1 日起施行。

（3）《中华人民共和国义务教育法》，第六届全国人大第四次会议于 1986 年 4 月 12 日通过，自 1986 年 7 月 1 日起施行。2006 年 6 月 29 日修订，2015 年 4 月 24 日第一次修正，2018 年 12 月 29 日第二次修正。

（4）《中华人民共和国教师法》，第八届全国人大常委会第四次会议于 1993 年 10 月 31 日通过，自 1994 年 1 月 1 日起施行。根据 2009 年 8 月 27 日第十一届全国人大常委会第十次会议《全国人民代表大会常务委员会关于修改部分法律的决定》修正。

（5）《中华人民共和国职业教育法》（简称《职业教育法》），第八届全国人大常委会第十九次会议于 1996 年 5 月 15 日通过，自 1996 年 9 月 1 日起施行。

（6）《中华人民共和国高等教育法》（简称《高等教育法》），第九届全国人大常委会第四次会议于 1998 年 8 月 29 日通过，自 1999 年 1 月 1 日起施行。2015 年 12 月 27 日第十二届全国人大常委会第十八次会议第一次修正，2018 年 12 月 29 日第二次修正。

（7）《中华人民共和国民办教育促进法》，第九届全国人大常委会第三十一次会议于 2002 年 12 月 28 日通过，自 2003 年 9 月 1 日起施行。2013 年 6 月 29 日第一次修正，2016 年 11 月 7 日第二次修正，2018 年 12 月 29 日第三次修正。

此外，《中华人民共和国未成年人保护法》（简称《未成年人保护法》）被称为"半部教育法"。于 1991 年 9 月 4 日第七届全国人大常委会第二十一次会议通过，1992 年 1 月 1 日起施行，2006 年 12 月 29 日第一次修订，2012 年 10 月 26 日第二次修正。1985 年第六届全国人大常委会第九次会议通过的《全国人民代表大会常务委员会关于教师节的决定》也属于教育法律的范畴，与教育法律具有同等效力。

2. 教育法规体系的纵向结构

教育法规体系的纵向结构，是指由不同层级的教育法律法规组成的等级有序的纵向关系。以《民办教育促进法》为例，其纵向结构为：教育基本法中有关民办教育的章、节、条、款—《民办教育促进法》—《中华人民共和国民办教育促进法实施条例》—《××省实施民办教育促进法条例》—地方政府关于民办教育的规章。

从教育立法的现状看，我国教育法规的体系还不够完备，应进一步制定《学前教育法》等法律，以不断完善我国的教育法规体系。

（五）我国教育法规体系中的幼儿教育法律法规概况

我国现有法律法规中有关幼儿教育方面的法律法规主要有以下几种。

1．宪法中关于幼儿教育的条款

《中华人民共和国宪法》（简称《宪法》）第十九条第二款规定："国家举办各种学校，普及初等义务教育，发展中等教育、职业教育和高等教育，并且发展学前教育。"第四十九条第一款规定："婚姻、家庭、母亲和儿童受国家的保护。"

2．教育法律中关于幼儿教育的条款

（1）《教育法》第十七条第一款规定："国家实行学前教育、初等教育、中等教育、高等教育的学校教育制度。"可见，国家已将学前教育纳入学校教育制度，并已规定为我国的教育基本制度。《教育法》的所有规定均适用于学前教育领域。

（2）《教师法》第二条规定："本法适用于在各级各类学校和其他教育机构中专门从事教育教学工作的教师。"《教师法》的所有规定均适用于学前教育领域。

（3）《民办教育促进法》对利用非国家财政性经费，面向社会举办的民办幼儿园也作了相应规范。

此外，《未成年人保护法》、《中华人民共和国残疾人保障法》（简称《残疾人保障法》）、《中华人民共和国传染病防治法》（简称《传染病防治法》）、《中华人民共和国食品卫生法》（简称《食品卫生法》）等与教育有关的其他法律中也有关于幼儿教育的相关规定。

3．幼儿教育的行政法规

目前，专门针对幼儿教育领域的教育行政法规是：于1989年8月20日经国务院批准，1989年9月11日由中华人民共和国国家教育委员会令第4号发布，自1990年2月1日开始实施的《幼儿园管理条例》。它就幼儿园保育教育工作的基本原则、幼儿园的管理体制、幼儿园的设置与审批规范、幼儿园如何实施保育教育工作等问题作了较为全面的规定。

此外，2017年修正的《残疾人教育条例》第四章"学前教育"中，专门针对残疾幼儿的学前教育问题作了规定。

4．幼儿教育规章

幼儿教育规章主要有两项。一是2015年12月14日通过，2016年1月5日教育部令第39号发布，自2016年3月1日起施行的《幼儿园工作规程》。它共有十一章六十六条，对幼儿入园与编班、幼儿园的安全、卫生保健、教育教学、园舍与设备、教职工、经费、家园共育、管理等各个方面的内部管理工作作了较为全面、科学的规范，可操作性强。二是2010年9月6日由卫生部、教育部令第76号发布，自2010年11月1日起实施的《托儿所幼儿园卫生保健管理办法》，该办法对幼儿园的生活制度、营养制度、定期健康检查制度、预防疾病制度、环境卫生制度、健康教育制度等方面作了详细的规定。此外,《托儿所、幼儿园建筑设计规范》(JGJ 39—2016)、《城市幼儿园建筑面积定额(试行)》等也就幼儿园的有关问题作了相应规定。

(六)与幼儿教育有关的教育政策与规范性文件

必须强调的是,一些重要的教育政策与规范性文件对幼教事业的发展也产生了重大影响,这些教育政策与规范性文件主要有以下几种。

1.《幼儿园教育指导纲要(试行)》(简称《纲要》)

《纲要》于 2001 年 7 月 2 日由教育部印发。该文件是我国幼教改革与发展的指导思想,其制定了幼儿教育工作的具体目标、任务和保障措施,是幼教工作的纲领。

2.《国家中长期教育改革和发展规划纲要(2010—2020 年)》(简称《规划纲要》)

《规划纲要》于 2010 年 7 月由中共中央、国务院联合印发。该文件专设第三章"学前教育"。该章提出了要积极发展学前教育及基本普及学前教育的目标,明确了政府在制定学前教育建设规划、办园体制、经费投入、加强管理、加强教师培养培训等方面的职责,还特别强调要重点发展农村学前教育,努力提高农村学前教育的普及程度。

3.《国务院关于当前发展学前教育的若干意见》(简称《若干意见》)

《若干意见》于 2010 年 11 月 21 日由国务院印发。该文件强调要把发展学前教育摆在更加重要的位置,多种形式扩大学前教育资源,多种途径加强幼儿教师队伍建设,多种渠道加大学前教育投入,统筹规划,实施学前教育三年行动计划等。

4.《3~6 岁儿童学习与发展指南》(简称《指南》)

《指南》于 2012 年 10 月 9 日由教育部印发。该文件以为幼儿后继学习和终身发展奠定良好素质基础为目标,以促进幼儿德、智、体、美各方面的协调发展为核心,通过提出 3~6 岁各年龄段儿童学习与发展目标和相应的教育建议,帮助幼儿园教师和家长了解 3~6 岁幼儿学习与发展的基本规律和特点,建立对幼儿发展的合理期望,实施科学的保育和教育,让幼儿度过快乐而有意义的童年。

5.《幼儿园教师专业标准(试行)》(简称《专业标准》)

《专业标准》于 2012 年 2 月 10 日由教育部印发。该文件是国家对所有合格幼儿园教师必须达到的专业素质的共性要求、基本要求和底线要求,是幼儿园教师实施保教活动的基本规范,是引领幼儿园教师专业发展的基本准则,是幼儿园教师培养、准入、培训、考核工作的重要依据。

6.《关于全面深化新时代教师队伍建设改革的意见》(简称《意见》)

《意见》于 2018 年 1 月 20 日由中共中央、国务院联合印发。它是 1949 年以来中共中央、国务院出台的第一个专门面向教师队伍建设的里程碑式的政策文件。《意见》坚持"兴国必先强师"的理念,提出教师队伍建设的重要意义和总体要求,强调教师的重要地位。《意见》从加强师德师风、振兴教师教育、深化教师管理综合改革、提高地位待遇和确保政策落地等几方面描绘了新时代教师队伍建设的宏伟蓝图,吹响了推进教师队伍建设改革的集结号。

7.《教育部办公厅关于开展幼儿园"小学化"专项治理工作的通知》（简称《专项治理工作的通知》）

《专项治理工作的通知》于 2018 年 7 月 4 日由教育部办公厅以教基厅函〔2018〕57号文印发。《专项治理工作的通知》针对近年来一些幼儿园"小学化"倾向严重、违背教育规律、影响幼儿身心健康的现状，指出了专项治理幼儿园"小学化"的五大任务：一是严禁教授小学课程内容，二是纠正"小学化"教育方式，三是整治"小学化"教育环境，四是解决教师资质能力不合格问题，五是小学坚持零起点教学。

8.《关于学前教育深化改革规范发展的若干意见》（简称"国九条"）

"国九条"于 2018 年 11 月 7 日由中共中央、国务院联合印发。它是 1949 年以来第一次以中共中央、国务院名义印发、推进学前教育改革发展的文件，具有重要的里程碑意义。"国九条"从优化布局结构、扩大学前教育资源、健全经费投入长效机制、加强教师队伍建设、强化监管、规范发展民办园、提升保教质量、强化组织领导等方面提出了要求，是党中央对新时代学前教育改革发展的顶层设计和重大部署，是贯彻落实党的十九大"办好学前教育"、实现幼有所育的实际行动。

三、教育法律规范

（一）教育法律规范的含义

教育法律规范是指具有特定的内在逻辑结构，并通过教育法律文件中的具体条文表现出来的、用于约束人们教育行为的具体规则。掌握教育法律规范及其内在结构是正确适用教育法规的前提。

教育法律规范与教育法律文件、教育法律条文之间既有联系又有区别。一部具体的教育法律文件一般由法律名称、立法依据和目的、法律概念、法律原则、法律规范、法律技术性规定（如实施日期、制定机关、发布机关等）等部分组成。一部完整的教育法律文件由很多条文组成。教育法律规范是教育法律文件的核心内容和主体。教育法律条文是教育法律规范的载体，但并不是说所有的教育法律条文都是教育法律规范。一些只表达立法依据、立法目的、法律概念、法律原则、法律规范、法律技术性规定等内容的条文不具有教育法律规范的基本要素，不是教育法律规范。此外，有时一条教育法律条文可能包含了多种教育法律规范。

（二）教育法律规范的逻辑结构

教育法律规范的逻辑结构是指构成教育法律规范的各个要件及其逻辑关系。教育法律规范在结构上一般由法定条件、行为规则和法律后果三个要素组成。三要素之间关系的基本公式是：如果……则……否则……。

1. 法定条件（或称假定）

法定条件是指法律规范适用的条件和情况，是适用行为规则的前提条件。即这项行为规则对什么人，在什么时间、地点和条件下才能适用。如《义务教育法》第二十九条第二款规定："教师应当尊重学生的人格，不得歧视学生，不得对学生实施体罚、变相体罚或者其他侮辱人格尊严的行为，不得侵犯学生合法权益。"该条规定的适用条件是：教师或其他有权对学生实施教育的人员只有在对学生实施教育的过程中发生的行为才是体罚。假设教师在与邻居吵架的时候打了邻居家的孩子，而该孩子又是他所教的班上的学生，则不是教育法律法规所说的体罚，而是一般的人身侵害，因为该行为不是在教师履行教育教学职责的过程中发生的；假设学校里的工勤人员打了学生，或者家长在家里打了自己的孩子，也不是教育法律法规所说的体罚。

2．行为规则（或称处理）

行为规则是指规则的本身。它是法律规范中关于人们必须做什么、禁止做什么和可以做什么的规定。它是法律规范的核心部分，任何法律规范都必须具备该部分。

3．法律后果（或称奖惩）

法律后果是指法律规范中规定的违反该规范时将要承担什么样的法律后果的那一部分。教育法规的后果分为肯定性的后果和否定性的后果两种。如一些法律法规中规定的处罚条款即为否定性的后果，规定的奖励条款即为肯定性的后果。

总之，以上三个要素紧密联系，缺一不可。当然，也不是在每一个法律条文中都一定同时包含这三个要素。

（三）教育法律规范的类别

教育法律规范可以按照不同的标准进行不同的分类。按规范的性质可以分为三类。

1．禁止性规范

禁止性规范规定了人们不得作出某种行为，如果行为人做了这种行为，即为违法。常用"禁止""不准""不得"等字眼。

2．义务性规范

义务性规范要求人们必须作出一定的行为，否则即为违法。常用"必须""应当""应该""有……义务"等字眼。

3．授权性规范

授权性规范规定了人们有权作出或不作出某种行为。行为人是否行使这种权利，由行为人自己裁量决定。常用"可以""有权""鼓励""不受……干涉""有……的自由"等字眼。授权性规范的特征是法律赋予行为人以选择行为的权利。

四、教育法律关系

（一）教育法律关系的含义

法律关系是指法律上的权利和义务关系。一般来说，法律关系分为实体法律关系与程序法律关系两大方面。实体法律关系又包括行政法律关系、民事法律关系和刑事法律关系三种。程序法律关系指诉讼法律关系。

所谓教育法律关系，是指由教育法律规范所确认和调整的教育关系主体之间的权利和义务关系。教育领域的法律关系主要包括学校与政府的关系、学校与社会、学校与家庭、学校与教师的关系、学校与学生的关系、教师与学生的关系的关系等几个主要的方面。

（二）教育法律关系的构成要素

教育法律关系的构成要素包括三种。教育法律关系的主体、教育法律关系的客体和教育法律关系的内容。

1. 教育法律关系的主体

教育法律关系的主体是指教育法律关系的参加者，也称权利主体或义务主体。所谓权利主体，是指权利的享有者，也称权利人；所谓义务主体，是指义务的承担者，也称义务人。任何一种法律关系，没有享有一定的权利和承担一定的义务的主体参加，都是不可能成立的。

可以成为我国教育法律关系主体的有三类。

1）公民（自然人）

这里所说的公民包含两类。一类是中国公民；另一类是居住在中国境内或在境内活动的外国公民或无籍人。公民是法律关系主体中最基本、数量占绝对优势的主体。

2）机构和组织（法人）

机构和组织包括国家机关和法人或其他社会组织两类。国家机关包括国家权力机关、国家行政机关、国家司法机关等，它们在职权范围内活动，能够成为宪法关系、行政法关系、诉讼法关系等多种法律关系的主体；另一类是法人或其他社会组织，如社会团体、企事业单位等。

3）国家

国家也是教育法律关系的主体。从国际法方面讲，国家主体主要以国际法主体的名义参与国际教育活动、签署国际教育协议等。从国内法方面讲，国家主体主要通过各级权力机关、司法机关、政府及教育行政机关等来行使国家的教育立法权、教育司法权和教育行政权，从而成为具体的教育法律关系主体。

2. 教育法律关系的客体

法律关系客体又称权义客体，是指法律关系主体的权利和义务所指向的对象（标的）。没有客体，权利和义务就失去目标。并不是一切独立于主体而存在的客观对象皆能成为客体，只有那些能够满足主体利益并得到国家法律确认和保护的客观对象才能成为法律关系的客体。

教育法律关系的客体一般包括物、行为、与人相联系的精神财富三大方面。教育领域中存在的法律纠纷往往都因客体而引起。

1）物

作为教育法律关系客体中的物，是指教育法律关系主体占有、利用和支配，并为教育法规所保护的物质财富。物，可分为不动产和动产两大类。不动产包括场地、房屋和其他建筑设施、场馆等；动产包括教育资金、教学仪器设备等。

2）行为

行为是指教育法律关系主体实现权利和义务的作为与不作为。一定的行为可以满足权利人的利益和需要，可以成为教育法律关系的客体。在教育领域中，行为主要包括三类：一是行政机关的教育行政行为；二是学校及其他教育机构的管理行为；三是教育者与受教育者之间的教育教学行为。此外，还有学生家长、各种社会组织参与、支持教育活动的各种行为。

3）与人相联系的精神财富

与人相联系的精神财富包括精神产品和其他智力成果。精神产品和其他智力成果是智力的创造性活动的结晶，属非物质财富。主要包括两类：一是智力成果，包括各种教材、著作在内的精神产品和智力成果，各种具有独创性并行之有效的教案、教法、教具等的发明；二是其他与人身相联系的非财产性财富，包括公民或组织的姓名或名称，公民的肖像、名誉、身体健康和生命等。

3. 教育法律关系的内容

权利和义务构成法律关系的内容。权利和义务是法律关系的核心，没有以权利和义务为内容，就无所谓法律关系。

1）教育法律权利和教育法定义务的含义

法律上的权利是指法律关系主体依法享有的某种利益或资格。表现为权利人可以作出一定的作为或不作为，并能要求义务人实施一定的作为或不作为。法律上的义务是指法律关系主体依法承担的责任。表现为义务的承担者（即义务人）必须依法实施一定的作为或不作为。

权利和义务是不可分的，没有无权利的义务，也没有无义务的权利。在任何一种法律关系中，权利人享有的权利依赖于义务人承担义务，否则权利人的权利就会受到侵害。有时权利可以放弃，义务一定不能放弃。但当权利和义务交叉时，权利也是不能放弃的。义务人总是处于被动状态，权利人总是处于主动状态。如适龄儿童义务教育阶段的受教育权，既是受教育者的权利，也是受教育者的义务，权利与义务交叉，此时的权利是不能放弃的。

2）教育法律权利和教育法定义务的内容

教育法律关系主体的种类繁多，因而教育法律权利的内容也有多种，主要包括国家、教育行政机关、学校、教师、学生、家庭、社会等相关主体的法律权利。例如，《教师法》规定了教师有教育教学权、学术研究权、管理学生权、报酬待遇权、参与管理权和进修培训权等六项法定权利。

教育法律关系主体依法应承担的义务也有多种，主要包括国家、教育行政机关、学校、教师、学生、家庭、社会等相关主体的法定义务等。例如，《教师法》规定了教师有遵纪守法的义务，教育教学的义务，思想品德教育的义务，尊重、关心、爱护学生的义务，保护学生权益的义务和不断提高自身水平的义务等六项法定义务。

 案例 1-1

一起寻衅滋事案的法律关系分析

杜某，男，19 岁，2013 年因结伙打架被甲中学开除，后转入乙中学学习。2014年 10 月某日 21 时闯入甲中学某男生宿舍，口称借钱，利用威胁、恐吓手段向十几个学生索要人民币 2 100 元，对不拿出钱的学生拳打脚踢，一名已经入睡的学生被打得疼痛难忍、耳鸣不止，被送往医院治疗（医疗费、车费共计 7 000 多元）。经学校报案，3 日后区公安分局将杜某收审，责令其退还强行索要的 2 100 元人民币，赔偿伤者的医药费和其他费用，并被处以 15 日的拘留。

【案例分析】

该案涉及了多个法律关系主体，包括杜某、受害学生、治安管理行政机关。其中，杜某和受害学生是个体主体；治安管理行政机关是集体主体。从该案的法律关系来分析，存在以下两种法律关系。

第一，就杜某和受害学生的法律关系而言，杜某和受害学生皆为法律关系的主体。其中，杜某是义务人，他有义务不侵害他人的财产权和人身权；受害学生是权利人，他们有权要求杜某不侵害其财产权和人身权。法律关系的客体是学生的财产（2 100 元）和学生的身体健康，即杜某侵犯了学生的财产权和身体健康权。就法律关系的类型看，杜某和受害学生之间形成了平权型的民事法律关系，杜某应对受害学生承担民事法律责任，承担民事法律责任的具体方式是返还财产和赔偿损失。

第二，就杜某和治安管理行政机关的法律关系而言，杜某是义务人，他有不干扰社会公共秩序的义务，治安管理行政机关（即公安机关）是权利人，它有维护社会公共秩序的权利。法律关系的客体是社会公共秩序，具体而言就是学校正常的生活秩序。就法律关系的类型看，杜某和治安管理行政机关之间形成了隶属型的行政法律关系。杜某应对公安机关承担行政法律责任，承担行政法律责任的具体方式是接受行政拘留 15 日的处罚。

需要指出的是，尽管该案涉及了两种法律关系，但该案属于行政案件而不是民事案件。因为民事赔偿责任是因为扰乱社会公共秩序，侵害学生人身权利引起的，没有后者就没有前者，民事责任依附于行政责任，后者为主，前者为次。

（三）教育法律关系的产生、变更和消灭

1. 教育法律关系的产生

教育法律关系的产生是指在教育法律关系主体之间所形成的权利和义务关系的确立。例如用人单位与学校签订了委托培养合同，这样，双方就产生了权利和义务关系。

2. 教育法律关系的变更

教育法律关系的变更是指教育法律关系构成要素的变更，即主体、客体或内容的变更。

（1）教育法律关系主体的变更。教育法律关系主体的变更是指主体的增加、减少和改变，如企业与学校签订了人才委托培养合同后，因原委托企业破产而改变委托方。

（2）教育法律关系客体的变更。教育法律关系客体的变更是指法律关系中权利和义务所指向的对象的变更，即标的的变化，如学校基建合同地点、面积的变化。

（3）教育法律关系内容的变更。教育法律关系内容的变更是指教育法律关系主体之间权利和义务的变更，如学校与学校之间签订的协作合同，经过协商同意修改原合同的某些权利、义务、履行期限或条件等。

3. 教育法律关系的消灭

教育法律关系的消灭是指教育法律关系主体之间权利和义务关系的终止。如用人单位与学校签订了委托培养合同，学生完成学业回到用人单位工作，用人单位和学校之间的法律关系就终止了。

应当指出的是，教育法律关系的产生、变更和消灭是需要一定条件或根据的。这个条件或根据就是教育法律事实。所谓教育法律事实，是指能够引起法律关系发生、变更或终止的客观现象。教育法律事实又包括行为和事件两种形式。所谓教育法律行为，是指在教育活动中能够发生一定法律后果的人们的意志行为，包括作为与不作为。如任命校长，给予教育行政处罚是作为；校舍失修倒塌伤人是不作为。行为导致一系列教育法律关系的产生、变更或消灭。所谓教育法律事件，是指在教育活动中能够导致一定的法律后果，但又不以人的意志为转移的事件。例如，儿童达到接受法定义务教育的年龄等，也会导致一系列教育法律关系的产生、变更或消灭。

五、教育法律责任

教育法律责任是教育法规实施的必要保证，是维护教育法制的重要内容。

（一）教育法律责任的含义

1. 教育法律责任的概念

教育法律责任的上位概念是法律责任。法律责任有广义与狭义之分。广义的法律责任和法律义务是同义语。狭义的法律责任是指法律关系主体因实施了违法行为，依照有关法律法规的规定必须承担的否定性的法律后果。一般是从狭义上来理解法律责任概念的。

基于上述对法律责任概念的理解，本书所说的教育法律责任，是指教育法律关系主体因实施了违反教育法规的行为，依照有关法律法规的规定应当承担的否定性的法律后果。理解该概念时应注意三点。

（1）教育法律责任与违法行为紧密相连。也就是说，存在违法行为是承担法律责任的前提。遵守法律法规的行为不会产生这种法律后果。

（2）法律后果的承担者，是有守法义务的特定的法律关系主体，包括公民、社会团体、国家机关、学校、幼儿园等。

（3）教育法律责任与法律制裁紧密相连，表现为一种否定性的法律后果，是国家对违法行为的不赞许态度，是社会主义法制"违法必究"原则的具体体现。

2. 教育法律责任的特点

教育法规的法律责任与其他社会责任（如政治责任、道德责任等）相比，具有以下特点。

（1）必须有法律法规的明文规定，即责任的法律规定性，即对教育活动中的哪些行为应当追究法律责任，由谁来追究，应追究何种法律责任，等，都应该有教育法律法规的明文规定。如《教育法》的第九章、《教师法》的第八章等就是关于法律责任的明文规定。

（2）以国家强制力保证实施，即责任的国家强制性。也就是说，对于违反教育法律法规行为的追究是以国家强制力来保证实施的，并对于所有的违法者和一切违法行为都普遍予以制裁，具有普遍约束力，而对于其他社会责任的追究就不具有国家强制性。

（3）由违法的教育法律关系主体承担，即归责的特定性。也就是说，当事人必须处在教育法律关系中，方承担教育法律责任。如果当事人不处在教育法律关系中，其行为不影响教育法上的权利义务，就不会导致教育法律责任。

（4）由国家专门机关或国家授权机关依法追究，即责任的专权追究性。也就是说，追究违反教育法规的行为人法律责任的主体，必须是国家专门机关或国家授权机关，其他任何组织或个人都无权行使这种权利。例如，刑事责任、民事责任只能由法院追究；行政责任只能由行政机关或公安机关追究；违宪责任只能由全国人大及其常委会追究等。

3．教育法律责任的意义

（1）具体意义在于恢复被违法行为破坏或阻滞的教育法律关系和教育法律秩序。

（2）直接社会意义在于惩罚违法者本人，从而防止其重新违法；同时，教育社会上的一般人，使人们增强法律意识和守法的自觉性。

（3）根本社会意义在于保卫现存的社会关系和社会秩序。

（二）教育法律责任的种类

根据违法主体法律地位和违法行为性质的不同，可以把承担违反教育法规法律责任的方式分为三种：行政法律责任、民事法律责任和刑事法律责任。

1．违反教育法规的行政法律责任

1）行政法律责任的含义

行政法律责任是指行政法律关系主体由于违反行政法律规范，构成行政违法而应当依法承担的否定性的法律后果。

由于教育法规就其基本性质而言属于行政法，因此，行政法律责任就成为违反教育法规最主要的一种法律责任。在实际工作中，对于违反教育法规的行为，大量的是追究行政法律责任。

2）行政法律责任的特点

（1）承担行政责任的主体是行政主体和行政相对方。

（2）产生行政责任的原因是行为人的行政违法行为和法律规定的特定情况。

（3）行政责任的承担方式多样化。

3）承担行政法律责任的方式

承担行政法律责任的方式主要有两类：行政处分与行政处罚。下面作具体阐述。

（1）行政处分。行政处分是指根据法律或国家机关、企事业单位的规章制度，由国家机关或企事业单位给予犯有违法失职行为或内部纪律的所属人员的一种制裁。行政处分是一种内部责任形式，因此有时也称为"纪律处分"。

2018年修订的《中华人民共和国公务员法》（简称《公务员法》）第六十二条规定了行政处分的六种形式。这六种形式由轻到重分别是：警告、记过、记大过、降级、撤职、开除。该法第六十四条第一款还规定："公务员在受处分期间不得晋升职务、职级和级别，其中受记过、记大过、降级、撤职处分的，不得晋升工资档次。"第二款规定："受处分的期间为：警告，六个月；记过，十二个月；记大过，十八个月；降级、撤职，二十四个月。"第三款规定："受撤职处分的，按照规定降低级别。"

"警告"是一种警戒性的处分，该处分最轻微。其内容是：其行为已经构成了行政违法，应予及时改正，如继续进行或不停止此种违法行为，将给予更为严厉的处理。"记过""记大过"两者仍是警戒性的处分方式，实际上是严重警告的意思。"降级"是一种降低其工资级别的处分方式。"撤职"是一种撤销其所任职务的处分方式，被撤职者仍是机关工作人员，保留行政编制。"开除"是一种最严厉的处分方式，在被决定开除后，该机关工作人员将被除名。

行政处分须经提起处分、调查对证、本人申辩、讨论、决定、批准备案、通知本人与归档、执行处分等七个程序。

（2）行政处罚。行政处罚是指国家行政机关依法对违反行政法律规范的组织或个人进行惩戒、制裁的一种具体行政行为。2017年修正的《中华人民共和国行政处罚法》（简称《行政处罚法》）是我国规范行政主体行政处罚行为最主要的法律依据。

《行政处罚法》第八条规定："行政处罚的种类：（一）警告；（二）罚款；（三）没收违法所得、没收非法财物；（四）责令停产停业；（五）暂扣或者吊销许可证、暂扣或者吊销执照；（六）行政拘留；（七）法律、行政法规规定的其他行政处罚。"根据不同的标准，可以对行政处罚进行不同的分类。在国内行政法学界，最重要的分类是以行政处罚的内容为标准，将行政处罚分为申诫罚、财产罚、行为罚和人身罚四类。这四类行政处罚既可以单独适用，也可以合并适用。申诫罚是最轻的一种行政处罚，具体形式有警告等。财产罚的具体形式有罚款、没收违法所得、没收非法财物等。行为罚是限制或剥夺违法者特定行为能力的一种制裁，具体形式有责令停产停业、暂扣或者吊销许可证、暂扣或者吊销执照等。人身罚是限制或剥夺违法者人身自由的处罚，是行政处罚形式中最严厉的一种，其具体形式有行政拘留等。

那么，教育行政机关有哪些行政处罚权呢？从《教育法》《行政处罚法》《教育行政处罚暂行实施办法》等规定中可以看出，教育行政机关在行使对外管理职能时，具有申诫罚、财产罚、行为罚等行政处罚权。但没有人身罚的行政处罚权。

1998年国家教委颁布的《教育行政处罚暂行实施办法》第九条第一款规定的教育行政处罚种类有：警告；罚款；没收违法所得，没收违法颁发、印制的学历证书、学位证书及其他学业证书；撤销违法举办的学校或其他教育机构；取消颁发学历、学位和其他学业证书的资格；撤销教师资格；停考、停止申请认定资格；责令停止招生；吊销办学许可证；法律、法规规定的其他教育行政处罚。

 案例 1-2

教育行政机关是否有拘禁关押权

某县城社会秩序较乱，经常有一些社会闲杂人员到该县城的一些学校寻衅滋事，干扰学校正常的教育教学秩序，学校管理人员、师生和学生家长对此怨声载道。为维护学校的权益，县教育局成立了一支"护教队"，护教队的任务是通过蹲点巡逻等方式保护学校不受侵扰，县教育局指示护教队，对侵扰学校的不法分子可予以拘禁关押。护教队成立不到几日，便在某中学遭遇了几个社会青年在学校无端闹事，护教队成员一拥而上将他们制服，然后将其关押在县教育局机关的一间空房内，关押时间长达 2 日。此举之后，该县县城学校里的秩序较之前有较大好转，一些社会闲杂人员再也不敢到学校闹事了。

【案例分析】

该案中，县教育局将几名侵扰学校教育教学秩序的社会青年予以拘禁关押，其实质是对这几名社会青年予以剥夺人身自由的行政处罚。

《行政处罚法》第十五条规定："行政处罚由具有行政处罚权的行政机关在法定职权范围内实施。"第十六条规定："国务院或者经国务院授权的省、自治区、直辖市人民政府可以决定一个行政机关行使有关行政机关的行政处罚权，但限制人身自由的行政处罚权只能由公安机关行使。"可见，教育行政机关无拘禁关押等剥夺人身自由的行政处罚权。该案中县教育局的行为属于越权的违法行为。

必须明确的是，由于行政处罚只能由具有行政处罚权的行政机关在法定职权范围内实施，所以，不管是公办学校还是民办学校，都不具备行政处罚的主体资格，没有行政处罚权。此外，学校对教师或学生进行罚款，学校图书馆规定"丢一罚十"等做法都是违法的。

 案例 1-3

学校是在依法治校还是违法治校

某校学生马某，学习成绩不佳，守纪情况也差，有一天，他在教学楼内玩篮球，故意将一个价值 300 元的吊灯打坏。学校在查明事实真相后，依据有关"损坏公物要赔偿和罚款"的规章制度，对马某作出三点处理意见：第一，给予警告处分；第二，照价赔偿打坏的吊灯；第三，罚款 300 元。对此，学校、教师、家长都没有感到不妥。校长还在全校师生大会上以此为例大谈依法治校、从严治校的重要性。

【案例分析】

该案中，学校给予违纪的学生马某警告处分，照价赔偿打坏的吊灯的处理都是合法的，但给予罚款 300 元的处理却是违法的，因为学校对学生没有罚款等行政处罚权。可见，学校是在违法治校而不是在依法治校。

（3）行政处分与行政处罚的区别。行政处分与行政处罚的区别见表 1-2。

表 1-2 行政处分与行政处罚的区别

序号	区别	行政处分	行政处罚
1	制裁对象不同	只能是该国家行政机关所属的工作人员（个体主体）	可以是公民，也可以是法人或其他组织
2	制裁的执行机关不同	由本单位或者本系统作出	由具有对外管理职能、享有行政处罚权的行政主体作出

序号	区别	行政处分	行政处罚
3	属于不同类别的行政行为	属于内部行政行为，以行政隶属关系为前提	属于外部行政行为，以行政管辖关系为基础
4	制裁的方式不同	警告、记过、记大过、降级、撤职、开除	警告；罚款；没收违法所得、没收非法财物；责令停产停业；暂扣或者吊销许可证、暂扣或者吊销执照；行政拘留；法律、行政法规规定的其他行政处罚
5	寻求法律救济的渠道不同	对行政处分不服的，行政相对方只能向有关部门申诉	对行政处罚不服的，行政相对方可申请行政复议或提起行政诉讼

2. 违反教育法规的民事法律责任

1）民事法律责任的含义

所谓民事法律责任，是指行为人由于民事违法行为而应承担的法律后果。违反教育法规的民事法律责任，是指教育法律关系主体违反教育法规的规定，破坏了平等主体之间正常的财产关系或人身关系，根据法律法规规定应承担的民事法律责任，它是一种以财产为主要内容的责任。

2）民事法律责任的特点

（1）民事法律责任以财产责任为主。因为民事法律关系主要是一种财产关系。

（2）民事法律责任是加害人向受害人承担的一种法律责任。因为加害人破坏了民事法律关系的平等性，必须予以恢复与弥补。

（3）民事法律责任主要以等价、补偿性质为主。民事法律责任的范围应与被害人被损害的形式和大小相适应。加害人致他人财产损害，就因之承担财产责任；致他人非财产损害，就因之承担非财产责任。总之，致人损失多少，就赔偿多少。为此，民事法律责任主要是等价补偿性的，属于恢复权利性制裁；而行政法律责任和刑事法律责任则属于惩罚性制裁。

（4）构成民事法律责任的主观条件与构成行政法律责任、刑事法律责任的主观条件不同。在民事法律责任中，一般不强调故意与过失的区别。在某些特殊情况下，行为人即使没有过错，也要承担民事责任。但在刑事法律责任或行政法律责任中，故意与过失有很大的不同，这两种责任都不存在无过错归责的问题。

3）民事法律责任的种类

民事法律责任分为违反合同的民事法律责任与侵权的民事法律责任两大类，而侵权的民事法律责任又包括一般侵权的民事责任与特殊侵权的民事责任两种。

4）承担民事法律责任的方式

根据 2017 年全国人大出台的《中华人民共和国民法总则》（简称《民法总则》）第一百七十九条第一款、第三款的规定，承担民事责任的方式有 11 种，这 11 种方式既可以单独适用也可以合并适用。这 11 种责任方式分别是：停止侵害；排除妨碍；消除危险；返还财产；恢复原状；修理、重作、更换；继续履行；赔偿损失；支付违约金；消除影响、恢复名誉及赔礼道歉。

《民法总则》第一百七十九条第二款还规定："法律规定惩罚性赔偿的，依照其规定。"所谓惩罚性赔偿，是指当侵权人（义务人）以恶意、故意、欺诈等方式实施加害行为而致权利人受到损害的，权利人可以获得实际损害赔偿之外的增加赔偿。规定惩罚性赔偿的目的，是通过对义务人施以惩罚，阻止其重复实施恶意行为，并警示他人不要采取类似行为。惩罚性赔偿是赔偿损失的一种特别赔偿，只能在法律有特别规定的情况下予以适用。

5）违反教育法规应承担的民事法律责任

我国教育法规对因违反教育法规应承担的民事法律责任也作了相应规定。例如，《教育法》第七十二条第二款规定："侵占学校及其他教育机构的校舍、场地及其他财产的，依法承担民事责任。"第八十三条规定："违反本法规定，侵犯教师、受教育者、学校或者其他教育机构的合法权益，造成损失、损害的，应当依法承担民事责任。"

3. 违反教育法规的刑事法律责任

1）刑事法律责任的含义

刑事法律责任是指行为人实施刑事法律禁止的行为所必须承担的否定性的法律后果。所谓违反教育法规的刑事法律责任，是指行为人实施了违反教育法规的行为，同时触犯了刑法，达到犯罪的程度时所必须承担的法律后果。

《教育法》第七十一条对挪用、克扣教育经费，构成犯罪的；第七十二条对扰乱学校教育教学秩序、破坏校舍、场地及其他财产，构成犯罪的；第七十三条对明知校舍或者教育教学设施有危险而不采取措施，造成人员伤亡或者重大财产损失，构成犯罪的；第七十六条对学校或其他教育机构违反国家有关规定招收学生，构成犯罪的等行为如何追究刑事责任作了规定。《中华人民共和国刑法修正案（十）》（简称《刑法》）针对教育犯罪的特点，在第一百三十八条专门设置了教育设施重大安全事故罪；在第二百六十条专门设置了虐待被监护、看护人罪；在第四百一十八条专门设置了招收公务员、学生徇私舞弊罪等罪名。

2）刑事法律责任的特点

（1）产生刑事责任的原因在于行为人行为的严重社会危害性，只有行为人的行为具有严重的社会危害性才构成犯罪，才能追究行为人的刑事责任。

（2）刑事责任是犯罪人向国家所负的一种法律责任。它与民事责任由违法者向被害人承担责任相比有明显区别，刑事责任的大小、有无都不以被害人的意志为转移。

（3）刑事责任是一种惩罚性责任，是所有法律责任中最严厉的一种。

（4）刑事责任基本上是一种个人责任。一般只有实施犯罪行为者本人才承担刑事责任。当然，刑事责任也包括集体责任，如"单位犯罪"。

（5）刑事法律是追究刑事责任的唯一法律依据，罪刑法定。

3）承担刑事法律责任的方式

追究刑事法律责任往往表现为给予行为人以刑事制裁，即人民法院依法对犯罪人运用的刑罚。

所谓刑罚，是指国家机关依据《刑法》规定，对犯罪分子所适用的限制或剥夺其某种权益的最严厉的强制性法律制裁方式。刑罚分为主刑和附加刑两类。主刑是对犯罪人适用的主要的刑罚方法，主刑只能独立使用，各主刑不能同时并用。主刑由轻到重分为五种：管制、拘役、有期徒刑、无期徒刑和死刑。附加刑也称从刑，是补充主刑适用的刑罚方法，它既可以独立适用，也可以附加在主刑上适用，还可以同时适用两种以上的附加刑。附加刑有三种：罚金、剥夺政治权利和没收财产。此外还有适用于犯罪的外国人的驱逐出境。

（1）主刑。管制是限制犯罪人一定人身自由的刑罚，其程度最轻，适用于犯罪较轻、应当判刑，又不必关押的犯罪分子。对判处管制的犯罪分子，依法实行社区矫正。判处管制，可以根据犯罪情况，同时禁止犯罪分子在执行期间从事特定活动，进入特定区域、场所，接触特定的人。劳动报酬为同工同酬。期限为 3 个月以上 2 年以下，数罪并罚的，最高不能超过 3 年。判决执行前先行羁押的，羁押 1 日，折抵刑期 2 日。所谓判决执行前先行羁押，是指刑期执行前被完全限制人身自由的羁押，如逮捕、刑事拘留等。因为管制是限制人身自由，羁押是剥夺人身自由，所以判决执行前先行羁押 1 日，折抵刑期 2 日。

拘役不同于拘留。拘留分为行政拘留（治安拘留）与刑事拘留两种。拘役是短期剥夺犯罪分子的人身自由，其程度较轻。须就近关押并强制实行劳动改造，但每月可回家 1～2 日，还有一定的人身自由。拘役由公安机关就近执行。劳动报酬可以酌量给予，但不是必须给予。拘役的期限为 1 个月以上 6 个月以下，数罪并罚的，最高不能超过 1 年。判决执行前先行羁押的，羁押 1 日，折抵刑期 1 日，因为拘役与羁押都属于剥夺人身自由。

有期徒刑是在一定期限内剥夺犯罪分子的人身自由，是适用最多、最普遍的一种刑罚，其程度比较严重。被判处有期徒刑的犯罪分子，凡有劳动能力的，都应当参加劳动，接受教育和改造。有期徒刑一般由公安机关在监狱或看守所、未成年人管教所等其他执行场所执行，看守所适用于 1 年以下剩余刑期的犯罪分子，未成年人管教所适用于未成年犯。有期徒刑的期限一般为 6 个月以上 15 年以下。数罪并罚时，有期徒刑总和刑期不满 35 年的，最高不能超过 20 年，总和刑期在 35 年以上的，最高不能超过 25 年。判处死刑缓期执行的，在死刑缓期执行期间，如果确有重大立功表现，2 年期满以后，减为 25 年有期徒刑。判决执行前先行羁押的，羁押 1 日，折抵刑期 1 日。

无期徒刑剥夺的是犯罪分子的终身自由，其严厉程度仅次于死刑。被判处无期徒刑的犯罪分子要被终身关押并强制劳动改造。但在实际执行中若有悔改或立功表现，可以减刑或假释，获得人身自由，不一定关押终身。即被判处无期徒刑的犯罪分子，减刑以后实际执行的刑期不能少于 13 年；被判处无期徒刑的犯罪分子，实际执行 13 年以上，如果认真遵守监规，接受教育改造，确有悔改表现，没有再犯罪的危险的，可以假释。如果有特殊情况，经最高人民法院核准，可以不受上述执行刑期的限制。判处死刑缓期执行的，在死刑缓期执行期间，如果没有故意犯罪，2 年期满以后，减为无期徒刑。无期徒刑也是由公安机关在监狱或其他执行场所执行。

死刑也称极刑或称生命刑，分为死刑立即执行和死刑缓期执行（死缓）两种。死刑剥夺的是犯罪分子的肉体（生命）而不是自由。死刑是最严厉的一种刑罚。死刑只适用于罪行极其严重的犯罪分子。死缓不是独立的刑种，它是死刑的有条件的不立即执行的特别规定。即对于应当判处死刑的犯罪分子，如果不是必须立即执行的，可以判处死刑同时宣告缓期 2 年执行。在死刑缓期执行期满后有三种处理方法：第一种是死缓期间，如果没有故意犯罪，2 年期满后减为无期徒刑；第二种是死缓期间，如果确有重大立功表现，2 年期满以后减为 25 年有期徒刑；第三种是死缓期间如果故意犯罪，查证属实的，由最高人民法院核准后执行死刑。此外，《中华人民共和国刑法修正案（八）》在我国刑法中建立了全新的死刑缓期执行的限制减刑制度（简称"判死缓并限制减刑"）。所谓"限制减刑"，是指对犯罪分子虽然可以适用减刑，但其实际执行刑期比其他死缓罪犯减刑后的实际执行刑期更长。判处死缓并限制减刑虽不是独立的刑种，但实际上已成为介于死刑立即执行与单纯死刑缓期执行之间的过渡刑罚，死刑、死刑缓期执行限制减刑和死刑缓期执行将形成梯次衔接关系。具体规定是：对被判处死刑缓期执行的累犯及因故意杀人、强奸、抢劫、绑架、放火、爆炸、投放危险物质或者有组织的暴力性犯罪被判处死刑缓期执行的犯罪分子，人民法院根据犯罪情节等情况可以同时决定对其限制减刑。即对被判限制减刑的死刑缓期执行的犯罪分子，减刑以后实际执行的刑期不能少于下列期限：缓期执行期满后依法减为无期徒刑的，不能少于 25 年，缓期执行期满后依法减为 25 年有期徒刑的，不能少于 20 年。有下列三种情形之一的不适用死刑：一是实施犯罪时不满 18 周岁的人；二是审判时怀孕的女子；三是审判的时候已满 75 周岁的人（但以特别残忍手段致人死亡的除外）。这里所说的"不适用死刑"包括不适用死刑立即执行与不适用死刑缓期 2 年执行两种情况。死刑除依法由最高人民法院判决的以外，都应当报请最高人民法院核准。死刑缓期执行的，可以由高级人民法院判决或者核准。

（2）附加刑。罚金属于财产刑，是法院判处犯罪分子强制向国家缴纳一定数额的金钱的刑罚，刑法没有规定罚金缴交的具体数额限度，而是由人民法院依据刑法总则确定的原则即根据犯罪情节自由裁量罚金的具体数额。不允许用缴纳钱款代替徒刑、拘役，也不允许用徒刑、拘役代替罚金。罚金的适用对象有三类：第一类是经济犯罪，第二类是财产犯罪，第三类是其他故意犯罪。罚金对于轻罪可以独立适用，但对于重罪只能作为附加刑适用。罚金必须在判决指定期限内一次或分期缴纳，期满不缴纳的，强制缴纳。对于不能全部缴纳罚金的，人民法院在任何时候发现被执行人有可以执行的财产，应当随时追缴。由于遭遇不能抗拒的灾祸等原因缴纳确实有困难的，经人民法院裁定，可以延期缴纳、酌情减少或者免除。

剥夺政治权利属于资格罚，是剥夺犯罪分子参加国家管理和政治活动的刑罚方法。剥夺政治权利的适用对象有三类：第一类是危害国家安全的犯罪分子，第二类是故意杀人、强奸、放火、爆炸、投毒、抢劫等严重破坏社会秩序的犯罪分子，第三类是被判处死刑和无期徒刑的犯罪分子。所剥夺的政治权利包括：选举权与被选举权；言论、出版、集会、结社、游行、示威自由的权利；担任国家机关职务的权利；担任国有公司、企业、事业单位和人民团体领导职务的权利。剥夺政治权利的期限，独立适用时为 1 年以上 5 年以下。判处管制附加剥夺政治权利的，剥夺政治权利的期限与管制的期限相等，同时执行；被判处死刑、无期徒刑的犯罪分子，应当剥夺政治权利终身，在死刑缓期执行减为有期徒刑或者无期徒刑减为有期徒刑的时候，应当把附加剥夺政治权利的期限改为 3 年以上 10 年以下。

没收财产属于财产刑，是将犯罪分子个人所有财产的一部分或全部强制无偿地收归国有的刑罚。没收全部财产的，应当对犯罪分子个人及其抚养的家属保留必需的生活费用。在判处没收财产时，不得没收属于其家属所有或应有的财产。没收财产前其正当债务，经债权人请求应以没收的财产偿还。没收财产是一种较为严重的附加刑，其适用对象是贪利性犯罪、财产性犯罪及危害国家安全罪。

驱逐出境是指一种强迫犯罪的外国人离开中国国（边）境的刑罚方法。只适用于犯罪的外国人。如果犯罪分子还同时被判处主刑的，必须在主刑执行完毕后再执行驱逐出境。

在实践中应注意的是，对于某种违反教育法规的行为，追究法律责任的方式不仅限于一种，可以三种或两种形式并处。如对体罚学生情节严重的教师，在追究其刑事责任的同时，还可追究其行政责任或民事责任。

此外，除上述三种法律责任外，违反教育法规有时还应承担经济法律责任，主要是指当事人违反经济合同时的法律责任。

（三）学生应承担的法律责任

1. 学生应承担的行政法律责任

学生承担行政法律责任的方式主要有两种：纪律处分和行政处罚。

1）纪律处分

《教育法》第二十九条第（四）项规定了学校及其他教育机构有权对受教育者进行学籍管理，实施奖励或者处分。但对"处分"的种类和适用问题未作出明确、具体的规定。关于处分学生的具体方式主要在原国家教委或现教育部的一些规章和规章性文件中作出规定。

非义务教育阶段学生适用的纪律处分。2012 年修正的《未成年人保护法》第十八条规定："学校应当尊重未成年学生受教育的权利，关心、爱护学生，对品行有缺点、学习有困难的学生，应当耐心教育、帮助，不得歧视，不得违反法律和国家规定开除未成年学生。"对高中及其以上阶段学生的纪律处分适用警告、严重警告、记过、留校察看、勒令退学和开除学籍等六种。但幼儿园幼儿不适用任何形式的纪律处分。

义务教育阶段学生适用的纪律处分。小学阶段学生适用警告、严重警告和记过等三种纪律处分；初中阶段学生适用警告、严重警告、记过和留校察看等四种纪律处分。因为义务教育是一种国家强制性的教育，2018 年修正的《义务教育法》第二十七条明确规定："对违反学校管理制度的学生，学校应当予以批评教育，不得开除。"如果剥夺了义务教育阶段学生的受教育权就违背了《义务教育法》，因此，对义务教育阶段学生的处分，一般不涉及学籍问题，也就是学校没有勒令退学和开除学籍的处分权。

2）行政处罚

学生的违法行为是否要承担行政处罚的法律责任，要看学生的行政责任年龄与行政责任能力。《行政处罚法》和 2012 年修正的《中华人民共和国治安管理处罚法》（简称《治安管理处罚法》）中关于行政责任年龄与行政责任能力的规定见表 1-3。

表 1-3　《行政处罚法》《治安管理处罚法》中关于公民行政处罚责任的规定

年龄界限			精神病人	
不满 14 周岁，称无行政责任能力时期	已满 14 周岁不满 18 周岁，称限制行政责任能力时期	18 周岁以上，称完全有行政责任能力时期	不能辨认或不能控制自己的行为	间歇性精神病人在精神正常时
不予行政处罚，责令监护人加以管教	从轻或者减轻行政处罚	应予行政处罚	不予行政处罚，但应当责令其监护人严加看管和治疗	应当给予行政处罚

说明：第一，盲人或又聋又哑的人违反治安管理的，可以从轻、减轻或不予处罚。第二，醉酒的人违反治安管理的，应当给予处罚。醉酒的人在醉酒状态中，对本人有危险或者对他人的身体、财产或者公共安全有威胁的，应当对其采取保护性措施约束至酒醒。

2. 学生应承担的民事法律责任

学生的违法行为是否要承担民事法律责任，要看学生的民事责任年龄与民事行为能力。现有法律中关于民事责任年龄与民事行为能力的规定见表1-4。

表1-4 《民法总则》中关于公民民事行为能力的规定

无民事行为能力人			限制民事行为能力人		完全民事行为能力人	
不满8周岁的未成年人	8周岁以上的未成年人不能辨认自己行为的	不能辨认自己行为的成年人	8周岁以上的未成年人	不能完全辨认自己行为的成年人	16周岁以上，以自己的劳动收入为主要生活来源的未成年人	18周岁以上的成年人
由其法定代理人代理实施民事法律行为			实施民事法律行为由其法定代理人代理或者经其法定代理人同意、追认，但是可以独立实施纯获利益的民事法律行为或者与其年龄、智力相适应的民事法律行为	实施民事法律行为由其法定代理人代理或者经其法定代理人同意、追认，但是可以独立实施纯获利益的民事法律行为或者与其智力、精神健康状况相适应的民事法律行为	可以独立实施民事法律行为	

说明：第一，无民事行为能力人实施的民事法律行为无效；第二，限制民事行为能力人实施的纯获利益的民事法律行为或者与其年龄、智力、精神健康状况相适应的民事法律行为有效，实施的其他民事法律行为经法定代理人同意或者追认后有效；第三，无民事行为能力人、限制民事行为能力人造成他人损害的，由其监护人承担民事责任；第四，《民法总则》对无民事行为能力人和限制民事行为能力人的范围作了扩充，包括了因先天、疾病等各种不能辨认、不能完全辨认自己行为的成年人，既包括智力障碍患者、严重精神障碍患者，也包括阿尔茨海默病等；第五，不能辨认自己行为的8岁以上的未成年人也归入无民事行为能力人的范畴。

3. 学生应承担的刑事法律责任

学生的犯罪行为是否要承担刑事法律责任，要看学生的刑事责任年龄与刑事责任能力。现有法律中关于刑事责任年龄与刑事责任能力的规定见表1-5。

表1-5 《刑法》中关于公民刑事责任的规定

年龄界限				精神病人		
不满14周岁，称完全不负刑事责任时期	已满14周岁不满16周岁，称相对负刑事责任时期	已满16周岁不满18周岁，称完全负刑事责任时期	已满18周岁，称完全负刑事责任时期	不能辨认或不能控制自己行为时	间歇性的精神病人在精神正常时	尚未完全丧失辨认或控制自己行为能力的
无刑事责任	有故意杀人、故意伤害致人重伤或死亡、强奸、抢劫、贩卖毒品、放火、爆炸、投毒等八大类犯罪的，应当负刑事责任，不公审	应当负刑事责任，一般不公审	应当负刑事责任	不负刑事责任，应当责令家属或监护人严加看管和医疗，必要时由政府强制医疗	应当负刑事责任	应当负刑事责任，但可从轻或减轻处罚
	应当从轻或减轻处罚					
责令家长或监护人管教，必要时可以由政府收容教养						

说明：第一，醉酒的人犯罪，应负刑事责任；第二，又聋又哑的人或盲人犯罪，可以从轻、减轻或免除刑事处罚；第三，已满 75 周岁的人故意犯罪的，可以从轻或者减轻处罚；过失犯罪的，应当从轻或者减轻处罚。

思考与练习

1. 判断题

（1）法律不仅关注人的行为而且关注人的思想。 （　　）

（2）权利和义务是不可分的，没有无权利的义务，也没有无义务的权利。 （　　）

（3）当权利与义务交叉时，权利同样可以放弃。 （　　）

（4）幼儿园或幼儿园的教师对幼儿或其家长有罚款等行政处罚权。 （　　）

（5）教育行政机关对幼儿园及其教师有人身罚等行政处罚权。 （　　）

（6）《教育法》规定："企业事业组织、社会团体及其他社会组织和个人，可以通过适当形式，支持学校的建设，参与学校管理。"此项规定属于义务性规范。 （　　）

2. 单项选择题

（1）《幼儿园管理条例》属于（　　）。

A. 法律 　　　　　　 B. 行政法规 　　　 C. 地方性法规 　　　 D. 规章

（2）（　　）为教育法律关系的内容。

A. 学生 　　　　　　 B. 家庭教育权 　　 C. 教师 　　　　　　 D. 学校场地

（3）最高国家行政机关具有制定（　　）的权限。

A. 教育法律 　　　　　　　　　　　　 B. 教育行政法规

C. 教育自治条例和单行条例 　　　　　 D. 教育规章

3. 简答题

（1）什么是法？法的本质特征是什么？

（2）教育法规有哪几个层级？各个层级之间的效力从属关系如何？

（3）我国已经颁布的教育法律有几部？它们的全称是什么？其颁布机关、颁布时间、实施时间各是什么？

（4）你所在城市已经颁布的地方教育法规有几部？它们的全称是什么？其颁布机关、颁布时间、实施时间各是什么？

（5）以行为规范的性质来分，法律规范可分为哪三类？

（6）法律关系由哪三个要素构成？这三个要素各包括哪些内容？

（7）教育法律责任主要有哪三种？

（8）承担行政法律责任的方式主要有哪两类？行政处分的形式有哪几种？行政处罚有哪四类？学校与教育主管部门有没有行政处罚权？

（9）承担民事法律责任的方式有哪些？

（10）刑罚分为主刑与附加刑。主刑有哪几种？基本情况如何？附加刑有哪几种？基本情况如何？

4. 案例分析

1）邮局迟送准考证，学生考研泡汤案

【案情介绍】 陈某，男，23 岁，河南省南阳市桐柏县人。1996 年陈某考入上海海运学院，学的是船舶驾驶专业。后拟报考硕士研究生，并于 1999 年 10 月报考了北京大学国际关系学硕士学位研究生。由于寒假将至，报名后陈某要求北京大学将准考证寄往其籍贯河南省南阳市桐柏县毛集镇铁山村陈小庄组的家中。北京大学于 1999 年 12 月 30 日以挂号信的形式寄出准考证，桐柏县邮政局毛集邮政支局于 2000 年 1 月 2 日收到邮寄准考证的邮件，但一直到 2000 年 2 月 3 日才将邮件送达给陈某本人，而北京大学确定的硕士研究生考试日期是 2000 年 1 月 22～24 日，待陈某接到准考证之日，硕士研究生考试日期已过了 10 天，陈某的硕士研究生考试资格已被取消。

2000 年是全国研究生招生实行并轨前的最后一年，而陈某的父母是靠种地为生的普通农民，一年的劳动收入还不到 5 000 元，却供养着包括他在内的 3 个大学生，陈某明白他的家庭已无力继续供他读书，这次硕士研究生考试也许是他唯一的学习深造机会。为此，该事件对陈某造成了巨大的精神打击，致使他一度抑郁不语，茶饭不思，继而头发大面积脱落。

这封事关陈某命运的信在毛集邮政支局放了整整 1 个月，而从邮局到陈某所住的小山村，有 40 公里山路，正常情况下 1 天就可以到达，即使遇到雨雪天气，4 天内也能到。那么这封挂号信为什么会整整迟到 1 个月，直到 2 月 3 日才送到陈某的手中呢？邮局工作人员说："当时我们投递员去了两次，由于道路不通，所以也没有找到人，后来就找人代转，因为代转人的疏忽，把这事给忘了。"

陈某之父多次到毛集邮政支局交涉，邮局只同意按《中华人民共和国邮政法》(简称《邮政法》)的有关规定进行赔偿，其数额最多只有 5 元。2000 年 5 月 10 日，忍无可忍的陈某一纸诉状将桐柏县邮政局告到了桐柏县人民法院，要求该邮局赔偿精神损失、备考误考费共计 30 000 元。桐柏县人民法院当即受理了这起河南省首例大学生因硕士研究生准考证被迟延投递而引起的损害赔偿官司。

在庭审过程中，原告、被告对迟延投递的事实没有争议，法庭辩论的焦点在于邮局对其过错是否应承担民事责任。因为如果适用《邮政法》，原告陈某得到的赔偿最多为 5 元；而如果适用《中华人民共和国民法通则》(简称《民法通则》)，原告的诉讼请求则可能得到支持。

分析：

（1）从法的效力从属关系的角度分析，桐柏县邮政局的行为应该适用《民法通则》还是适用《邮政法》？请作具体分析。

（2）被告桐柏县邮政局是否应当承担民事责任？请作具体分析。如果要承担民事责任，具体应承担哪些民事责任？

2）教师与学生及其家长纠纷案

【案情介绍】 2018 年某日，某中学初三（6）班的班主任李某到教室正想上课，学生王某由于在课间被同学杨某踢了一脚而要求李某评理，李某说，被踢一脚不是什么大事，现在是上课时间，不要扰乱课堂秩序。王某不服，继续让李某评理，因而与李某发生争议，李某一气之下将王某逐出教室。王某觉得被同学踢了一脚，又被李某逐出教室，便觉不公，就未经李某允许想回到教室继续上课。李某再次将王某逐出教室，王某坚持不走，争执中李某打了王某几下，且将王某推出教室。王某回到家中告诉了他的父亲，王某父亲找到学校要求李某赔礼道歉。学校作出对李某进行批评的决定，王某父亲对此决定十分不满，找到李某并将他打成轻微伤。公安局遂将王某父亲拘留。

分析：

（1）教师李某与学生王某之间属于什么类型的法律关系？谁为权利人，谁为义务人？教师李某侵犯了学生王某的哪些权利？应负什么法律责任？

（2）王某父亲与李某之间属于什么类型的法律关系？谁为权利人，谁为义务人？王某父亲应负什么法律责任？

（3）王某父亲与公安局之间属于什么类型的法律关系？谁为权利人，谁为义务人？王某父亲应负什么法律责任？

2011～2019 年全国教师资格
考试真题及答案（涉及专题一）

专题二　教师依法处理与幼儿园的关系

目前，我国幼儿教育领域重要的政策有《幼儿园教育指导纲要（试行）》《幼儿园教师专业标准（试行）》《3～6岁儿童学习与发展指南》。重要的法规有《幼儿园管理条例》《幼儿园工作规程》。下面结合这些政策法规及《教育法》等法律的规定，阐述幼儿园应如何依法设置、幼儿园有哪些权利与义务、教师如何依法做好保育和教育工作及违法办园应承担哪些法律责任等问题。

 依法设置幼儿园

我国教育法律法规对幼儿园设置条件的规定，比较早的是《幼儿园管理条例》，其中第二章第七条至第十二条对举办幼儿园应当具备的实体条件和程序条件作了规定。《教育法》的颁布，对学校的设置条件作出全面规定，也涵盖了《幼儿园管理条例》规定的幼儿园的设置条件。此外，《幼儿园工作规程》的第三十四条至第三十七条，《民办教育促进法》第二章民办学校的设立，也对幼儿园的设置条件作出相应规定，即要依法设置幼儿园，必须具备实体条件和程序条件，举办者还要具备主体资格。

依法设置幼儿园

一、举办幼儿园的实体要件

综合《教育法》等法律法规的规定，举办幼儿园必须具备四个实体要件。

（一）必须有组织机构和章程

健全的组织机构和管理人员的合理配备，是幼儿园工作得以运行的保证。幼儿园的组织机构一般包括园长室、保教室、办公室、财会室、教职工代表大会（简称"教代会"）等。幼儿园的章程，是指为促进该机构正常运行，主要就办园宗旨、内部管理体制及财务活动等重大的、基本的问题作出全面规范而形成的自律性的基本文件，它是幼儿园自主管理的基本依据。章程应载明的内容包括：幼儿园的名称、办园宗旨、保教工作的主要任务、幼儿园内部管理体制、教职工参与民主管理与监督的制度、财务管理制度、人事管理制度、举办者及其权利与职责、章程的修改、其他必要事项。

章程是现代幼儿园运行机制的基石。它对于落实幼儿园的法律地位和办学自主权，实行依法治园，对于建立起自我发展、自我约束的良性运行机制具有重大的意义。为此，有人称幼儿园的章程为幼儿园的"小宪法"。《教育法》第二十七条规定了设立幼儿园应当具备章程，使幼儿园章程具有法律上的效力。章程已成为拟设立幼儿园报批的重要文件之一，幼儿园要"一园一章程"。

（二）必须有合格的各类人员

教育部于2013年印发的《幼儿园教职工配备标准（暂行）》规定，幼儿园教职工包括专任教师、保育员、卫生保健人员、行政人员、教辅人员、工勤人员。其中保育和教育人员（又称"保教人员"）包括专任教师和保育员。幼儿园应当按照服务类型、教职工与幼儿及保教人员与幼儿的一定比例配备教职工，满足保教工作的基本需要。不同服务类型幼儿园教职工与幼儿的配备比例见表 2-1。

表 2-1　不同服务类型幼儿园教职工与幼儿的配备比例

服务类型	全园教职工与幼儿比	全园保教人员与幼儿比
全日制	（1∶5）～（1∶7）	（1∶7）～（1∶9）
半日制	（1∶8）～（1∶10）	（1∶11）～（1∶13）

1. 幼儿园要有合格的园长

在园长负责制体制中，园长是幼儿园的行政负责人，是幼儿园的法定代表人。《幼儿园管理条例》第九条规定，幼儿园的园长应当具有幼儿师范学校（包括职业学校幼儿教育专业）毕业程度，或者经教育行政部门考核合格。《幼儿园工作规程》第四十条进一步规定了园长应当具备的条件，具体包括：一是具备幼儿园教职工在品德、知识技能、文化和专业素养及身心健康等方面的共性条件；二是具有教师资格；三是具备大专以上学历；四是有三年以上幼儿园工作经历和一定的组织管理能力；五是取得幼儿园园长岗位培训合格证书。第四十条还规定了园长应负责幼儿园的全面工作，主要有八项职责：一是贯彻执行国家的有关法律、法规、方针、政策和地方的相关规定，负责建立并组织执行幼儿园的各项规章制度；二是负责保育教育、卫生保健、安全保卫工作；三是负责按照有关规定聘任、调配教职工，指导、检查和评估教师以及其他工作人员的工作，并给予奖惩；四是负责教职工的思想工作，组织业务学习，并为他们的学习、进修、教育研究创造必要的条件；五是关心教职工的身心健康，维护他们的合法权益，改善他们的工作条件；六是组织管理园舍、设备和经费；七是组织和指导家长工作；八是负责与社区的联系和合作。《幼儿园教职工配备标准（暂行）》规定了 6 个班以下的幼儿园设 1 名园长，6～9 个班的幼儿园设不超过 2 名的园长，10 个班及以上的幼儿园可设 3 名园长。

2. 幼儿园要有合格的教师和保育员

教师是幼儿园组织最重要的成员，是幼儿园实施保育教育活动的"人力"保障。《幼儿园工作规程》第四十一条规定了幼儿园教师应当具备的条件，具体包括：一是取得幼儿园教师资格证书；二是具备幼儿园教职工在品德、知识技能、文化和专业素养及身心健康等方面的共性条件。《幼儿园工作规程》第四十一条还规定了幼儿园教师要对本班工作全面负责，其主要职责有六项：一是观察了解幼儿，依据国家有关规定，结合本班幼儿的发展水平和兴趣需要，制订和执行教育工作计划，合理安排幼儿一日生活；二是创设良好的教育环境，合理组织教育内容，提供丰富的玩具和游戏材料，开展适宜的教育活动；三是严格执行幼儿园安全、卫生保健制度，指导并配合保育员管理本班幼儿生活，做好卫生保健工作；四是与家长保持经常联系，了解幼儿家庭的教育环境，商讨符合幼儿特点的教育措施，相互配合共同完成教育任务；五是参加业务学习和保育教育研究活动；六是定期总结评估保教工作实效，接受园长的指导和检查。

《幼儿园工作规程》第四十二条规定了幼儿园保育员应当具备的条件，具体包括：一是具备幼儿园教职工在品德、知识技能、文化和专业素养及身心健康等方面的共性条件；二是具备高中毕业以上学历；三是受过幼儿保育职业培训。第四十二条还规定了保育员的四项职责：一是负责本班房舍、设备、环境的清洁卫生和消毒工作；二是在教师指导下，科学照料和管理幼儿生活，并配合本班教师组织教育活动；三是在卫生保健人员和本班教师指导下，严格执行幼儿园安全、卫生保健制度；四是妥善保管幼儿衣物和本班的设备、用具。

《幼儿园教职工配备标准（暂行）》规定的幼儿园班级规模及专任教师、保育员配备标准见表 2-2。

表 2-2　幼儿园班级规模及专任教师和保育员配备标准

年龄班	班级规模/人	全日制		半日制	
		专任教师/人	保育员/人	专任教师/人	保育员/人
小班（3～4 岁）	20～25	2	1	2	有条件的应配备 1 名保育员
中班（4～5 岁）	25～30	2	1	2	
大班（5～6 岁）	30～35	2	1	2	
混龄班	<30	2	1	2～3	

3．幼儿园还要有合格的卫生保健人员、事务人员和其他工作人员等

2010 年由卫生部与教育部联合颁布的《托儿所幼儿园卫生保健管理办法》第十一条规定，托幼机构应当聘用符合国家规定的卫生保健人员。卫生保健人员包括医师、护士和保健员。在卫生室工作的医师应当取得卫生行政部门颁发的医师执业证书，护士应当取得卫生行政部门颁发的护士执业证书。在保健室工作的保健员应当具有高中以上学历，经过卫生保健专业知识培训，具有托幼机构卫生保健基础知识，掌握卫生消毒、传染病管理和营养膳食管理等技能。《幼儿园工作规程》第四十三条规定了幼儿园卫生保健人员要对全园幼儿的身体健康负责，还规定了卫生保健人员的六项职责。一是协助园长组织实施有关卫生保健方面的法规、规章和制度，并监督执行。二是负责指导调配幼儿膳食，检查食品、饮水和环境卫生。三是负责晨检、午检和健康观察，做好幼儿营养、生长发育的监测和评价；定期组织幼儿健康体检，做好幼儿健康档案管理。四是密切与当地卫生保健机构的联系，协助做好疾病防控和计划免疫工作。五是向幼儿园教职工和家长进行卫生保健宣传和指导。六是妥善管理医疗器械、消毒用具和药品。

幼儿园的事务人员一般包括会计、出纳、采购员、炊事员和安保人员等。幼儿园应根据餐点提供的实际需要和就餐幼儿人数配备适宜的炊事人员。每日三餐一点的幼儿园每 40～45 名幼儿配 1 名炊事人员；少于三餐一点的幼儿园酌减；在园幼儿人数少于 40 名的供餐幼儿园（班）应配备 1 名专职炊事员。幼儿园应根据国家和地方有关财会工作规定配备财会人员，根据国家和地方有关安保工作规定配备安保人员。

幼儿园合格的各类人员除了符合数量上和类型上的要求外，还应符合身体条件方面的要求。《幼儿园管理条例》第九条规定，慢性传染病、精神病患者不得在幼儿园工作。《托儿所幼儿园卫生保健管理办法》第十四条规定，托幼机构工作人员上岗前必须经县级以上人民政府卫生行政部门指定的医疗卫生机构进行健康检查，取得托幼机构

工作人员健康合格证后方可上岗。托幼机构应当组织在岗工作人员每年进行 1 次健康检查；在岗人员患有传染性疾病的，应当立即离岗治疗，治愈后方可上岗工作。精神病患者、有精神病史者不得在托幼机构工作。《幼儿园工作规程》第三十九条第二款规定："幼儿园教职工患传染病期间暂停在幼儿园的工作。有犯罪、吸毒记录和精神病史者不得在幼儿园工作。"2012 年卫生部修订的《托儿所幼儿园卫生保健工作规范》规定，凡有发热、腹泻、流感、活动性肺结核痢疾、伤寒、甲型病毒性肝炎、戊型病毒性肝炎、淋病、梅毒、滴虫性阴道炎、化脓性或者渗出性皮肤病等症状或疾病者，须离岗治愈后持县级以上人民政府卫生行政部门指定的医疗卫生机构出具的诊断证明，并取得托幼机构工作人员健康合格证后，方可回园工作。2010 年教育部、卫生部联合颁布的《关于普通高等学校招生学生入学身体检查取消乙肝项目检测有关问题的通知》取消了关于乙型肝炎表面抗原携带者不能录取到学前教育专业的限制，即携带乙肝表面抗原这一疾病没有被列入不宜从事幼教工作的"传染性疾病"的范畴，乙型肝炎表面抗原携带者可以从事幼教工作。

（三）必须有符合规定标准的保育和教育场所及设施、设备

《幼儿园教育指导纲要（试行）》指出："幼儿园必须把保护幼儿的生命和促进幼儿的健康放在工作的首位。"符合规定标准的保育和教育场所及设施、设备是进行保育教育活动的重要物质条件保证。《幼儿园管理条例》第八条规定："举办幼儿园必须具有与保育、教育的要求相适应的园舍和设施。幼儿园的园舍和设施必须符合国家的卫生标准和安全标准。"《幼儿园工作规程》第六章的第三十四至三十七条也作了相应的规定。

具体要求包括以下几个方面的内容。

1. 园舍方面的要求

（1）《幼儿园工作规程》第三十四条规定："幼儿园应当按照国家的相关规定设活动室、寝室、卫生间、保健室、综合活动室、厨房和办公用房等，并达到相应的建设标准。有条件的幼儿园应当优先扩大幼儿游戏和活动空间。寄宿制幼儿园应当增设隔离室、浴室和教职工值班室等。"

（2）《幼儿园工作规程》第三十五条规定："幼儿园应当有与其规模相适应的户外活动场地，配备必要的游戏和体育活动设施，创造条件开辟沙地、水池、种植园地等，并根据幼儿活动的需要绿化、美化园地。"

（3）《幼儿园工作规程》第三十七条规定："幼儿园的建筑规划面积、建筑设计和功能要求，以及设施设备、玩教具配备，按照国家和地方的相关规定执行。"2019 年修订的《托儿所、幼儿园建筑设计规范》（JGJ 39—2016）就幼儿园基地和总平面、建筑设计、室内环境、建筑设备等方面作了详尽的规定。例如，在基地和总平面方面，幼儿园应设独立的疏散楼梯和安全出口。幼儿园每班应设专用室外活动场地，人均面积不应小于 2 平方米。幼儿园应设全园共用活动场地，人均面积不应小于 2 平方米。在建筑设计方面，幼儿园建筑应由生活用房、服务管理用房和供应用房等部分组成。生活用房应由幼儿生活单元、公共活动空间和多功能活动室组成。服务管理用房宜包括晨检室（厅）、保健观察室、教师值班室、警卫室、储藏室、园长室、所长室、财务室、教师办公室、

会议室、教具制作室等房间。供应用房宜包括厨房、消毒室、洗衣间、开水间、车库等房间。幼儿园中的生活用房不应设置在地下室或半地下室。幼儿园生活用房应布置在三层及以下。门下不应设门槛；平开门距离楼地面 1.2 米以下部分应设防止夹手设施。防护栏杆的高度应从可踏部位顶面起算，且净高不应小于 1.30 米，防护栏杆必须采用防止幼儿攀登和穿过的构造，当采用垂直杆件做栏杆时，其杆件净距离不应大于 0.09 米。楼梯踏步面应采用防滑材料，踏步踢面不应漏空，踏步面应做明显警示标识；幼儿使用的楼梯，当楼梯井净宽度大于 0.11 米时，必须采取防止幼儿攀滑措施。楼梯栏杆应采取不易攀爬的构造，当采用垂直杆件作栏杆时，其杆件净距不应大于 0.09 米。在室内环境方面，幼儿园的生活用房、服务管理用房和供应用房中的厨房等均应有直接天然采光。在建筑设备方面，园区大门、建筑物出入口、楼梯间、走廊、厨房等应设置视频安防监控系统。周界宜设置入侵报警系统、电子巡查系统。建筑物出入口、楼梯间、厨房、配电间等处宜设置入侵报警系统。

此外，《幼儿园工作规程》第十一条第一款还规定："幼儿园规模应当有利于幼儿身心健康，便于管理，一般不超过 360 人。幼儿园每班幼儿人数一般为：小班（3 周岁至 4 周岁）25 人，中班（4 周岁至 5 周岁）30 人，大班（5 周岁至 6 周岁）35 人，混合班 30 人。寄宿制幼儿园每班幼儿人数酌减。"

2．园址环境方面的要求

幼儿园的园址环境对幼儿的健康成长影响很大，所以在幼儿园的设置条件方面，《幼儿园工作规程》第十三条规定，幼儿园不得设置在污染区和危险区，不得使用危房。

所谓污染区，一般是指有粉尘污染、大气污染、水质污染、噪声污染的区域。所谓危险区，通常是指危及人们健康与生命的区域。

3．设施、设备方面的要求

考虑到幼儿的特点，相关法规对幼儿园的生活用具、教玩具等也作了具体规定。《幼儿园工作规程》第三十六条规定："幼儿园应当配备适合幼儿特点的桌椅、玩具架、盥洗卫生用具，以及必要的玩教具、图书和乐器等。玩教具应当具有教育意义并符合安全、卫生要求。幼儿园应当因地制宜，就地取材，自制玩教具。"

为此，原国家教委专门颁布了《幼儿园教玩具配备目录》，以作为各地配备、选购教玩具时参考。

《民办教育促进法》第十一条第二款规定："民办学校的设置标准参照同级同类公办学校的设置标准执行。"

（四）必须有必备的办园资金和稳定的经费来源

必备的办园资金和稳定的经费来源是幼儿园进行正常保育教育活动的保障，也是其作为权利主体，进行各种法律活动，独立享受权利和承担义务的物质基础。

1．我国教育经费的主要来源

我国的教育经费包括教育基本建设经费和教育事业经费两大方面。教育基本建设经费包括国家预算内基本建设经费和自筹基本建设经费两个方面；教育事业经费包括人员经费和公用经费两个方面。

我国教育经费的主要来源有：财、税、费、产、集、捐、金七个渠道。"财"是指财政拨款；"税"是指各种教育附加，包括城市教育费附加、农村教育费附加及其他用于教育的地方附加费；"费"是指收取学费和其他费用；"产"是指校办产业；"集"是指农村教育集资；"捐"是指捐资助学；"金"是指运用金融信贷手段支持教育。

2. 幼儿园教育经费的主要来源

《幼儿园管理条例》第十条规定："举办幼儿园的单位或者个人必须具有进行保育、教育以及维修或扩建、改建幼儿园的园舍与设施的经费来源。"《幼儿园工作规程》第四十六条第一款规定："幼儿园的经费由举办者依法筹措，保障有必备的办园资金和稳定的经费来源。"为此，诸如通过贷款、借款筹集资金开办幼儿园，并以所办幼儿园向学生收取学费偿还贷款、借款等办法，都不符合教育法律法规的要求。第四十六条还新增加了第二款："按照国家和地方相关规定接受财政扶持的提供普惠性服务的国有企事业单位办园、集体办园和民办园等幼儿园，应当接受财务、审计等有关部门的监督检查。"

概括起来，幼儿园经费的主要来源有三个。

（1）举办者投入。依据幼儿园举办者的情况，大体有两类：一是公办幼儿园的办园经费以财政拨款为主；二是企事业组织、社会团体及其他社会组织和个人依法举办的幼儿园的办园经费由举办者负责筹措。

（2）家长交纳保教费。幼儿园教育属于非义务教育阶段，可依法收取保教费。当然，其收费应依法按省、自治区、直辖市或地（市）级教育行政部门会同有关部门（主要指物价、财政等部门）制定的收费项目、标准和办法执行。幼儿园的收费应坚持法定的收费项目和收费标准，杜绝乱收费；还应对各幼儿园进行评估、定级、分类，按类收费，优质优价；幼儿园不得以幼儿作为牟利手段。2011年12月31日由国家发展改革委员会、教育部、财政部印发的《幼儿园收费管理暂行办法》第十二条第一款明确规定："幼儿园除收取保教费、住宿费及省级人民政府批准的服务性收费、代收费外，不得再向幼儿家长收取其他费用。"第二款又规定："幼儿园不得在保教费外以开办实验班、特色班、兴趣班、课后培训班和亲子班等特色教育为名向幼儿家长另行收取费用，不得以任何名义向幼儿家长收取与入园挂钩的赞助费、捐资助学费、建校费、教育成本补偿费等费用。"

（3）接受社会捐助。幼儿园接受社会捐助时要贯彻自愿、量力、群众受益的原则。捐赠方式、内容必须符合我国法律、法规和政策，不得违反我国的教育方针。

总之，幼儿园的举办者必须同时具备上述章程、人、财、物这四个实体要件。法律规定这四个实体要件，有利于促进拟举办的幼儿园健全内部管理，保证办学条件，提高教育质量，防止乱设幼儿园；也有利于教育主管部门对幼儿园进行宏观调控，保证本地区幼儿园的合理布局和教育资源的充分有效利用。

二、举办幼儿园的程序要件

《教育法》第二十八条规定："学校及其他教育机构的设立、变更和终止，应当按照国家有关规定办理审核、批准、注册或者备案手续。"所以，具备了设立幼儿园的一般实体要件后，拟设立的幼儿园还必须经过法定程序才能成立，才能取得合法地位。

　　我国教育机构的设立实行登记注册和审批两种制度。《幼儿园管理条例》第十一条规定：“国家实行幼儿园登记注册制度，未经登记注册，任何单位和个人不得举办幼儿园。”可见，幼儿园实行的是登记注册制度。

（一）幼儿园登记注册制度

　　所谓幼儿园登记注册制度，是指主管部门对申请者提交的申请设立幼儿园的报告，应当进行审核，如未发现有违背法律法规规定的情形，只要拟办的幼儿园符合设置标准，都必须予以登记注册，使其取得合法地位；对不符合设置标准的，予以拒绝，并以书面形式通知申请者。登记注册制度的实质是确认申请者所办幼儿园的法律地位或事实。审批制度和登记注册制度的不同在于：对于审批制度而言，不违背法律、法规的规定，符合国家规定的设立条件和设置标准，并不一定就能够批准建设，还要受到规划、布局、资金等多种因素的影响。所以，审批制度较之于登记注册制度，相对要严格得多，它一般适用于各级各类正规学校。

（二）幼儿园登记注册的程序

　　幼儿园登记注册的程序一般为以下几步。

　　（1）举办者提出办园申请，并附相应文件。其中，社会力量所举办的幼儿园，应按《民办教育促进法》第二章“设立”中的第十三、十五、十六条的规定提交相关材料。

　　（2）教育行政机关对办园申请进行审核。

　　（3）教育行政机关审核后对办园申请作出答复。对符合条件的予以登记注册，对不符合条件的不予注册，并将原因通知申请者。审批机关的答复须在申请之日起 3 个月内以书面形式作出。

（三）幼儿园登记注册的机关

　　《幼儿园管理条例》第十二条第一款规定：“城市幼儿园的举办、停办，由所在区、不设区的市的人民政府教育行政部门登记注册。”第二款规定：“农村幼儿园的举办、停办，由所在乡、镇人民政府登记注册，并报县人民政府教育行政部门备案。”

　　此外，当幼儿园变更或撤销时，应向原登记注册机关办理注销备案手续。

　　设立幼儿园实行登记注册制度的意义在于：第一，举办幼儿园有了合法程序，其法律地位才能得以确认，各项合法权益才能得到法律的保护；第二，有利于主管部门的管理和监督；第三，能够防止擅自举办幼儿园，有利于幼儿园的合理布局，避免低水平重复设置而导致教育资源的浪费。

三、举办幼儿园的主体资格

　　举办幼儿园的主体资格是指哪些组织和公民可以举办幼儿园的能力限定。

　　《宪法》第十九条第二款规定：“国家举办各种学校，普及初等义务教育，发展中等教育、职业教育和高等教育，并且发展学前教育。”第四款规定：“国家鼓励集体经济组织、国家企业事业组织和其他社会力量依照法律规定举办各种教育事业。"《教育法》第二十六条第一款规定："国家制定教育发展规划，并举办学校及其他教育机构。"第二款规定："国家鼓励企业事业组织、社会团体、其他社会组织及公民个人依法举办学校及其他教育机构。"《民办教育促进法》第十条第一款规定："举办民办学校的社会组织，应当具有法人资格。"第二款规定："举办民办学校的个人，应当具有政治权利和完全民事行为能力。"第三款规定："民办学校应当具备法人条件。"

具备举办幼儿园主体资格的国家、企事业组织、社会团体、其他社会组织及公民个人都可以依法举办幼儿园。但下列组织与个人不得举办幼儿园。

（1）不具有法人资格的社会组织。

《民法总则》第五十七条规定："法人是指具有民事权利能力和民事行为能力，依法独立享有民事权利和承担民事义务的组织。"法人分为营利法人、非营利法人和特别法人三类。营利法人包括有限责任公司、股份有限公司和其他企业法人等。非营利法人包括事业单位、社会团体、基金会、社会服务机构等。特别法人包括机关法人、农村集体经济组织法人、城镇农村的合作经济组织法人、基层群众性自治组织法人等。

《民办教育促进法》第十条第一款规定："举办民办学校的社会组织，应当具有法人资格。"社会组织要举办幼儿园，只有具有法人资格，才能以一个法律主体的资格参加到法律关系中去，或者说取得平等的、合法的法律地位，独立享受权利，重要的是承担民事责任。

幼儿园享有的民事权利非常广泛，包括财产权、债权、知识产权及名称权、名誉权、荣誉权等。作为幼儿园法人的内部组织机构，只是法人的一个组成部分而不是法人，它只享有名称权、名誉权和荣誉权；在财产方面只对举办者交由其管理的财产享有使用权、管理权。幼儿园的内部组织机构不能以自己的名义对外签订合同，不享有债权，也不能以自己的名义接受捐赠。它对外也不能独立承担民事责任。

幼儿园独立承担民事责任的含义包括：第一，法人的出资人除出资额外，不再为法人承担财产责任；第二，法人的主管机关、从属机关，不承担法人的财产责任；第三，法人的工作人员不承担法人的财产责任。

不具有法人资格的社会组织是不具有民事权利能力和民事行为能力的，那就无法享受权利，承担义务。为此，不具有法人资格的社会组织不得举办幼儿园。

（2）以财政性经费、捐赠资产举办的幼儿园，如果设立为营利性幼儿园的，就会失去举办幼儿园的主体资格。

《教育法》第二十六条第四款规定："以财政性经费、捐赠资产举办或者参与举办的学校及其他教育机构不得设立为营利性组织。"《民办教育促进法》第十九条第一款规定："民办学校的举办者可以自主选择设立非营利性或者营利性民办学校。但是，不得设立实施义务教育的营利性民办学校。"该条规定说明了民办幼儿园可以分为营利性民办幼儿园和非营利性民办幼儿园两类。举办者申请举办民办幼儿园时，可以根据是否要求取得办学收益，对投入幼儿园财产是否主张财产权益等自身情况，自主选择设立为非营利性民办幼儿园还是营利性民办幼儿园。

如果选择为非营利性民办幼儿园，就可能会接受财政性经费的资助或者接受相关捐赠。如果接受了财政性经费的资助或者接受了相关捐赠，就不能以营利为目的办学，举办者就不得取得办学收益，其办学结余就应该全部用于办学。如果将接受财政性经费的资助或者接受捐赠的幼儿园设立为营利性幼儿园，就会被教育主管部门处以停办处罚，就会失去举办幼儿园的主体资格。

（3）限制民事行为能力人或无民事行为能力人。

公民的民事行为能力是指公民以自己的行为行使民事权利和承担民事义务的能力。限制民事行为能力人和无民事行为能力人包括未成年人或不能辨认、不能完全辨认自己行为的成年人等。限制民事行为能力人和无民事行为能力人自己不能独立享受民事权利，承担民事义务，其权利与义务应由其监护人或法定代理人行使、承担。因此，限制民事行为能力人和无民事行为能力人不能举办幼儿园。

（4）被剥夺政治权利或被判处有期徒刑以上刑罚处罚正在服刑的人。

《刑法》第五十四条规定了犯罪分子被剥夺的政治权利包括：选举权与被选举权；言论、出版、集会、结社、示威、游行自由权；担任国家机关职务的权利；担任国有单位（包括国有公司、企业、事业单位和人民团体）领导职务的权利。被判处有期徒刑以上刑罚处罚正在服刑的人即使没有被判附加剥夺政治权利，实质上，在服刑期间也没有了担任国家机关职务和担任国有单位领导职务的权利。所以，他们都不能举办幼儿园。

问题二　幼儿园的权利与义务

规定幼儿园的权利和义务是保护幼儿园的合法权益，落实幼儿园办学自主权、促使幼儿园建立和完善自主办学、自我发展和自我约束机制的重要保证，也是建立现代化学校制度的必然要求。

幼儿园的权利
与义务

一、幼儿园的权利

幼儿园的权利是指幼儿园在教育活动中依法享有的权利，即幼儿园在教育活动中能够作出或不作出一定行为的权利，且有要求相对人相应地作出或不作出一定行为的许可与保障，是教育法律法规所确认、所设定、所保护的。

幼儿园的权利有以下三个特征。第一，它是幼儿园特有的权利，是幼儿园成为教育法律关系主体的前提，不享有这些权利，意味着幼儿园在法律上就不享有实施教育活动的资格和能力。第二，幼儿园所享有的这些权利是国家教育权的体现，在本质上是一种公共权力，幼儿园不得根据自己的主观意志滥用此种权利，也不得自行放弃与转让。第三，幼儿园的权利可集中表现为两个部分，一是民事权利，二是办学自主权。办学自主权与民事权利之间既有联系又有区别。两者的区别在于：民事权利是民法赋予民事主体享有的、与财产关系和人身关系密切相关的权利。民事主体可以根据自己的独立意志，行使民事权利，甚至可以放弃某些民事权利，而幼儿园不能根据自己的主观意志随意行使办学自主权，也不能放弃和转让。两者的联系表现在：幼儿园享有民事权利，特别是享有财产权利，有助于办学自主权的顺利行使。此外，幼儿园享有民事权利，本身也是其行使办学自主权的一个具体体现。

具体而言，依法设立的幼儿园享有以下办学自主权。

（一）自主管理权

这是幼儿园的首要权利，是幼儿园办学自主权的总括性授权。《教育法》第二十九条第（一）项规定，幼儿园有权按照章程自主管理。幼儿园根据章程确立的办学宗旨、管理体制及各项重大原则，可以制定具体的管理规章和发展规划，自主地作出管理决策，并建立、完善自己的管理系统，组织实施管理活动，不必事无巨细地向上级主管部门或举办者请示，让"上级"来做主决策。更不应久拖不决，贻误时机。

幼儿园按照章程自主管理后，政府由对幼儿园的直接行政管理转变为宏观管理，但仍有权对幼儿园进行监督，对幼儿园超越章程规定所进行的违法行为具有行政处分和行政处罚权。

（二）组织实施保育和教育活动权

《教育法》第二十九条第（二）项规定了幼儿园有权组织实施教育教学活动。幼儿园有权根据国家教育主管部门有关教学计划、课程、专业设置等方面的规定，根据自己的办学宗旨和任务，自行决定和实施本幼儿园的教学计划，决定具体课程、专业设置，决定选用何种教材，决定具体课时和教学进度，组织保教活动评比，集体备课，检查评议等。

教育行政部门除进行重大教育教学改革、制订指导性教学计划、教学大纲等工作外，不能干预幼儿园具体的保育和教育活动，并且，还有责任保护幼儿园正常的保育和教育活动免受社会上不良因素的干扰。

（三）招收新生权

《教育法》第二十九条第（三）项规定了幼儿园有权招收学生或者其他受教育者。招生权是幼儿园的基本权利，是办学自主权的重要标志。幼儿园根据自己的办园宗旨、培养目标、任务及办学条件和能力，依据国家有关招生法规、规章和主管部门的招生管理规定，可以制定本幼儿园具体的招生办法，发布招生广告，决定招生的具体数量和人员，确定招生范围和来源。例如，《幼儿园工作规程》第八条第一款规定："幼儿园每年秋季招生。平时如有缺额，可随时补招。"第二款规定："幼儿园对烈士子女、家中无人照顾的残疾人子女、孤儿、家庭经济困难幼儿、具有接受普通教育能力的残疾儿童等入园，按照国家和地方的有关规定予以照顾。"

幼儿园行使这一权利时，如果不尊重国家规定，擅自突破招生的数量、地域和国家统一招生标准是错误的，是违法行为，要承担行政法律责任。但是主管部门如果有非法限制，甚至取消幼儿园的招生权，或随意干涉幼儿园的具体招生事宜，在国家规定之外利用国家赋予的管理权力为自己大开方便之门等行为，也是侵害幼儿园办学自主权的违法行为，必须予以制止和纠正。

（四）学籍管理权

《教育法》第二十九条第（四）项规定了幼儿园有权对受教育者进行学籍管理，实施奖励或者处分。幼儿园根据主管部门的学籍管理规定，有权制定具体的学籍管理办法；同时，可以根据国家有关幼儿奖励、处分的规定，结合本园实际，制定具体的奖励和处分办法；并根据这些管理办法，对受教育者进行具体的管理活动。

幼儿园的学籍管理是指幼儿园有权确定有关幼儿报名注册的管理办法，并建立幼儿名册。幼儿的学籍管理档案包括：幼儿花名册、幼儿登记表、幼儿身心发展状况记录等。

奖励包括精神奖励与物质奖励，处分包括警告、严重警告、记过、留校察看、勒令退学、开除学籍等六种。幼儿园对幼儿只有奖励的权利，没有处分的权利。

（五）幼儿园证书颁发权

《教育法》第二十九条第（五）项规定了幼儿园有权对受教育者颁发相应的学业证书。幼儿园有权根据自己的办学宗旨、培养目标和教育教学任务要求，根据国家有关学业证书的管理规定，对经考核成绩合格的受教育者，按其类别，颁发毕业证书、结业证书等学业证书。

这既是幼儿园的权利，又是幼儿园应尽的义务。教育行政部门既要保护幼儿园的这项权利，又要进行监督，防止幼儿园滥用这项权利。

（六）教职工的聘任和奖惩权

教职工的聘任和奖惩权即幼儿园的人事权。《教育法》第二十九条第（六）项规定了幼儿园有权聘任教师及其他职工，实施奖励或者处分。幼儿园根据国家有关教师和其他教职工管理的法规、规章和主管部门的规定，从本园的办学条件、办学能力和实际编制情况出发，有权自主决定聘任或解聘有关教师和其他职工，制定本园的教师及其他职工聘任办法，签订和解除聘任合同，并有权对教师及其他职工实施包括奖励、处分在内的具体管理活动。这项权利是幼儿园实施保育教育活动的保证。幼儿园用好这项权利，有利于调动教职工的积极性，提高办园质量和效益。

这项权利的规定说明了聘任、解聘、奖励和处分教师的行为属于幼儿园内部的管理行为，教育行政部门不能随意干预。值得注意的是，这里所说的解聘有两层含义：第一，指解除教师岗位职务聘任合同，被解聘者由幼儿园另行安排其他工作；第二，指解除教师聘任合同，被解聘者另谋职业。

（七）设施和经费的管理、使用权

设施和经费的管理、使用权即幼儿园的财产权。《教育法》第二十九条第（七）项规定了幼儿园有权管理、使用本单位的设施和经费。幼儿园对其占有的场地、教室、宿舍、教学设备等设施、办学经费及其他有关财产，享有财产管理权和使用权，必要时可对其占有的财产进行处分或获得一定的收益。

值得注意的是，幼儿园在行使这项权利时，应当遵守国家有关国有资产管理的规定。因为随着我国教育体制改革的深入，幼儿园的财产所有权关系变得十分复杂。为了明确幼儿园的财产所有权，防止国有资产的流失，《教育法》第三十二条第三款规定："学校及其他教育机构中的国有资产属于国家所有。"意思是说，幼儿园拥有的财产中，属于国有资产的部分，幼儿园虽享有占有、使用、收益和处分的权利，但所有权属于国家。能不能依法按照自己的意志全面支配财产，是有无所有权的唯一标志，即非所有权人即使享有占有权、使用权、收益权、处分权这四项所有权所具有的权能，但他仍然不能享有所有权。

那么，幼儿园拥有的财产中，哪些属于国家所有呢？第一，以国家财政投入举办的幼儿园的资产，全部属于国家所有。第二，国家与集体或个人联合举办的幼儿园，国家投入的资产部分归国家所有，集体或个人投入的资产部分不属于国家所有。

教育行政部门要对其所主管的幼儿园进行监督，防止幼儿园资产的流失和浪费。同时，不得以挪用、借调、报销等方式侵犯幼儿园的正当财产权益。

（八）拒绝对保育和教育活动的非法干涉权

《教育法》第二十九条第（八）项规定了幼儿园有权拒绝任何组织和个人对教育教学活动的非法干涉。幼儿园对来自行政机关（包括教育行政机关）、企事业组织、宗教团体、其他社会组织、个人及国外势力等任何方面的非法干涉保育和教育活动的行为，都有权加以拒绝和抵制。所谓"非法干涉"，是指行为人违背法律法规和有关规定作出的不利于保育和教育活动的行为。例如，强行占用幼儿活动用房和场地；随意抽调教职工另作他用；随意要求幼儿园停课；一些机构到幼儿园乱办班以牟取经济利益；社会对幼儿园的乱摊派；要求幼儿园代收各种费用；教育行政部门对幼儿园保育和教育活动随意地、过多地检查，等，对于这些非法干涉幼儿园正常保育和教育活动的行为，幼儿园均有权加以拒绝和抵制。教育行政部门也要会同当地纠风办、纪检、监察等部门予以治理，保护幼儿园的合法权益。

这里需要注意"非法"二字。如果幼儿园组织开展的保育和教育活动有问题，有关部门通过合法的途径进行干涉，则是允许的，也是不能拒绝的。

（九）法律法规规定的其他权利

这是一项概括性的规定。表明除上述规定的八项权利外，幼儿园还享有现有法律法规及将来出台的法律法规赋予的其他权利。例如，有权开展对外学术交流；有权接受国内外的捐资助学；有权组织幼儿参加校外活动；有权承办教育行政机关交办的其他活动等。

二、幼儿园的义务

幼儿园的义务是指幼儿园在保育和教育活动中所必须履行的法定义务，即幼儿园在保育和教育活动中必须作出一定行为，或不得作出一定行为的约束。

规定幼儿园义务的意义在于：第一，这是幼儿园保证实现其办学宗旨、实施保育和教育活动的需要；第二，这也是保护受教育者（幼儿）的需要。可以说，规定幼儿园的义务，其根本目的是保障受教育者受教育权的实现。

《教育法》第三十条规定了幼儿园应履行以下六项义务。

（一）遵守法律、法规

《教育法》第三十条第（一）项规定了幼儿园有遵守法律、法规的义务。幼儿园是育人的社会组织，遵守法律法规是幼儿园必须履行的最基本的义务。它有两层含义：一是指幼儿园在一般意义上的守法，如幼儿园也必须遵守宪法、民法、刑法、经济法等；二是指幼儿园要遵守教育法律法规中对幼儿园所设定的义务，就是指幼儿园要遵守教育方面的法律法规。此外，幼儿园自己制定的合法的规章制度也有一定的法律约束力，幼儿园及其园长、教师也要遵守。

幼儿园自己制定的合法的规章制度主要包括：幼儿园的领导制度、奖惩制度、工作制度、卫生保健制度、安全保护制度、教育制度、科研制度、财务制度、家园社（区）联系制度等。制定幼儿园内部规章制度应遵循两个原则：一是必须符合法律、法规、规章等规定，不得与之相抵触；二是不能越权，不能超越本园的职权或授权的范围把本该由法律、法规规定的内容规定在园内的管理制度中，如幼儿园无权对政府及有关行政部门等提出义务性或禁止性要求。教育行政部门有权对幼儿园制定的违反法律、法规和规章的内部管理规章制度予以撤销。对由于内部管理不当给当事人的合法权益造成损害的，幼儿园应承担相应责任。

（二）贯彻国家的教育方针，执行国家保育和教育标准，保证保育和教育质量

《教育法》第三十条第（二）项规定了幼儿园有贯彻国家的教育方针、执行国家教育教学标准、保证教育教学质量的义务。此项义务的内容是：第一，幼儿园在整个保育和教育活动中要坚持社会主义办学方向，贯彻《教育法》第五条规定的国家教育方针，按国家规定的保育和教育目标，面向全体幼儿，实施全面发展教育。第二，要执行国家关于幼儿园的保育和教育标准，努力改善办园条件，加强育人环节，保证不断提高保育和教育质量。

《教育法》第五条规定："教育必须为社会主义现代化建设服务、为人民服务，必须与生产劳动和社会实践相结合，培养德、智、体、美等方面全面发展的社会主义建设者和接班人。"这是我国第一次通过立法形式规定的教育方针。我们可以从下面四个方面全面准确地理解教育方针的基本精神：第一，"教育必须为社会主义现代化建设服务、为人民服务"规定了我国教育工作的总方向。必须注意的是，把"教育必须为社会主义现代化建设服务"单纯理解为只是为经济建设服务是不全面的，我们应当树立教育必须为有中国特色的社会主义经济、政治、文化的整体建设服务的思想，指导我们的教育工作。第二，教育"必须与生产劳动和社会实践相结合"是培养全面发展的社会主义建设者和接班人的根本途径。教育与生产劳动相结合（简称"教劳结合"）是马克思主义的重要教育原理，我国在新时期又赋予"教劳结合"以新的含义，"教劳结合"也是世界各国教育改革的普遍趋势。第三，"德、智、体、美等方面全面发展"是培养目标的重要内容。我国的教育方针是以马克思主义关于培养全面发展新人的学说为理论基础的。第四，培养"社会主义建设者和接班人"是我国社会主义各级各类学校教育总的培养目标。把少年儿

童培养成什么样的人，是学校教育的一个带根本性的大问题。把"建设者"和"接班人"并提，集中体现了党和国家对教育工作的根本要求。

总之，《教育法》实施后，幼儿园不履行此项义务，出现诸如"唯智育论"，搞所谓的"贵族学校"，幼儿园忽视幼儿兴趣爱好搞所谓"专长培养"，搞幼儿教育小学化等，都是违背幼儿发展规律、违背国家教育方针的办学行为。此外，不执行国家的教育教学标准，已不再是单纯的教育思想和教学方法错误的问题，而是被作为非法行为对待。对此类行为，有关部门要追究幼儿园及有关直接责任人员的法律责任。

（三）维护幼儿、教师及其他职工的合法权益

《教育法》第三十条第（三）项规定了幼儿园有维护受教育者、教师及其他职工合法权益的义务。这项义务有两层含义。第一，幼儿园自身的行为不得侵犯幼儿、教师及其他职工的合法权益，如不得拒绝合乎入园标准的幼儿入园；不得克扣、拖欠教职工工资，不得在与教师签订聘任合同时收取保证金、押金等。第二，当幼儿园以外的其他社会组织和个人侵犯了本园师生及其他职工的合法权益时，幼儿园应当以合法方式，积极协助有关单位查处有违法行为的当事人，维护幼儿、教师及其他职工的合法权益。

对幼儿园侵害教师、幼儿合法权益的，教师、幼儿或其监护人有权依法提出申诉或提起诉讼。

（四）以适当方式为幼儿监护人了解幼儿的发展状况及其他有关情况提供便利

《教育法》第三十条第（四）项规定了学校有以适当方式为受教育者及其监护人了解受教育者的学业成绩及其他有关情况提供便利的义务。这一义务的实质是，幼儿园保障幼儿监护人了解幼儿在园情况的知情权，是加强幼儿园教育与家庭教育的联系和沟通的需要。所谓"以适当方式"，是指幼儿园可以通过设立家长接待日、家长会议、家园联系本、家长园地、教师家访、家长开放日、家长微信群、家长 QQ 群、幼儿作品展等合法的、正当的方式保障幼儿监护人的知情权，但不得以诸如公布幼儿档案等非法的、侵害幼儿合法权益的方式来保护这种知情权。所谓"提供便利"一般包括两方面：一是幼儿园不得拒绝幼儿监护人了解幼儿在园表现等情况的请求；二是幼儿园应当提供便利条件，帮助幼儿监护人行使此项知情权。幼儿园在履行该义务时，还要特别注意不得侵害幼儿的隐私权、名誉权等合法权益。

（五）遵照国家有关规定收取费用并公开收费项目

《教育法》第三十条第（五）项规定了学校有遵照国家有关规定收取费用并公开收费项目的义务。此项义务的含义是：幼儿园应该按照省、自治区、直辖市或市级教育行政部门会同有关部门制定的收费项目和标准，从公益性质出发，按照成本分担原则，公平、合理确定本园收费标准并向家长、社会及时公布收费的项目。我国现行关于学校收费的法规、政策文件的基本精神是：国家举办的实施义务教育的学校既不能收杂费，也不能收学费；非义务教育阶段的学校可适当收取学杂费。中小学的收费项目和标准，一般由省一级教育主管部门、物价主管部门确定；高等学校一般由各中央主管部门或省一级教育主管部门、

物价主管部门确定；幼儿园一般由县级、市级教育主管部门、物价主管部门确定。

《教育法》确定此项义务，使国家现行有关幼儿园收费的一系列政策、规章具有法律效力。幼儿园不履行此项义务，不执行有关规定而巧立名目乱收费，甚至把幼儿园变成牟利的工具等行为都属非法行为，主管部门要对此类行为坚决予以查处，依法追究幼儿园及其直接责任人员的法律责任。

此外，《民办教育促进法》第三十八条第一款规定："民办学校收取费用的项目和标准根据办学成本、市场需求等因素确定，向社会公示，并接受有关主管部门的监督。"第二款规定："非营利性民办学校收费的具体办法，由省、自治区、直辖市人民政府制定；营利性民办学校的收费标准，实行市场调节，由学校自主决定。"第三款规定："民办学校收取的费用应当主要用于教育教学活动、改善办学条件和保障教职工待遇。"

（六）依法接受监督

《教育法》第三十条第（六）项规定了学校有依法接受监督的义务。《幼儿园工作规程》第六十一条第一款也规定："幼儿园应当接受上级教育、卫生、公安、消防等部门的检查、监督和指导，如实报告工作和反映情况。"第二款规定："幼儿园应当依法接受教育督导部门的督导。"此项义务的含义是指幼儿园对来自权力机关、行政机关等各方面依法进行的检查、监督，应当积极予以配合，不得拒绝，更不得妨碍检查、监督工作的正常进行。这是幼儿园作为行政管理相对人和独立法人应承担的法定义务。

从横向看，我国的教育法制监督包括国家监督与社会监督两大方面。其中，国家监督包括国家权力机关的监督、行政机关的监督和司法机关的监督；社会监督包括中国共产党的监督、民主党派的监督、人民政协的监督、社会团体的监督、社会舆论的监督、人民群众的监督等。

权力机关的监督是一种高层次的监督，它包括法律监督和工作监督两个方面。法律监督是指对法律实施情况的监督；工作监督是指对行政机关、审判机关和检察机关的工作监督。行政机关的监督如通过建立教育督导评估制度、教育监察制度、教育审计制度等方面实施监督。司法机关的监督包括检察机关对公安机关、法院的监督和法院对行政机关的监督两个方面。社会监督中，中国共产党的监督在我国有特殊的重要地位。

值得注意的是，《民办教育促进法》第五条第一款规定："民办学校与公办学校具有同等的法律地位，国家保障民办学校的办学自主权。"2003年教育部、财政部等十部委联合颁布的《关于幼儿教育改革与发展的指导意见》规定，社会力量举办的幼儿园，在审批注册、分类定级、教师培训、职称评定、表彰奖励等方面与公办幼儿园具有同等地位。可见，民办幼儿园与公办幼儿园享有相同的权利，履行相同的义务。

问题三　教师依法做好保育和教育工作

保育和教育工作是幼儿园工作的中心环节，是幼儿园中基本和主要的工作。保育和教育工作质量是幼儿园质量的具体体现。《幼儿园工作规程》第五条明确规定了幼儿园保育和教育工作的主要目标有四个方面：一是促进幼儿身体正常发育和机能的协调发展，增强体质，促进心理健康，培养良好的生活习惯、卫生习惯和参加体育活动的兴趣；二是发展幼儿智力，培养正确运用感官和运用语言交往的基本能力，增进对环境的认识，培养有益的兴趣和求知欲望，培养初步的动手探究能力；三是萌发幼儿爱祖国、爱家乡、爱集体、爱劳动、爱科学的情感，培养诚实、自信、友爱、勇敢、勤学、好问、爱护公物、克服困难、讲礼貌、守纪律等良好的品德行为和习惯，以及活泼开朗的性格；四是培养幼儿初步感受美和表现美的情趣和能力。幼儿园教职工在保育和教育工作中应不折不扣地贯彻幼儿教育法规的规定，严格依法办事、依法治园。

教师依法做好保育和教育工作

一、保育和教育相结合的原则

《幼儿园管理条例》第十三条与《幼儿园工作规程》第三条都强调幼儿园应当贯彻保育与教育相结合（简称"保教结合"）的原则。《幼儿园教育指导纲要（试行）》第五条强调要"保教并重"，可见保教结合原则在幼儿教育中的重要地位。

所谓保教结合，是指教育中有保育、保育中有教育的工作方向和实施途径，两者统一为一条原则，既反映了学前教育的特点、幼儿身心发展的需求和幼儿园工作的规律，也突出了幼儿教师职责的特性。这一原则不是抹杀保教人员在一定范围内的工作分工，而是强调保育和教育职能的相互结合、相互渗透、相互融合。

（一）实行保教结合原则的意义

（1）实行保教结合的原则，是幼儿教育的特点，也是适应幼儿身心发展特点的需要。

幼儿园教育不同于中小学教育，两者最大的区别在于在教育工作中，幼儿园教育要实行保教结合的原则。因为幼儿园的教育对象是3～6岁的幼儿，他们年龄小，生理、心理机能都很柔弱，对自然环境、社会环境的适应能力很差，对疾病的抵抗能力也弱，又缺乏独立生活能力，因此，特别需要成人照料和保护，更需要成人的爱抚、指点和引导。实行保教结合的原则，符合幼儿的身心发展特点。

（2）实行保教结合的原则，是我国特定社会生活的需要。

这里所说的"我国特定的社会生活"主要是指我国实行的计划生育工作和"优生、优育、优教"三优工程。自从我国实行计划生育工作以来，独生子女与二胎子女大幅度增多，家长对孩子发展、成长的期望值越来越高。实行保教结合的原则，在当前我国特定社会生活的背景下，更具有广泛的现实意义，它直接影响着新一代的健康成长。

（3）实行保教结合的原则，是当前世界教育的发展趋势。

世界幼儿教育的发展经历了三个阶段。第一阶段是20世纪四五十年代，这一阶段是争取幼儿有基本生活保障的福利事业阶段。主要是倡导保护幼儿的生存，让幼儿学会生活。第二阶段是20世纪六七十年代，开始重视处境不利的幼儿的教育，幼儿教育发展到了保教结合的阶段。第三阶段是20世纪80年代至今，社会发展不仅需要体力、智力充分发展的人，更需要有能合作、能交往、个性发展好的人，于是提出了培养"完整儿童"的教育目标，倡导让幼儿的体力、智力、情绪、个性都得到充分发展。可见，实行保教结合的原则，符合世界教育的发展趋势。

（二）实施保教结合原则的具体措施

（1）要强化幼儿园全体教职工保教结合的意识。

思想是行动的先导。幼儿园全体教职工应认真学习、贯彻幼教法规，不断提高自身的全面素质。作为教师，要有意识地将保育意识渗透到教育活动的每个环节里；作为保育员，要有意识地在做好保育工作的同时实现教育要求，这样就能逐步实现保教结合的目标。

（2）要把保教结合的原则贯穿到幼儿的一日活动中。

幼儿的一日活动包括生活活动、教育活动和游戏活动三个方面。那么，在幼儿的生活活动、教育活动和游戏活动中如何实现保教结合呢？

第一，生活活动中的保教结合。幼儿的一日生活活动包括入园、洗漱、如厕、喝水、进餐、午睡、离园等主要环节。生活活动的主要任务是做好保育工作，但同样有着丰富的教育内容。

入园这一环节的保育工作包括：观察幼儿的精神状况，观察衣着和仪表；检查卫生和疾病征兆；检查口腔；询问幼儿家长或幼儿。教育工作包括：教育幼儿来园时有礼貌，使用礼貌用语；培养幼儿洗手、喝水、把脱掉的衣服放整齐的习惯；对个别幼儿进行教育。

洗漱这一环节的保育工作包括：检查是否将手、脸、脚按正确的方法洗干净；教幼儿使用肥皂、毛巾、护肤用品等；教幼儿正确使用手绢、纸巾擦汗、擦鼻涕的方法。教育工作包括：培养幼儿良好的卫生习惯，如饭前便后洗手，手随脏随洗；教育幼儿能轮流洗手，不拥挤；教育幼儿节约用水，不玩水，珍惜他人的劳动成果。

如厕这一环节的保育工作包括：允许幼儿按需要随时大小便；饭前、外出、集体活动前及入睡前安排或提醒幼儿如厕；提醒幼儿如厕后洗手；教幼儿正确使用卫生纸；对自理能力差的幼儿给予适当帮助。教育工作包括：培养幼儿定时大小便的良好习惯；培养幼儿便后用肥皂洗手的习惯。

喝水这一环节的保育工作包括：提前准备温度适宜和足够的开水、消毒水杯；提醒幼儿每天喝足够量的水；提醒幼儿渴了就去接水喝；提醒幼儿用自己的水杯去接水。教育工作包括：教育幼儿接水时不拥挤，相互谦让；教育幼儿不浪费水。

进餐这一环节的保育工作包括：观察食物的冷热、软硬、卫生及新鲜程度；进食前做好桌面、餐具及幼儿手的卫生消毒工作；观察幼儿进食的情绪、习惯、速度和食量；教幼儿正确使用餐具的方法，并以适当速度进餐；帮助幼儿改掉厌食、偏食的不良饮食习惯；保持愉快轻松的就餐环境，及时添加饭菜。教育工作包括：教育幼儿进餐时注意力要集中，做到定时定量；教育幼儿不挑食，不浪费粮食，保持桌面整洁。

午睡这一环节的保育工作包括：观察幼儿睡觉姿势是否正确；拉上窗帘，控制寝室光线的明暗；布置安逸的寝室环境，并保持午睡时寝室的安静；注意特殊幼儿的要求，如提醒多尿幼儿如厕，观察患病幼儿的病情；注意幼儿是否有突发事件发生或将异物放入耳、鼻、口中。教育工作包括：教育幼儿自己的事自己做，逐步养成独立穿脱衣服、整理床铺的能力；鼓励幼儿积极主动地帮助有困难的小朋友；教育幼儿在需要教师或小朋友帮助时会使用礼貌用语。

离园这一环节的保育工作包括：注意幼儿衣着的整洁；注意幼儿自己物品的携带；注意幼儿接送时的安全，防止幼儿擅自离园和被冒领、误带；防止幼儿离园等待活动过分剧烈。教育工作包括：教育幼儿养成自己清理东西的习惯；教育幼儿在离园时使用"再见"等礼貌用语。

第二，教育活动中的保教结合。教育活动是幼儿园一日活动中的重要环节，是对幼儿进行系列教育、规范教育的重要形式。教育活动主要是教师的任务，但同样有着丰富的保育内容。教育活动中的教育工作包括：以规范的语言和有趣的活动培养幼儿参加各种感知和操作活动的兴趣；为幼儿提供较充分的动手、动脑、动口的机会；鼓励幼儿在遇到困难的时候自己想办法克服；鼓励幼儿有在集体面前表现自己的愿望和能力；鼓励幼儿动脑筋、提问题；集体活动和小组活动结合，注重幼儿之间的相互影响和合作。教育活动中的保育工作包括：做好活动前活动内容、活动场地、活动材料的准备工作，并注意活动场地的安全、室内环境的适宜性；注意随时观察了解幼儿的身体及情绪状况，给幼儿创造一个平等、自由、宽松的教育环境；注意根据幼儿年龄特点，掌握活动时间和活动量，注意动静配合；注意培养幼儿正确的坐姿和握笔姿势；注意保护幼儿视力、嗓音、听力，提醒幼儿不要大声喊叫。

第三，游戏活动中的保教结合。游戏是幼儿的基本活动，是幼儿园教育的一种基本形式。游戏活动主要是教师的任务，它同样有着丰富的保育内容。游戏活动中的教育工作包括：激发幼儿参加各种游戏的兴趣，鼓励幼儿发挥想象力和创造力；教育幼儿遵守游戏规则，并鼓励其积极参与游戏；鼓励、引导幼儿自己解决游戏中出现的问题；在游戏中培养幼儿的观察力和动手动脑的能力；教育、引导幼儿在游戏中主动与同伴友好交往合作，鼓励幼儿共同游戏；教育幼儿和同伴友好谦让，爱护游戏设施和玩具、图书，并能整齐地取放和正确使用，保护环境的整洁；引导幼儿在游戏结束后对游戏进行评价。游戏活动中的保育工作包括：预先做好游戏活动准备；观察幼儿游戏前的精神状态，根据游戏内容检查幼儿着装是否恰当；在游戏中随时关注幼儿的身体、精神状况，如发现异常应给予及时照顾，并防止意外事故发生；提高幼儿在游戏中的自我保护能力，培养幼儿良好的卫生习惯；注重幼儿的心理卫生，给幼儿以关注，尊重幼儿的兴趣、需要、意愿；游戏后提醒幼儿手脏了要洗手，进行较大运动量的活动后不马上饮水，并提醒幼儿根据冷热加减衣服。

总之，幼儿一日活动中的每个环节，都包含着丰富的保育与教育的内容。

（3）创设一个良好、和谐的育人环境。

幼儿园的环境建设是实施保教结合，促进幼儿发展的必要条件与基础。幼儿园的育人环境包括物质环境与精神环境两个方面。所谓幼儿园的物质环境，是指影响幼儿发展的与物理环境相关的客观因素，包括幼儿园的设备设施、材料、空间布局等方面。所谓幼儿园的精神环境，是指影响幼儿发展的与教育教学活动有关的主观因素，包括人际环境、信息环境、舆论环境、组织环境和情感环境等。良好的精神环境是幼儿园环境创设的灵魂。良好的精神环境会让幼儿感到安全感、尊重感和接纳感。《幼儿园工作规程》第三十条规定，幼儿园应当营造尊重、接纳和关爱的氛围，建立良好的同伴和师生关系。

二、幼儿园的保育工作

狭义的保育是指对幼儿身体的保护和养育，如《幼儿教育百科辞典》就将保育定义为："幼儿保育是指成人为 0～6 岁的幼儿提供生存和发展所必需的环境和物质条件，并给予精心的照顾和培养，以帮助幼儿获得良好的发育，逐渐增进其独立生活的能力。"广义的保育是指对幼儿身体的保护，对幼儿各种心理过程发展的促进和培养。现代保育观则进一步认为，保育应包括三个维度：一是身体维度，即指没有疾病，有生命安全保障等；二是心理维度，即指有良好的情绪、个性等；三是社会维度，即指幼儿能较好地适应社会等。

（一）保育工作的意义

（1）良好的保育工作，能促进幼儿身心健康发展，社会适应能力增强。

幼儿是正在成长发展的个体，身体健康是幼儿成长发展的物质基础，也是他们心理发展的必要条件。首先，良好的保育工作，能给幼儿提供细心的照顾和保护，能为他们提供良好的卫生教育环境，维护他们的生命安全，增强他们的体质，养成良好的行为习惯，促进幼儿身体健康发展。其次，良好的保育工作，能帮助幼儿形成正确的自我认识，培养他们积极向上、健康快乐、比较稳定的情绪，活泼开朗的性格，良好的社会适应能力。那种认为保育的地位轻于教育的"重教轻保"的认识是错误的。

（2）良好的保育工作，能促进家长了解、重视幼儿园的保育工作，并与之协调一致。

幼儿家长往往不具备保育工作的专业知识和经验，幼儿园的工作人员良好的保育工作不仅能成为家长们做好保育工作的楷模，还能向家长们介绍保育工作的内容和经验，这对取得家庭与幼儿园在保育工作上的协调一致、共同促进幼儿的健康发展起着极为重要的作用。

（二）保育工作的基本要求

做好保育工作不仅是保育员的事，幼儿园的园长、教师、医务人员等各类人员都有各自的保育任务。根据国家的要求，幼儿园必须抓好以下几个方面的保育工作。

1. 合理安排幼儿一日生活

合理的生活作息制度，有序的生活节奏，是保证幼儿身心健康发展的重要因素。《幼儿园工作规程》第十八条明确规定，幼儿园应当制定合理的幼儿一日生活作息制度。此外，《托儿所、幼儿园卫生保健制度》对幼儿一日生活活动等内容也做了具体规定。

幼儿一日活动的组织应注意以下几点。

（1）在时间分配上，要动静交替，室内活动与室外活动结合，不同形式的活动交替进行。

（2）在时间安排上，合理安排幼儿作息时间和睡眠、进餐、大小便、活动、游戏等各个生活环节的时间、顺序和次数，要建立必要、合理的常规，坚持一贯性和灵活性相结合，培养幼儿的良好习惯和初步的生活自理能力。

（3）在活动内容和活动过程上，要注重幼儿的直接感知、主动探索、实际操作、亲身体验、合作交流和表达表现，保证幼儿愉快的、有益的自由活动。

（4）在活动的组织形式上，应当灵活地运用集体、小组和个别活动等形式，为每个幼儿提供充分参与的机会，满足幼儿多方面发展的需要，促进每个幼儿在不同水平上都得到发展。

（5）要尽可能减少时间上的等待和浪费。

2．做好疾病防治工作，培养幼儿良好的生活卫生习惯

贯彻"预防为主"的方针，是保证幼儿身体健康、减少疾病发生的重要措施。为此，根据国家法规要求，在防治疾病方面，幼儿园要做好以下几项工作。

1）定期进行健康检查

建立健康检查制度，是了解幼儿生长发育状况、及时防治疾病、保障幼儿健康的重要措施。定期健康检查的内容包括三方面内容。

（1）入园检查。《托儿所幼儿园卫生保健管理办法》第十八条第一款规定："儿童入托幼机构前应当经医疗卫生机构进行健康检查，合格后方可进入托幼机构。"《幼儿园工作规程》第十条规定，幼儿入园前，应当按照卫生部门制定的卫生保健制度进行健康检查，合格者方可入园。这是对幼儿园全体幼儿健康负责的表现，幼儿园的工作人员，特别是医务人员要严格把关，不能掉以轻心。

（2）定期体检制度。《幼儿园工作规程》第十九条第一款规定："幼儿园应当建立幼儿健康检查制度和幼儿健康卡或档案。每年体检一次，每半年测身高、视力一次，每季度量体重一次；注意幼儿口腔卫生，保护幼儿视力。幼儿园对幼儿健康发展状况定期进行分析、评价，及时向家长反馈结果。"

（3）坚持晨检、午检及全日健康观察制度。《幼儿园工作规程》第二十条规定，托幼机构应当建立卫生消毒、晨检、午检制度和病儿隔离制度，配合卫生部门做好计划免疫工作。2012年卫生部修订的《托儿所幼儿园卫生保健工作规范》规定，托幼机构要严格执行工作人员和儿童入园（所）及定期健康检查制度。坚持晨检、午检及全日健康观察工作，卫生保健人员应当深入各班巡视。做好儿童转园（所）健康管理工作。定期开展儿童生长发育监测和五官保健，将儿童体检结果及时反馈给家长。晨检或午检的内容包括询问儿童在家有无异常情况，观察精神状况、有无发热和皮肤异常，检查有无携带不安全物品等，发现问题及时处理。全日健康观察的内容包括饮食、睡眠、大小便、精神状况、情绪、行为等，并做好观察及处理记录。这些规定是增进幼儿健康、防患于未然的举措，每所幼儿园都要认真负责，严格执行。

2）建立并严格执行有关的卫生保健制度

《幼儿园管理条例》《幼儿园工作规程》《托儿所幼儿园卫生保健工作规范》等法规文件都规定了幼儿园应建立的各项卫生保健制度，这些制度包括：一日生活安排制度、膳食管理制度、体格锻炼制度、卫生与消毒制度、入园及定期健康检查制度、病儿隔离制度、传染病预防和控制制度、常见疾病预防与管理制度、伤害预防制度、健康教育制度、卫生保健登记制度、预防接种制度、晨检制度、午检制度、患病幼儿用药的委托交接制度、卫生保健信息收集制度等。幼儿园应建立并严格执行这些卫生保健制度。

需要特别强调的是，《幼儿园工作规程》第二十条规定，幼儿园应当建立患病幼儿用药的委托交接制度，未经监护人委托或者同意，幼儿园不得给幼儿用药。幼儿园应当妥善管理药品，保证幼儿用药安全。《托儿所幼儿园卫生保健工作规范》规定："患病儿童应当离园（所）休息治疗。如果接受家长委托喂药时，应当做好药品交接和登记，并请家长签字确认。"此外，《未成年人保护法》第三十七条第二款也规定："任何人不得在中小学校、幼儿园、托儿所的教室、寝室、活动室和其他未成年人集中活动的场所吸烟、饮酒。"

3. 关注幼儿的心理健康

《幼儿园工作规程》第十九条第二款规定："幼儿园应当关注幼儿心理健康，注重满足幼儿的发展需要，保持幼儿积极的情绪状态，让幼儿感受到尊重和接纳。"幼儿常见的心理问题有：发育性口吃、吃手、遗尿症、儿童孤独症、神经性尿频、睡眠障碍（如夜惊、梦魇、梦游等）、多动症和说谎等。

4. 建立安全防护和检查制度，增强幼儿自我保护意识

幼儿在法律上称为无民事行为能力人。他们年龄小，缺乏安全知识和自我防护能力。重视幼儿安全，加强安全保护教育，制定安全保护和检查制度，是幼儿园保育工作的重要组成部分，是国家对幼儿园的基本要求。

《儿童权利公约》《宪法》《未成年人保护法》《幼儿园管理条例》《幼儿园工作规程》等法律法规在这方面有详尽的规定。如《儿童权利公约》第十九条第一款规定："缔约国应采取一切适当的立法、行政、社会和教育措施，保护儿童在受父母、法定监护人或其他任何负责照管儿童的人的照料时，不致受到任何形式的身心摧残、伤害或凌辱、忽视或照料不周，虐待或剥削，包括性侵犯。"第二款规定："这类保护性措施应酌情包括采取有效程序以建立社会方案，向儿童和负责照管儿童的人提供必要的支助，采取其他预防形式，查明、报告、查询、调查、处理和追究前述的虐待儿童事件，以及在适当时进行司法干预。"《宪法》第四十九条第一款规定："婚姻、家庭、母亲和儿童受国家的保护。"《未成年人保护法》第二十二条第一款规定："学校、幼儿园、托儿所应当建立安全制度，加强对未成年人的安全教育，采取措施保障未成年人的人身安全。"《幼儿园管理条例》第十九条规定："幼儿园应当建立安全防护制度，严禁在幼儿园内设置威胁幼儿安全的危险建筑物和设施，严禁使用有毒、有害物质制作教具、玩具。"《幼儿园工作规程》第十二条规定："幼儿园应当严格执行国家和地方幼儿园安全管理的相关规定，建立健全门卫、房屋、设备、消防、交通、食品、药物、幼儿接送交接、活动组织和幼儿就寝值守等安全防护和检查制度，建立安全责任制和应急预案。"

幼儿园全体教职员工应严格执行上述各项安全防护制度，重视和加强对幼儿的安全防护教育，让幼儿在长期的潜移默化的教育氛围中增强安全意识，学会自我保护，培养应变能力，这是促进幼儿健康发展的重要内容。

5. 提供合理的饮食，养成良好的进餐习惯

科学地安排饮食，养成幼儿良好的进餐习惯是保证幼儿营养、提高幼儿身体素质、增强幼儿机体抵抗力、减少幼儿疾病的重要途径。

《托儿所幼儿园卫生保健工作规范》规定："儿童正餐间隔时间 3.5～4 小时，进餐时间 20～30 分钟/餐，餐后安静活动或散步时间 10～15 分钟。"《幼儿园工作规程》第二十一条规定："供给膳食的幼儿园应当为幼儿提供安全卫生的食品，编制营养平衡的幼儿食谱，定期计算和分析幼儿的进食量和营养素摄取量，保证幼儿合理膳食。幼儿园应当每周向家长公示幼儿食谱，并按照相关规定进行食品留样。"第二十二条规定："幼儿园应当配备必要的设备设施，及时为幼儿提供安全卫生的饮用水。幼儿园应当培养幼儿良好的大小便习惯，不得限制幼儿便溺的次数、时间等。"那种不让幼儿自由饮水，甚至限制幼儿在园内大便的做法是错误的，不利于幼儿的健康成长。

根据《托儿所幼儿园卫生保健工作规范》的规定，幼儿膳食有两个方面的要求。

（1）膳食管理方面。一是托幼机构食堂应当按照《中华人民共和国食品安全法》（简称《食品安全法》）、《中华人民共和国食品安全实施条例》（简称《食品安全法实施条例》）及《餐饮服务许可管理办法》、《餐饮服务食品安全监督管理办法》、《学校食堂与学生集体用餐卫生管理规定》等有关法律法规和规章的要求，取得餐饮服务许可证，建立健全各项食品安全管理制度。二是托幼机构应当为儿童提供符合《生活饮用水卫生标准》（GB 5749—2006）的生活饮用水。保证儿童按需饮水。三是儿童膳食应当专人负责，建立有家长代表参加的膳食委员会并定期召开会议，进行民主管理。工作人员与儿童膳食要严格分开，儿童膳食费专款专用，账目每月公布。四是儿童食品应当在具有食品生产许可证或食品流通许可证的单位采购。食品进货前必须采购查验及索票索证，托幼机构应建立食品采购和验收记录。五是儿童食堂应当每日清扫、消毒，保持内外环境整洁。食品加工用具必须生熟标识明确、分开使用、定位存放。餐饮具、熟食盛器应在食堂或清洗消毒间集中清洗消毒，在清洁的环境中存放。库存食品应当分类、注有标识、注明保质日期、定位储藏。六是禁止加工变质、有毒、不洁、超过保质期的食物，不得制作和提供冷荤凉菜。留样食品应当按品种分别盛放于清洗消毒后的密闭专用容器内，在冷藏条件下存放48小时以上；每样品种不少于100克以满足检验需要，并做好记录。七是进餐环境应当卫生、整洁、舒适。餐前做好充分准备，按时进餐，保证儿童情绪愉快，培养儿童良好的饮食行为和卫生习惯。

（2）膳食营养方面。一是托幼机构应当根据儿童生理需求制订儿童膳食计划。二是根据膳食计划制订带量食谱，1～2周更换1次。食物品种要多样化且合理搭配。三是在主副食的选料、洗涤、切配、烹调的过程中，方法应当科学合理，减少营养素的损失，符合儿童清淡口味，达到营养膳食的要求。烹调食物注意色、香、味、形，提高儿童的进食兴趣。四是托幼机构至少每季度进行1次膳食调查和营养评估。五是有条件的托幼机构可为贫血、营养不良、食物过敏等儿童提供特殊膳食。不提供正餐的托幼机构，每日至少提供1次点心。

6. 积极开展体育锻炼，增强幼儿体质

开展体育锻炼，促进幼儿身体的正常发展和机能发展，是保证幼儿各方面健康发展的前提。

《幼儿园管理条例》第十三条第二款规定，幼儿园应当保障幼儿的身体健康，培养幼儿的良好生活、卫生习惯。《幼儿园工作规程》第五条规定，幼儿园要促进幼儿身体正常发育和机能的协调发展，增强体质，促进心理健康，培养良好的生活习惯、卫生习惯和参加体育活动的兴趣。第二十三条规定："幼儿园应当积极开展适合幼儿的体育活动，充分利用日光、空气、水等自然因素以及本地自然环境，有计划地锻炼幼儿肌体，增强身体的适应和抵抗能力。正常情况下，每日户外体育活动不得少于 1 小时。幼儿园在开展体育活动时，应当对体弱或有残疾的幼儿予以特殊照顾。"《3～6 岁儿童学习与发展指南》规定："幼儿每天的户外活动时间一般不少于 2 小时，其中体育活动时间不少于 1 小时，季节交替时要坚持。"《托儿所幼儿园卫生保健工作规范》规定："保证儿童每日充足的户外活动时间。全日制儿童每日不少于 2 小时，寄宿制儿童不少于 3 小时，寒冷、炎热季节可酌情调整。"

幼儿园应认真执行上述政策法规的要求，组织好幼儿的户外体育活动，增强幼儿体质，促进幼儿肌体的健康发展。

三、幼儿园的教育工作

（一）幼儿园教育工作的特点

幼儿园适龄幼儿一般为 3～6 周岁。幼儿园一般为三年制。与学校制度的其他阶段相比，幼儿园的教育工作有以下特点。

（1）幼儿园教育属非义务教育阶段。"义务教育"中的"义务"是强迫的意思。幼儿园教育属于非义务教育阶段，表明幼儿去幼儿园接受教育是自愿的，而非强迫接受的。

（2）幼儿园教育不以传授系统知识为主要目标。幼儿园的教育目的在于使幼儿的品德、智力、体质和情感都得到发展，为小学教育阶段打下基础，而不以传授系统知识为主要目标。

（3）在法律上，幼儿属于民法中的无民事行为能力人，所以，一切教育活动都是在保育的前提下进行的。

（二）幼儿园教育的地位

这里所说的幼儿园教育的地位，是指其在国家整个教育事业和教育制度中的地位。《幼儿园工作规程》第二条规定："幼儿园是对 3 周岁以上学龄前幼儿实施保育和教育的机构。幼儿园教育是基础教育的重要组成部分，是学校教育制度的基础阶段。"这说明，幼儿园是我国学制的起始阶段，是打基础的。《幼儿园教育指导纲要（试行）》第二条规定："幼儿园教育是基础教育的重要组成部分，是我国学校教育和终身教育的奠基阶段。城乡各类幼儿园都应从实际出发，因地制宜地实施素质教育，为幼儿一生的发展打好基础。"这里所说的"为幼儿一生的发展打好基础"，体现了对幼儿整体生命的关注，它包括打好生存的基础、做人的基础、做事的基础和终身学习的基础。这一定位明确了幼儿园教育阶段在整个基础教育中的重要地位。

（三）幼儿园教育的任务

《幼儿园工作规程》第三条规定："幼儿园的任务是：贯彻国家的教育方针，按照保育与教育相结合的原则，遵循幼儿身心发展特点和规律，实施德、智、体、美等方面全面发展的教育，促进幼儿身心和谐发展。幼儿园同时面向幼儿家长提供科学育儿指导。"

《幼儿园教育指导纲要（试行）》第五条规定："幼儿园教育应尊重幼儿的人格和权利，尊重幼儿身心发展的规律和学习特点，以游戏为基本活动，保教并重，关注个别差异，促进每个幼儿富有个性的发展。"

概括而言，幼儿园教育有以下三项任务。

（1）通过对幼儿实施德、智、体、美等方面全面发展的教育，促进幼儿身心和谐发展。

（2）面向幼儿家长提供科学育儿指导。

当今的幼儿园在为家长提供服务方面，已不单纯是为了让家长安心工作，偏重在生活方面为家长解除后顾之忧，提供便利条件，做好后勤工作了。幼儿园还肩负起向家长宣传、教育家长、引导家长学习科学育儿的知识、共同提高育儿水平的任务。

（3）为提高基础教育的质量打好基础。

《幼儿园工作规程》第三十三条规定："幼儿园和小学应当密切联系，互相配合，注意两个阶段教育的相互衔接。幼儿园不得提前教授小学教育内容，不得开展任何违背幼儿身心发展规律的活动。"因此，做好幼儿园和小学衔接（又称幼小衔接）工作，为幼儿入小学做好准备，以提高基础教育的质量，是幼儿园的重要任务。

在理解幼小衔接含义时要注意：并不是将幼儿园的桌椅排成小学课堂的样子就叫幼小衔接。幼小衔接最本质的是培养幼儿良好的学习品质。这些学习品质包括：积极主动、认真专注、不怕困难、敢于探究和尝试、乐于想象和创造等。

目前，幼小不衔接主要表现在以下两个方面。一是学习方面，学习方面的不适应表现在读写和数学方面。二是社会性方面，社会性方面的不适应表现在遵守规则、完成任务、独立自理和人际交往方面。

此外，为了使幼儿园教育得到更健康的发展，幼儿园教育应克服以下两种不良倾向。

（1）幼儿园教育应克服小学化的不良倾向。所谓"幼儿园教育小学化"，是指在幼儿园教育教学实践中，将幼儿当作小学生来对待，按照小学的教学方式和管理方式实施教育的错误做法。目前，幼儿园教育小学化正在成为危害幼儿健康成长的重大社会问题。例如，南京市有一所省级示范幼儿园，多年来一直实施生活化幼儿教育，幼儿进步很大。然而，当这些幼儿上小学的时候，他们接受了小学老师简单的 20 以内的加减运算测试之后，被判定为"素质不高"，引起了幼儿家长的强烈反响，很多家长要求幼儿园对幼儿进行 20 以内的加减运算和识字教学。

我们认为，幼儿园教育是小学教育的准备和铺垫，但是，幼儿园教育绝不是小学教育，不是小学教育的提前，不能把小学教育的部分内容提前到幼儿园教育的阶段进行。幼儿园教育一旦"小学化"，就超越了幼儿发展水平，混淆了幼儿园教育和小学教育的目标和内容，脱离了幼儿成长的生理和心理的实际，违背了幼儿成长和教育的规律，等于取消了幼儿园教育，延伸了小学教育。

幼儿园教育"小学化"的危害是显而易见的：第一，在幼儿神经系统尚未发育成熟之前，幼儿园教育"小学化"的直接后果是强制性延长了幼儿学习的专注力，增加幼儿神经系统的负担，长此以往，必然会伤害幼儿神经系统的正常发育，严重危害幼儿身心健康发展；第二，幼儿园教育"小学化"还可能会诱发幼儿的厌学倾向；第三，幼儿园教育"小学化"是重复型教育，容易造成幼儿的不良学习态度和习惯。

为此，教育部办公厅于 2018 年颁布了《关于开展幼儿园"小学化"专项治理工作的通知》，提出了严禁教授小学课程内容、纠正"小学化"教育方式、整治"小学化"教育环境、解决教师资质能力不合格问题及小学坚持零起点教学等专项治理的五大任务。

总之，我们要在全社会树立正确的幼儿观、教育观和质量观，引导家长更新教育观念，尊重幼儿的天性和认知规律，珍惜童年生活的独特价值，支持幼儿园开展正确保教，自觉抵制那些拔苗助长，损害幼儿身心健康的错误观念和做法。

（2）幼儿园教育还应克服女性化的倾向。《中国教育统计年鉴》2016 年数据显示，我国幼儿园教职员工中从事教育教学工作的男性，即男性幼儿教师的比例约为 1%。我国应该采取措施，改变人们传统、保守的就业观念，加大男性幼儿园教师的培养力度，改善他们的就业环境，并提高他们的经济待遇，从而改变男性幼儿园教师所占比例太低的现状。

（四）幼儿园教育工作的基本原则

幼儿园教育工作的原则是指《幼儿园工作规程》所规定的，人人都必须遵守的幼儿园教育工作的法定原则。《幼儿园工作规程》第二十五条规定："幼儿园教育应当贯彻以下原则和要求：（一）德、智、体、美等方面的教育应当互相渗透，有机结合。（二）遵循幼儿身心发展规律，符合幼儿年龄特点，注重个体差异，因人施教，引导幼儿个性健康发展。（三）面向全体幼儿，热爱幼儿，坚持积极鼓励、启发引导的正面教育。（四）综合组织健康、语言、社会、科学、艺术各领域的教育内容，渗透于幼儿一日生活的各项活动中，充分发挥各种教育手段的交互作用。（五）以游戏为基本活动，寓教育于各项活动之中。（六）创设与教育相适应的良好环境，为幼儿提供活动和表现能力的机会与条件。"可以将幼儿园教育的原则概括如下。

（1）德、智、体、美等方面的教育互相渗透、有机结合的原则。幼儿园教育要把握幼儿原有的基础和水平，使德、智、体、美等方面的教育互相渗透，有机结合，促进幼儿在身体、认知、情感及社会性等方面的全面而整体的发展，这既是教育的根本目的，也是教育的根本原则。

（2）注重个体差异，因人施教的原则。幼儿园教育工作要遵循幼儿身心发展规律，符合幼儿的年龄特点，注重个体差异，因人施教，引导幼儿个性健康发展。

（3）面向全体，坚持正面教育的原则。幼儿园教育要面向全体幼儿，热爱幼儿，坚持积极鼓励，启发引导的正面教育。

（4）发挥各种教育手段交互作用的原则。幼儿园教育工作要综合组织健康、语言、社会、科学、艺术各领域的教育内容，渗透于幼儿一日生活的各项活动中，让幼儿在自然的生活中身心健康地发展，发挥各种教育手段的交互作用，这是由幼儿身心发展的特点决定的。实际工作中要纠正"重上课轻生活环节"的偏向。

（5）以游戏为基本活动，寓教于活动的原则。

① 以游戏为基本活动。《幼儿园工作规程》第二十九条第一款规定："幼儿园应当将游戏作为对幼儿进行全面发展教育的重要形式。幼儿园应当因地制宜创设游戏条件，

提供丰富、适宜的游戏材料，保证充足的游戏时间，开展多种游戏。"我国近代教育家陈鹤琴先生说过："游戏是儿童的心理特征，游戏是儿童的工作，游戏是儿童的生命。"幼儿园的游戏主要有三大类，即角色游戏、表演游戏和建构游戏。要贯彻"以游戏为基本活动"的原则，必须正确理解什么是"幼儿的基本活动"。所谓"幼儿的基本活动"包括两层含义：第一，指在一日生活中除满足基本生存需要的活动（如吃饭、睡觉等）之外发生次数和所占时间最多的活动（数量上）；第二，指对活动主体（幼儿）的生活与成长具有重要影响的活动（质量上）。在幼儿生活中，游戏最符合幼儿的心理特点、认知水平、活动能力，正是具备这两个方面条件的一种活动。

要使游戏成为幼儿园教育的基本活动，必须做到以下几点。第一，要明确游戏是幼儿的权利，幼儿园有保护幼儿游戏权利的义务。那种把幼儿能否参加游戏当成教师的特权，或以剥夺游戏作为惩罚幼儿的手段等诸多做法都是错误的。第二，幼儿园应当因地制宜创设游戏条件，提供丰富、适宜的游戏材料，保证充足的游戏时间，开展多种游戏。幼儿园应当根据幼儿的年龄特点指导游戏，鼓励和支持幼儿根据自身兴趣、需要和经验水平，自主选择游戏内容、游戏材料和伙伴，使幼儿在游戏过程中获得积极的情绪情感，促进幼儿能力和个性的全面发展。第三，要克服由于对幼儿游戏的重要性缺乏正确的认识而导致的"重学轻玩"的错误思想。

② 寓教育于各项活动之中。活动是幼儿心理发展的基础和源泉。幼儿的身心特点使他们不可能像中小学生那样主要通过课堂书本知识的学习来获得发展，只能通过积极主动地与人交往、动手操作物体、实际接触环境中的各种事物，去体验、观察、发现、思考、积累和整理自己的经验，离开活动就没有幼儿的发展，所以必须重视活动在幼儿园教育中的地位。此外，由于各种各样的活动在幼儿的发展中有不同的发展价值，因此，幼儿园的活动形式必须多样化。

（6）幼儿活动主体性原则。幼儿园教育工作要创设与教育相适应的良好环境，为幼儿提供活动和表现能力的机会与条件。

问题四　违法办园应承担的法律责任

《幼儿园管理条例》第二十七条规定："违反本条例，具有下列情形之一的幼儿园，由教育行政部门视情节轻重，给予限期整顿、停止招生、停止办园的行政处罚：（一）未经登记注册，擅自招收幼儿的；（二）园舍、设施不符合国家卫生标准、安全标准，妨害幼儿身体健康或者威胁幼儿生命安全的；（三）教育内容和方法违背幼儿教育规律，损害幼儿身心健康的。"第二十八条规定："违反本条例，具有下列情形之一的单

违法办园应承担的法律责任

位或者个人，由教育行政部门对直接责任人员给予警告、罚款的行政处罚，或者由教育行政部门建议有关部门对责任人员给予行政处分：（一）体罚或变相体罚幼儿的；（二）使用有毒、有害物质制作教具、玩具的；（三）克扣、挪用幼儿园经费的；（四）侵占、破坏幼儿园园舍、设备的；（五）干扰幼儿园正常工作秩序的；（六）在幼儿园周围设置有危险、有污染或者影响幼儿园采光的建筑和设施的。前款所列情形，情节严重，构成

犯罪的，由司法机关依法追究刑事责任。"

下面将《教育法》《教师法》《未成年人保护法》《刑法》《幼儿园管理条例》《幼儿园工作规程》等法律法规中关于违法办园法律责任的相应规定概述如下。

一、幼儿园应该承担的法律责任

（一）违法办园者

举办幼儿园应当具备一定的实体条件、程序条件，举办者还必须具备一定的主体资格。违法办园的，应当承担相应的法律责任。违法办园的情况主要有：一是不符合办园基本条件，弄虚作假，骗取主管机关登记注册的；二是不经登记注册擅自办园，教育主管部门已责令限期改正但逾期不改的；三是以财政性经费、捐赠资产举办的幼儿园，如果设立为营利性幼儿园的。

《教育法》第二十七条规定："设立学校及其他教育机构，必须具备下列基本条件：（一）有组织机构和章程；（二）有合格的教师；（三）有符合规定标准的教学场所及设施、设备等；（四）有必备的办学资金和稳定的经费来源。"第二十八条规定："学校及其他教育机构的设立、变更和终止，应当按照国家有关规定办理审核、批准、注册或者备案手续。"《幼儿园管理条例》第十一条规定："国家实行幼儿园登记注册制度，未经登记注册，任何单位和个人不得举办幼儿园。"第十二条第一款规定："城市幼儿园的举办、停办，由所在区、不设区的市的人民政府教育行政部门登记注册。"第二款规定："农村幼儿园的举办、停办，由所在乡、镇人民政府登记注册，并报县人民政府教育行政部门备案。"《教育法》第二十六条第四款规定："以财政性经费、捐赠资产举办或者参与举办的学校及其他教育机构不得设立为营利性组织。"不符合这些法律法规的要求举办幼儿园的行为就是违法办园行为。

《教育法》第七十五条规定了违法办园行为应该承担的法律责任："违反国家有关规定，举办学校或者其他教育机构的，由教育行政部门或者其他有关行政部门予以撤销；有违法所得的，没收违法所得；对直接负责的主管人员和其他直接责任人员，依法给予处分。"

此外，《民办教育促进法》第六十四条规定："违反国家有关规定擅自举办民办学校的，由所在地县级以上地方人民政府教育行政部门或者人力资源社会保障行政部门会同同级公安、民政或者市场监督管理等有关部门责令停止办学、退还所收费用，并对举办者处违法所得一倍以上五倍以下罚款；构成违反治安管理行为的，由公安机关依法给予治安管理处罚；构成犯罪的，依法追究刑事责任。"

（二）违法招生者

所谓违法招生，是指未经有关部门批准而招收幼儿，以及未按批准的范围、层次、人数等招收幼儿。违法招生的情况主要有：一是未经批准无办学资格和相应办学权的主体乱招生；二是经批准正式设立的幼儿园，或超过批准的范围，或超过批准的办学层次，或超过批准的办学规模超额招生；三是弄虚作假，欺骗招生等。

《教育法》第七十六条规定："学校或者其他教育机构违反国家有关规定招收学生的，

由教育行政部门或者其他有关行政部门责令退回招收的学生，退还所收费用；对学校、其他教育机构给予警告，可以处违法所得五倍以下罚款；情节严重的，责令停止相关招生资格一年以上三年以下，直至撤销招生资格、吊销办学许可证；对直接负责的主管人员和其他直接责任人员，依法给予处分；构成犯罪的，依法追究刑事责任。"

（三）违法向幼儿收费者

所谓违法向幼儿收费，是指违反国家有关收费范围、收费项目、收费标准及有关收费事宜的审批、核准、备案及收费的减免等方面的规定，自立收费项目或超过收费标准，非法或不合理向幼儿收取费用。这种行为不仅给幼儿的财产权益带来损害，有时也会损害幼儿的受教育权，是教育法律法规明令禁止的行为。

《幼儿园工作规程》第四十七条第二款规定："幼儿园实行收费公示制度，收费项目和标准向家长公示，接受社会监督，不得以任何名义收取与新生入园相挂钩的赞助费。"第三款规定："幼儿园不得以培养幼儿某种专项技能、组织或参与竞赛等为由，另外收取费用；不得以营利为目的组织幼儿表演、竞赛等活动。"《幼儿园收费管理暂行办法》第十二条第一款规定："幼儿园除收取保教费、住宿费及省级人民政府批准的服务性收费、代收费外，不得再向幼儿家长收取其他费用。"可见，有的幼儿园向家长收取的赞助费、捐资助学费、建校费、教育成本补偿费、被褥费、拥抱费、保护费、取暖费、降温费、阅读费、饮水费、竞赛费等费用都属于违法收费。

《教育法》第七十八条规定："学校及其他教育机构违反国家有关规定向受教育者收取费用的，由教育行政部门或者其他有关行政部门责令退还所收费用；对直接负责的主管人员和其他直接责任人员，依法给予处分。"

（四）园舍、设施不符合国家卫生标准、安全标准，妨害幼儿身体健康或威胁幼儿生命安全者

《教育法》第二十七条规定了设立学校及其他教育机构必须有符合规定标准的教学场所及设施、设备等。《幼儿园管理条例》第八条规定："举办幼儿园必须具有与保育、教育的要求相适应的园舍和设施。幼儿园的园舍和设施必须符合国家的卫生标准和安全标准。"《幼儿园工作规程》第三十四条规定，幼儿园应当按照国家的相关规定设活动室、寝室、卫生间、保健室、综合活动室、厨房和办公用房等，并达到相应的建设标准。

如果幼儿园的园舍、设施不符合国家卫生标准、安全标准，将按照《幼儿园管理条例》第二十七条的规定，由教育行政部门视情节轻重，给予限期整顿、停止招生、停止办园的行政处罚。如果因园舍、设施有危险，造成人员伤亡或重大财产损失的，还要依《教育法》第七十三条、《刑法》第一百三十八条的规定，以教育设施重大安全事故罪追究直接负责的主管人员和其他直接责任人员的刑事责任。

《教育法》第七十三条规定："明知校舍或者教育教学设施有危险，而不采取措施，造成人员伤亡或者重大财产损失的，对直接负责的主管人员和其他直接责任人员，依法追究刑事责任。"《刑法》第一百三十八条规定："明知校舍或者教育教学设施有危险，而不采取措施或者不及时报告，致使发生重大伤亡事故的，对直接责任人员，处三年以

下有期徒刑或者拘役；后果特别严重的，处三年以上七年以下有期徒刑。"

教育设施重大安全事故罪有三个构成要件。一是犯罪的主观方面是明知有危险，却放任或轻信能避免危害后果发生，但对所发生的严重后果是出于过失。若行为人不知道有危险，不构成此罪。二是犯罪的客观方面是不采取任何措施，听之任之，漠不关心，或认为可侥幸避免。若行为人虽知道有危险，也采取了一些措施，但由于措施不够得力或由于不可抗力，造成危害后果，也不构成此罪。三是发生重大伤亡事故也是构成本罪的必要条件。如果只是造成重大财产损失而没有人员伤亡的，也不构成此罪。司法实践中，造成人员伤亡或重大财产损失，一般是指死亡1人以上或重伤3人以上；直接经济损失5万元以上的情形。三个要件必须同时具备。

（五）教育内容和方法违背幼儿教育规律，损害幼儿身心健康者

《幼儿园管理条例》第十六条第一款规定："幼儿园应当以游戏为基本活动形式。"第二款规定："幼儿园可以根据本园的实际，安排和选择教育内容与方法，但不得进行违背幼儿教育规律，有损于幼儿身心健康的活动。"《幼儿园工作规程》第三十三条规定，幼儿园不得提前教授小学教育内容，不得开展任何违背幼儿身心发展规律的活动。

如果幼儿园的教育内容和方法违背幼儿教育规律，损害幼儿身心健康的，根据《幼儿园管理条例》第二十七条的规定，教育行政部门将视情节轻重，给予限期整顿、停止招生、停止办园的行政处罚。例如，有的幼儿园搬用小学教材，教拼音、汉字书写、奥林匹克数学、珠心算等内容；给幼儿布置书面家庭作业；组织幼儿参加各种形式的测验、考试或竞赛活动；在正常的幼儿一日活动时间内举办兴趣特长班等，这些做法违背了幼儿教育规律，损害幼儿身心健康，造成不良后果的，应承担相应的法律责任。

（六）克扣、挪用幼儿园教育经费者

所谓克扣教育经费，是指本应由教育事业使用的经费，予以扣留的行为。所谓挪用教育经费，是指将教育经费挪作他用或者挪用教育经费归个人或他人使用。

《教育法》第三十条第（五）项规定，学校应遵照国家有关规定收取费用并公开收费项目。《幼儿园管理条例》第二十四条第二款规定："幼儿园应当加强财务管理，合理使用各项经费，任何单位和个人不得克扣、挪用幼儿园经费。"《幼儿园工作规程》第四十八条规定："幼儿园的经费应当按照规定的使用范围合理开支，坚持专款专用，不得挪作他用。"

克扣、挪用幼儿园教育经费的，应承担相应的法律责任。《教育法》第七十一条第二款规定："违反国家财政制度、财务制度，挪用、克扣教育经费的，由上级机关责令限期归还被挪用、克扣的经费，并对直接负责的主管人员和其他直接责任人员，依法给予处分；构成犯罪的，依法追究刑事责任。"《教师法》第三十八条规定："违反国家财政制度、财务制度，挪用国家财政用于教育的经费，严重妨碍教育教学工作，拖欠教师工资，损害教师合法权益的，由上级机关责令限期归还被挪用的经费，并对直接责任人员给予行政处分；情节严重，构成犯罪的，依法追究刑事责任。"《幼儿园管理条例》第二十八条第（三）项规定，克扣、挪用幼儿园经费的，由教育行政部门对直接责任人员给予警

告、罚款的行政处罚，或者由教育行政部门建议有关部门对责任人员给予行政处分。情节严重，构成犯罪的，由司法机关依法追究刑事责任。

如果是克扣的教育经费作为个人使用，属于贪污公款的行为，以贪污罪论处。《刑法》第三百八十三条第一款规定："对犯贪污罪的，根据情节轻重，分别依照下列规定处罚：（一）贪污数额较大或者有其他较重情节的，处三年以下有期徒刑或者拘役，并处罚金。（二）贪污数额巨大或者有其他严重情节的，处三年以上十年以下有期徒刑，并处罚金或者没收财产。（三）贪污数额特别巨大或者有其他特别严重情节的，处十年以上有期徒刑或者无期徒刑，并处罚金或者没收财产；数额特别巨大，并使国家和人民利益遭受特别重大损失的，处无期徒刑或者死刑，并处没收财产。"第二款规定："对多次贪污未经处理的，按照累计贪污数额处罚。"第三款规定："犯第一款罪，在提起公诉前如实供述自己罪行、真诚悔罪、积极退赃，避免、减少损害结果的发生，有第一项规定情形的，可以从轻、减轻或者免除处罚；有第二项、第三项规定情形的，可以从轻处罚。"第四款规定："犯第一款罪，有第三项规定情形被判处死刑缓期执行的，人民法院根据犯罪情节等情况可以同时决定在其死刑缓期执行二年期满依法减为无期徒刑后，终身监禁，不得减刑、假释。"

如果挪用教育经费还未达到触犯刑律程度却已违反财经纪律的，可以对当事人给予行政处分。如果达到触犯刑律程度的，则构成挪用公款罪。《刑法》第三百八十四条第一款规定："国家工作人员利用职务上的便利，挪用公款归个人使用，进行非法活动的，或者挪用公款数额较大、进行营利活动的，或者挪用公款数额较大、超过三个月未还的，是挪用公款罪，处五年以下有期徒刑或者拘役；情节严重的，处五年以上有期徒刑。挪用公款数额巨大不退还的，处十年以上有期徒刑或者无期徒刑。"第二款规定："挪用用于救灾、抢险、防汛、优抚、扶贫、移民、救济款物归个人使用的，从重处罚。"

从主观状态看，贪污罪要求主体非法占有公共财物。而挪用公款则不要求主体有非法占有公共财物的意图，相反，挪用公款要求主体具有暂时使用财物而非意图非法占有财物的目的，挪用公款的行为人虽然占有了公共财物，但行为人不具有永久占有的目的，其仍然有归还财物的目的。这是挪用公款罪与贪污罪的根本区别。

（七）违法颁发学业证书者

《教育法》第二十二条第一款规定："国家实行学业证书制度。"第二款规定："经国家批准设立或者认可的学校及其他教育机构按照国家有关规定，颁发学历证书或者其他学业证书。"该规定表明，颁发学业证书必须同时具备三个法律要件：第一，必须是学校或其他教育机构；第二，这些学校或其他教育机构是经国家批准设立或认可的；第三，必须按照国家的有关规定颁发证书。违法颁发学业证书的主要情形有：一是不具有颁发证书资格而颁发的；二是伪造、编造、买卖证书的；三是在颁发证书中弄虚作假、徇私舞弊的；四是对不符合规定条件的人颁发证书的；五是滥发证书从中牟利的。

《教育法》第八十二条第一款规定："学校或者其他教育机构违反本法规定，颁发学位证书、学历证书或者其他学业证书的，由教育行政部门或者其他有关行政部门宣布证书无效，责令收回或者予以没收；有违法所得的，没收违法所得；情节严重的，责令停止相关招生资格一年以上三年以下，直至撤销招生资格、颁发证书资格；对直接负责的主管人员和其他直接责任人员，依法给予处分。"

值得注意的是，《民办教育促进法》第五条第一款规定："民办学校与公办学校具有同等的法律地位，国家保障民办学校的办学自主权。"所以，上述法律规定的幼儿园应承担的法律责任适用于包括民办幼儿园在内的所有幼儿园。

二、其他单位或个人应该承担的法律责任

幼儿园以外的其他责任主体可能承担法律责任的情形主要有以下几个方面。

（一）在招生工作中徇私舞弊者

所谓在招生工作中徇私舞弊，是指在招生工作中违反国家有关规定，将不符合招收条件的人员予以录用或录取的行为。

在招生工作中徇私舞弊的方式是多种多样的，如篡改年龄；篡改考试成绩；隐瞒不良表现如违法犯罪行为；伪造体检表、个人履历表及立功受奖记录；篡改档案材料；故意排挤符合条件的候选人，以便让不符合条件的人补缺等。但无论方式如何，其目的都是为了将不符合条件的情况隐瞒或者伪装为符合条件，以违反规定予以录用、录取。

《教育法》第七十七条规定："在招收学生工作中徇私舞弊的，由教育行政部门或者其他有关行政部门责令退回招收的人员；对直接负责的主管人员和其他直接责任人员，依法给予处分；构成犯罪的，依法追究刑事责任。"所构成的罪名是招收公务员、学生徇私舞弊罪，即《刑法》第四百一十八条规定："国家机关工作人员在招收公务员、学生工作中徇私舞弊，情节严重的，处三年以下有期徒刑或者拘役。"

（二）违反国家规定向幼儿园收费者

所谓违反国家规定向幼儿园收费，是指一些地区和部门的单位和个人，在国家法律法规和有关收费管理规定之外，无依据或违反有关收费标准、范围、用途和程序的要求，向幼儿园乱收费、乱罚款和乱摊派。此外，有关部门不执行国家对有关学校、幼儿园及其他教育机构的税收减、免政策，随意征收应当减免的税款或应当依法返还而不予返还的税款，也属于违法收费，如教育局向幼儿园收取风险抵押金等就属于向幼儿园乱收费的行为。承担该法律责任的责任主体主要有教育行政部门、税务部门、财政部门、街道委员会、爱国卫生运动委员会等。

《教育法》第七十四条规定："违反国家有关规定，向学校或者其他教育机构收取费用的，由政府责令退还所收费用；对直接负责的主管人员和其他直接责任人员，依法给予处分。"

（三）使用有毒、有害物质制作教具、玩具者

《幼儿园管理条例》第十九条规定，严禁使用有毒、有害物质制作教具、玩具。《幼儿园工作规程》第三十六条第二款规定："玩教具应当具有教育意义并符合安全、卫生要

求。幼儿园应当因地制宜，就地取材，自制玩教具。"

《幼儿园管理条例》第二十八条第（二）项规定，有关单位或者个人使用有毒、有害物质制作教具、玩具的，由教育行政部门对直接责任人员给予警告、罚款的行政处罚，或者由教育行政部门建议有关部门对责任人员给予行政处分；情节严重，构成犯罪的，由司法机关依法追究刑事责任。

（四）侵占、破坏幼儿园园舍、设备者

所谓侵占、破坏幼儿园园舍、设备，是指行为人侵占、偷盗、抢夺或哄抢、毁损幼儿园房屋、设备、教学器材或其他物资，使园舍、场地及其他财产的价值或使用价值部分或全部地丧失。这种行为轻者扰乱了正常的保育教育秩序，重者使保育教育工作不能正常进行。

《幼儿园管理条例》第二十五条规定："任何单位和个人，不得侵占和破坏幼儿园园舍和设施，不得在幼儿园周围设置有危险、有污染或影响幼儿园采光的建筑和设施，不得干扰幼儿园正常的工作秩序。"

《教育法》第七十二条第二款规定："侵占学校及其他教育机构的校舍、场地及其他财产的，依法承担民事责任。"《幼儿园管理条例》第二十八条第（四）项规定，有关单位或者个人侵占、破坏幼儿园园舍、设备的，由教育行政部门对直接责任人员给予警告、罚款的行政处罚，或者由教育行政部门建议有关部门对责任人员给予行政处分。情节严重，构成犯罪的，由司法机关依法追究刑事责任。可能构成的罪名有抢劫罪、盗窃罪、抢夺罪等。这在《刑法》第二百六十三条至第二百七十条的侵犯财产罪中有详细的规定。

（五）结伙斗殴，寻衅滋事，干扰幼儿园正常工作秩序者

结伙斗殴，寻衅滋事，干扰幼儿园正常工作秩序的行为主要表现为：在幼儿园内或周围结伙斗殴、寻衅滋事。所谓结伙斗殴，是指出于私仇宿怨，争霸一方或其他动机而成帮结伙地进行殴斗；所谓寻衅滋事，是指在幼儿园内无事生非、肆意挑衅，起哄捣乱，进行破坏骚扰等。

《幼儿园管理条例》第二十五条规定，任何单位和个人，不得干扰幼儿园正常的工作秩序。

《教育法》第七十二条第一款规定，结伙斗殴，寻衅滋事，扰乱学校及其他教育机构教育教学秩序的，由公安机关给予治安管理处罚；构成犯罪的，依法追究刑事责任。《幼儿园管理条例》第二十八条第（五）项规定，有关单位或者个人干扰幼儿园正常工作秩序的，由教育行政部门对直接责任人员给予警告、罚款的行政处罚，或者由教育行政部门建议有关部门对责任人员给予行政处分；情节严重，构成犯罪的，由司法机关依法追究刑事责任，可能构成的罪名有聚众扰乱社会秩序罪。《刑法》第二百九十条第一款规定："聚众扰乱社会秩序，情节严重，致使工作、生产、营业和教学、科研、医疗无法进行，造成严重损失的，对首要分子，处三年以上七年以下有期徒刑；对其他积极参加的，处三年以下有期徒刑、拘役、管制或者剥夺政治权利。"

（六）在幼儿园周围设置有危险、有污染或者影响幼儿园采光的建筑和设施者

《幼儿园管理条例》第二十五条规定，任何单位和个人，不得在幼儿园周围设置有危险、有污染或影响幼儿园采光的建筑和设施。

《幼儿园管理条例》第二十八条第（六）项规定，有关单位或者个人在幼儿园周围设置有危险、有污染或者影响幼儿园采光的建筑和设施的，由教育行政部门对直接责任人员给予警告、罚款的行政处罚，或者由教育行政部门建议有关部门对责任人员给予行政处分；情节严重，构成犯罪的，由司法机关依法追究刑事责任。《民法通则》第八十三条规定："不动产的相邻各方，应当按照有利生产、方便生活、团结互助、公平合理的精神，正确处理截水、排水、通行、通风、采光等方面的相邻关系。给相邻方造成妨碍或者损失的，应当停止侵害，排除妨碍，赔偿损失。"所谓相邻关系，是指两个或两个以上相互毗邻的不动产所有人或者占有、使用人，在对不动产行使占有、使用、收益和处分权利时，相互之间应当给予便利或接受限制而发生的权利、义务关系。

 思考与练习

1. 填空题

（1）幼儿园小班的人数最多为_____人，中班最多为_____人，大班最多为_____人。

（2）幼儿园实行的是_____制度，未经此程序，任何单位和个人不得举办幼儿园。

（3）《民办教育促进法》第三条规定："民办教育事业属于_____事业。"

（4）能不能依法按照_____全面支配财产，是有无所有权的唯一标志。

（5）全日制幼儿园全园保教人员与幼儿的比例为_____，半日制幼儿园全园保教人员与幼儿的比例为_____。

（6）从横向看，我国的教育法制监督包括国家监督与_____两大方面。其中，国家监督包括_____的监督、_____的监督和_____的监督。

（7）《幼儿园工作规程》第二十三条规定，幼儿园要积极开展适合幼儿的体育活动，正常情况下，每日户外体育活动不得少于_____小时。

（8）《托儿所幼儿园卫生保健工作规范》规定，保证儿童每日充足的户外活动时间。全日制儿童每日不少于_____小时，寄宿制儿童不少于_____小时。

2. 单项选择题

（1）《教育法》规定，学校及其他教育机构应当按照国家有关规定，通过以教师为主体的（   ）等组织形式，保障教职工参与民主管理和监督。

A. 教师代表大会   B. 学生会

C. 教职工代表大会   D. 以行政为主体的教职工代表大会

（2）合格幼儿园教师应具备的条件是（   ）。

A. 身体健康，品德良好   B. 获得幼儿教师资格证书

C. 具有中专以上幼儿师范毕业学历   D. 以上三者都要

（3）幼儿园教职员工有（　　　）的，可以在幼儿园工作。

A．慢性传染病　　　　　　　　　B．有犯罪、吸毒记录

C．精神病史　　　　　　　　　　D．颈椎病

3．简答题

（1）设置幼儿园必须具备哪些实体条件和程序条件？

（2）幼儿园有哪些权利和义务？

（3）《教育法》第五条规定的教育方针是如何表述的？应如何全面准确地理解其含义？

（4）幼儿园教育的地位是什么？

（5）幼儿园教育的任务是什么？

（6）为什么说游戏是幼儿的基本活动？

（7）违法举办幼儿园的，幼儿园应该承担哪些法律责任？

（8）2018年教育部在《关于开展幼儿园"小学化"专项治理工作的通知》提出的治理幼儿园"小学化"的五大治理任务是什么？

4．论述题

保育和教育是幼儿园工作的中心环节，请论述如何在保育和教育工作中贯彻幼儿教育法规的规定，严格依法治园？

5．案例分析

1）非法办园造成伤害事故案

【案情介绍】2016年夏天，被告人李某用一幢三层楼的民宅在未办理任何手续的情况下私自举办了蒲公英幼儿园。该幼儿园没有办学资质，幼儿园的教师没有健康证，幼儿园教育没有正规课程。幼儿园也没有床，幼儿只能趴在桌子上睡午觉。院子里没有任何游乐设施，也没有任何安全防范设施。之后，教育部门曾责令其停办，李某置之不理。在明知幼儿园围墙陈旧，长期无人管理的情况下，李某没有采取任何安全防护措施。2018年9月某日，幼儿园南墙突然倒塌，将在幼儿园内玩耍的幼儿及上前救护的李某等11人砸倒，7人死亡，4人受伤。被告人李某被判处有期徒刑4年。

分析：

请从举办幼儿园应具备4个实体条件的角度，结合案情具体分析该案例。

2）张某在幼儿园死亡案

【案情介绍】3岁2个月的幼儿张某无先天疾病，就读于某幼儿园的小班。9月4日下午，张某的父亲张××去幼儿园接他时，发现他只穿着背心在室内玩，怕引起感冒，接回家后就给他服了片小儿平痛片。9月5日7:50，张××将其送到幼儿园，对接收幼儿的教师王某说："这孩子昨天只穿背心，怕感冒发烧，服了片感冒药，请注意照看，中午如发烧，就给他再服片药，有情况就跟家长联系。"当时，张××交给王某一片小儿平痛片。王某用手摸了摸张某的头说了句"没事，不热"，然后将孩子收下了。张某还高兴地说了声"爸爸再见"。

当天16:00左右，张某家人突然接到幼儿园的电话，说孩子在医院急救室抢救。当家长赶到医院时，看到的却是孩子的尸体。医院的病历称："患儿入院已死亡"。公安部

门刑事科学技术鉴定书称，"死者患急性广泛性浆液性出血性肺炎，因发现、治疗不及时导致呼吸衰竭性死亡。"

据了解，肺炎是小儿常见病，如发现及时经过抢救是不会致死的。那么，张某怎么会死在幼儿园的床上？据人民检察院的报告称，9月5日接近15:00，保育员刘某组织午睡的幼儿起床，在未点清人数的情况下，领到一楼教室交给下午值班的教师周某。后来刘某返回休息室收拾床铺，这时发现张某躺在床上脸发黄、嘴发青，就跑到室外喊园医。约15:15，送医院急救科，大夫接诊后发现张某瞳孔放大，心脏停止跳动，无呼吸，诊断其死亡。

张某的家人认为他们的孩子不会在无任何异常的情况下死去。首先，肺炎不会没有任何症状，应该有从低烧到中烧再到高烧的过程；还应有不高兴，不活泼，不说话，面部有病容，严重时烦躁不安、手脚乱动、呻吟喊叫、痛苦挣扎等症状。作为教师应该不难发现这些症状。因而张某家人认为，一个鲜活的孩子进了幼儿园，却死了，无论如何不会是个难解之谜。

分析：

请从幼儿园一日常规管理的角度，分析案例中的每个责任主体对幼儿张某一日生活的管理存在哪些问题？各自应该承担什么法律责任？

3）副园长刘某挪用公款案

【案情介绍】某幼儿园园长刘某，有签字权，经常以各种名义打便条，找幼儿园会计借公款。因为刘某是领导，会计也不敢问这些钱是用来做什么的。就这样，6年多的时间里，刘某以打便条的方式，先后54次从会计手中借走公款14.48万元。之后，又以幼儿园的名义借走70多万元，这些钱全部被刘某输在了赌场上。

分析：

请结合案情具体分析，该案中有哪些责任主体应该承担法律责任？具体应该承担哪些法律责任？法律依据何在？

4）高楼影响幼儿园采光案

【案情介绍】某幼儿园周围居民楼拆迁，拆迁后某房地产公司在该园教学楼前面建起一座18层楼，该楼距幼儿园39米，影响了教学楼正常的采光。园长为保护幼儿园的合法权益，先后找到了有关部门，根据有关房屋建筑间距的规定，确认该房地产公司按居民建筑条件计算建筑间距是不合理的，该建筑实属违章建筑。

该园依法向市人大、市建委、市城建局、市规划局和区级机关、主管教育的单位分别投诉，得到了有关领导的高度重视和大力支持，该房地产公司承认确实违法并答应赔偿。

在赔偿时，该园和房地产公司算了一笔账：自然采光不足，需用灯光补足，一个教室每月电费多支出约50元，14间教室被挡光，一个月电费为700元，一年10个月电费即为7 000元，教学楼使用年限为70年，电费总计为49万元。随着电费的上涨，可能还会超过49万元。另外，阳光无价，阳光的作用不只是照明，少了阳光会影响幼儿的身心健康。

最后幼儿园和房地产公司达成协议，房地产公司一次性赔偿幼儿园40万元，另外拆除已盖好的楼房的一个开间，以减轻对幼儿园教学楼的光照遮挡的程度。

　　分析：

　　你对幼儿园和房地产公司达成的这个协议是否满意？请结合案情说说具体理由与依据。

2011～2019 年全国教师资格
考试真题及答案（涉及专题二）

专题三 教师的权益保护与素质提高

问题一 教师法定的权利和义务

教师的法律地位，是指以法律形式规定的教师在各种社会关系中的位置，主要涉及教师的法律身份、法律关系及教师的权利和义务。下面就从教师的法律身份、教师的权利和义务及法律关系这三个方面展开阐述。

教师法定的权利和义务

一、教师的法律身份

要了解教师有哪些特定的权利和义务，首先要明确该如何定位教师的法律身份。

1．教师的法律身份概述

《教师法》第三条规定："教师是履行教育教学职责的专业人员，承担教书育人，培养社会主义事业建设者和接班人、提高民族素质的使命。教师应当忠诚于人民的教育事业。"这就以法律的形式明确了教师的法律身份。其中，履行教育教学职责是教师的职业特征，专业人员是教师的身份特征。《幼儿园教师专业标准（试行）》相应规定："幼儿园教师是履行幼儿园教育教学工作职责的专业人员，需要经过严格的培养与培训，具有良好的职业道德，掌握系统的专业知识和专业技能。"

所谓专业，是指一群人经过专门教育或训练、具有较高和独特的专门知识与技能、按照一定专业标准进行专门化的处理活动，从而解决人生和社会问题，促进社会进步并获得相应报酬待遇和社会地位的专门职业。教师这个职业在相当长的一段时间里是不被看作专业的。而非专业的职业往往社会声誉、经济地位比较低。国际社会公认的、判断一个职业是否能称得上专业的标准至少包括：一是其从业者需要经过严格的训练，具有完善成熟的知识与技能；二是拥有一定的伦理规范；三是具有高度的专业自主权；四是终身学习。《教师法》的规定并非表示目前我国教师都已经具有了专业水准和专业地位，而是表示教师应朝着专业人员的方向发展。只有把教师定位为专业人员，才能真正发挥教师的作用，激发教师的工作潜能。

2．全面准确地理解教师的法律身份

可以从双重身份去理解教师的法律身份。教师的第一重身份是普通公民。当教师以普通公民的身份出现时，教师具有普通公民所应具有的一切权利和义务。如言论、结社、集会、游行、示威、出版、发行等自由权，此时教师的行为是个人行为。教师的第二重身份是从事教育教学工作的专业人员。当教师以专业人员的身份出现时，有其特定的权利和义务，此时教师的行为是职务行为。

所谓专业人员，是指具有某种专业知识、技能，经政府认定许可，专门从事某种专业技术工作的人员。目前我国的专业人员有很多，如律师、会计师、育婴师、营养师等。

应如何理解教师这种专业人员呢？对教师这种专业人员的理解要注意两点。

（1）教师这种专业人员与其他专业人员有所不同，对教师有特别的要求，如要有相应的专业知识与技能，语言表达能力要强，身体要健康，长相要端庄，不能有明显的生理缺陷等。

（2）教师这种专业人员不同于国家公务员，但从某种意义上说又带有一定的公务员的性质。

首先，我国教师不是国家公务员。法律依据是《公务员法》第二条第一款规定："本法所称公务员，是指依法履行公职、纳入国家行政编制、由国家财政负担工资福利的工作人员。"依法履行公职、纳入国家行政编制、由国家财政负担工资福利是成为我国公务员的三个条件，三个条件必须同时具备。虽然我国公立幼儿园一般是由国家财政负担教职工的工资福利，但它是事业单位的法人组织，不被纳入国家行政编制。民办幼儿园不是由国家财政而是由举办者负担教职工的工资福利，并且也不被纳入国家行政编制。所以，在我国，不管是公立幼儿园还是民办幼儿园的教师，都不是国家公务员。

其次，教师这种专业人员从某种意义上说又带有一定的公务员的性质。因为，当教师以专业人员的身份出现时，与其职责相关的权利义务从某种意义上说是代表着国家利益，教师是代表着国家在行使教育教学权的，也就是说，教师行使教育教学权时是带有一定的"公务"性质的，其权利是一种公权而不是私权。公权与私权的区别在于两点。第一，公权只能在法律规定的范围内行使，即法无规定不可为，法律没有规定的，公权力不能突破这个界限；而私权则是法无禁止即可为，只要法律没有明文禁止的，都可以自由行使。第二，公权是不能随意放弃的，如果放弃了就是失职。从这个意义上说，教师这种专业人员与国家公务员又有着异曲同工之处。

二、教师的权利与义务

（一）教师的权利

《教师法》规定的教师的权利和义务是教师特定的权利和特定的义务，是基于教师特定的职业性质而产生和存在的。教师特定的权利属于公权，不能随意放弃。教师特有的权利如下所述。

1. 教育教学权

《教师法》第七条第（一）项规定，教师享有进行教育教学活动，开展教育教学改革和实验的权利。

这项权利包括实施教育教学活动权、教育教学改革和实验权这两项下位权利。教育教学活动权是指教师所享有的，在其受聘的教育教学岗位上，从事科学文化知识和品行方面的教育教学权利；教育教学改革和实验权，是指教师有权对其受聘课程的教育教学活动进行改革和实验，包括教师有权根据课程标准或教学大纲的要求，对其受聘课程的教学内容、讲授方法、教学环节和教学组织形式等进行改革，有权改进教学设备的操作和使用方法，有权针对不同特点的学生实施不同的教育教学方法，有权对学生品行教育进行教育教学方式改革，有权抵制对其教育教学改革的无理干涉，有权进行与教育教学活动有关的教学实验。

理解该项权利时要注意以下几点。第一，教育教学权属于职权，是教师最基本、最重要的权利，是其他权利的基础。第二，任何组织或个人都不得非法剥夺在聘教师这一基本权利的行使。第三，对不具备教师资格的人员，不得享有这项权利。第四，对具有教师资格、尚未受聘或已被解聘的人员，这一权利的行使处于停顿的状态，一旦受聘时，其权利的行使才恢复到正常状态。第五，合法的解聘或待聘，不属于侵犯教师的这一权利。

 案例 3-1

幼儿园提前解聘教师是否侵犯教师的教育教学权

某幼儿园实行教师聘任制度。2015 年 9 月，幼儿园与全园教师签订了任期 3 年的聘任合同。该幼儿园编制内教师陈某在家开了一间杂货店，经常为家里进货，一学期中 15 次迟到半小时以上，而且有 10 多节课没有教案或者教案写得过于简单。由于陈某带班效果不佳，幼儿家长意见很大。2016 年 7 月，陈某的年度考核结果为不合格，按照规定，考核不合格的人员可作试聘处理。2016 年 9 月，幼儿园对陈某改为试聘，期限为半年，不发绩效奖金，陈某每个月的工资从 4 300 元降到了 3 650 元。在试聘期间，陈某仍以各种理由请假，一学期中 27 次迟到半个小时以上，而且备课、上课与带班都马虎应付，以致学期末，陈某的考核结果仍是不合格，幼儿园决定解聘陈某。

陈某不服，向相关教育行政部门申诉，理由如下：第一，幼儿园与她签订的合同聘期是 3 年，签约 1 年多就解除，幼儿园的行为侵犯了教师的合法权益；第二，教师从事第二职业的比比皆是，而且自己家里经济困难，利用业余时间增加收入，虽然对教学有影响，但也没有到要被解聘的程度。

幼儿园则认为，第一，陈某的行为属于《教师法》第三十七条规定的故意不完成教育教学任务，给教育教学工作造成损失的行为；第二，陈某的家庭收入在当地属于中上水平，陈某忙于从事第二职业，经多次教育后仍不改正，误人子弟，不可原谅；第三，幼儿园有权解聘陈某。

那么，幼儿园是否侵犯了陈某的教育教学权呢？

【案例分析】

第一，幼儿园提前解聘陈某的行为并没有侵犯陈某的教育教学权。陈某一学期中 15 次迟到半小时以上，带班效果不佳，是故意不完成教育教学任务，给教育教学工作造成损失的行为。陈某有主观过错。第二，陈某没有履行聘任合同中规定的职责和义务，且有主观过错，按照《教育法》、《教师法》及 2012 年修正的《中华人民共和国劳动合同法》（简称《劳动合同法》）的相关规定，幼儿园有权单方面提前提出解除聘任合同。所以，幼儿园的行为是依法治园的正当行为，没有侵犯陈某的教育教学权。

2. 科学研究权

《教师法》第七条第（二）项规定，教师享有从事科学研究、学术交流，参加专业的学术团体，在学术活动中充分发表意见的权利。

教师的科学研究权是指教师在教育教学活动中自由从事科学研究、学术交流、参与专业学术团体并在学术活动中自由表述自己的意见和学术观点的权利。这是教师作为专业技术人员的一项基本权利。

教师的科学研究权包括三项内容：第一，在完成教育教学任务的前提下，有权从事科学、技术、文学、艺术和其他文化事业的创造性活动；第二，有权参加合法的学术交流活动、专业学术团体，并在其中兼任工作；第三，有权在学术研究中自由地表述自己的观点、开展学术讨论。

3. 指导评价权

《教师法》第七条第（三）项规定，教师享有指导学生的学习和发展，评定学生的品行和学业成绩的权利。

教师的指导评价权是与教师在教育教学过程中的主导地位相适应的一项特定权利，其基本内容包括三个方面。第一，有权根据学生的具体情况，因材施教，指导学生的学习和发展。从这个意义上说，"面向全体学生，使学生得到全面发展"有着深刻的法学内涵。这句话表明：首先，教师的角色是指导者；其次，师生关系是平等对话的关系；再次，教师的使命和任务是帮助学生的发展。第二，有权对学生采取包括表扬、奖励或批评等在内的教育措施，并依照客观公正的原则对学生的品行等作出恰如其分的评价。不管是评定学生的品行还是其他能力，教师对学生的评定结论都是具有法律效力的。第三，有权运用正确的指导思想和科学的教育方法促进学生的个性和能力得到充分的发展。

教育部于2009年8月出台的《中小学班主任工作规定》第十六条规定："班主任在日常教育教学管理中，有采取适当方式对学生进行批评教育的权利。"2019年中共中央、国务院联合发布的《关于深化教育教学改革全面提高义务教育质量的意见》提出，要明确教师的教育惩戒权。

4. 获取报酬待遇权

《教师法》第七条第（四）项规定，教师享有按时获取工资报酬，享受国家规定的福利待遇及寒暑假期的带薪休假的权利。《幼儿园工作规程》第六十三条规定，幼儿园教师依法享受寒暑假期的带薪休假。

这是宪法规定的公民有劳动权和劳动者有休息权的具体化。这项权利包括三个内容。第一，按时、足额获取工资报酬权。教师的工资报酬包括：基础工资、岗位职务工资、奖金、津贴和其他各种政府补贴等。第二，享受国家规定的福利待遇权。国家规定的福利待遇包括医疗、住房、退休等方面的福利待遇。第三，寒暑假的带薪休假权。

 案例 3-2

镇长是否侵犯了教师获取报酬待遇的权利

2015年12月，某市教育局财务科按工作常规对所管辖的区镇教育机构进行了一年一度的财务审核。经审核，发现该镇中心幼儿园（公办）5名编制内教师至今还未领到市教育局从2015年1月开始每月增加的生活补贴（每月550元）。经调查发现，市教育局的相关拨款已经到位，问题在于该园的主管领导——该镇主管教育的镇长不同意发钱。理由是：第一，要保持编制内教师与编制外教师收入的平衡，如果编制内教师有补贴，编制外教师没补贴，就会拉开二者的差距；第二，幼儿园教师的待遇不能与小学教师等同。

【案例分析】

第一，该案中政府给的生活补贴为"其他各种政府补贴"，属于教师所应享有的按时获取工资报酬权的范围。第二，上述镇长的行为侵犯了 5 名幼儿园教师获得劳动报酬的权利，是一种严重的违法行为。第三，镇长的行为应依照《教师法》第三十八条的规定，承担相应的法律责任，如责令其限期改正等。

5. 民主管理权

《教育法》第三十一条第三款规定："学校及其他教育机构应当按照国家有关规定，通过以教师为主体的教职工代表大会等组织形式，保障教职工参与民主管理和监督。"《教师法》第七条第（五）项规定，教师享有对学校教育教学、管理工作和教育行政部门的工作提出意见和建议，通过教职工代表大会或者其他形式，参与学校的民主管理的权利。《幼儿园工作规程》第五十八条规定："幼儿园应当建立教职工大会制度或者教职工代表大会制度，依法加强民主管理和监督。"《劳动合同法》第四条第二款规定："用人单位在制定、修改或者决定有关劳动报酬、工作时间、休息休假、劳动安全卫生、保险福利、职工培训、劳动纪律以及劳动定额管理等直接涉及劳动者切身利益的规章制度或者重大事项时，应当经职工代表大会或者全体职工讨论，提出方案和意见，与工会或者职工代表平等协商确定。"第三款规定："在规章制度和重大事项决定实施过程中，工会或者职工认为不适当的，有权向用人单位提出，通过协商予以修改完善。"第四款规定："用人单位应当将直接涉及劳动者切身利益的规章制度和重大事项决定公示，或者告知劳动者。"教师参与学校管理工作，是使教师真正成为学校主人的必要措施。该法的这一规定正是将宪法第二条、第二十七条、第四十一条规定的公民的政治权利落到了实处。应该明确：校长负责制不等于校长专制，不等于校长一个人说了算。校长有义务接受教师的质问、批评和监督。

学校教职工代表大会（简称"教代会"）是教职工依法参与学校民主管理和监督的基本形式。2011 年由教育部通过的《学校教职工代表大会规定》适用于中国境内公办的幼儿园和各级各类学校，民办学校、中外合作办学机构参照执行。《学校教职工代表大会规定》要求，教代会代表以教师为主体，教师代表不得低于代表总数的 60%，并应当根据学校实际，保证一定比例的青年教师和女教师代表；有教职工 80 人以上的学校，应当建立教代会制度，不足 80 人的学校，建立由全体教职工直接参加的教职工大会制度；教代会每学年至少召开一次；教代会的选举和表决，须经教代会代表总数半数以上通过方为有效；学校工会为教代会的工作机构。

6. 进修培训权

《教师法》第七条第（六）项规定，教师享有参加进修或者其他方式的培训的权利。

教师的进修培训权是指教师有权参加当地教育行政部门或学校列入计划的各种形式的进修和其他培训的权利。该权利是教师学习权、发展权的具体体现。教师的这一权利同时也是政府和学校的义务。教师享有进修培训这一基本权利的具体表现形式有：行动权，如教师有权参与某种进修培训；要求权，如教师有权要求有关部门承担其进修培训所需的费用；请求权，如教师认为其进修培训权受到学校或行政机关的侵害时，可以根据相应的法律程序申请法律上的救济。

必须强调的是，教师无论参加何种形式的进修和培训，都应该在完成本职工作的前提下，未经批准，不应参加与本职工作不相干的进修或培训。

 案例 3-3

幼儿园是否侵犯了教师的进修培训权

陈某，美术学院本科毕业，任某公办幼儿园编制内美术教师 2 年。2015 年 7 月，陈某的一幅美术作品被某高校美术系选中，他可被保送到该高校装潢专业（本科）免费学习 2 年。陈某向其工作单位提出学习申请，并提出脱产进修期间不拿薪金，只想保留公职。但该单位认为：第一，陈某已经本科毕业，进修的也属于本科层次，学历层次一样，没必要；第二，装潢专业与幼儿园美术教学的需求不是很对口；第三，教师定编，美术教师编制名额很少，如果陈某脱产进修则没人上课。为此，幼儿园不同意陈某脱产 2 年进修学习的申请。

但陈某仍坚持要去进修。园长说，在职教师未经幼儿园同意，擅自脱产读书，属离岗离职行为，按教育行政部门的规定，"自动离职，劝告无效，期限超过 3 个月的"，可作自动离职除名处理。陈某口头上同意了幼儿园的意见。

陈某离岗半年后，幼儿园办理了陈某自动离职的手续，且书面通知了陈某本人。

2017 年 7 月，陈某进修毕业后，要求原幼儿园给他安排工作。幼儿园拒绝了。陈某不服，将书面申诉报告呈交至教育行政部门。申诉理由是：第一，教师有进修培训的权利，幼儿园应该支持；第二，他提出脱产期间保留公职不带薪的请求是合理的；第三，进修是为了提高业务水平，可多为幼儿园做贡献。

教育行政部门认为，幼儿园作出的自动离职处理是正确的，所以维持了幼儿园原来作出的处理决定。

【案例分析】

第一，教师有进修培训权，但教师此权利的行使也不是没有条件的，其条件就是应该在完成本职工作的前提下，有组织、有计划地安排，不得影响正常的教育教学工作。所以，对在职教师的培养提高，应贯彻"三为主"原则：在职为主、业余为主、自学为主。第二，本案中陈某不顾幼儿园正常教育教学工作的需要，擅自赴外地学习，此行为实质上已经不是《教师法》所讲的"进修"与"培训"，陈某的行为已不受教育法律法规的保护。第三，幼儿园的行为是对教师自主管理的一种行为，符合法律规定，是正确的。

（二）教师的义务

教师特定的义务是指教师依照《教育法》《教师法》等法律规定，从事教育教学工作而必须履行的责任。表现为教师在教育教学活动中必须作出一定行为或不得作出一定行为的约束。

教师特定的义务包括以下几个方面。

1．遵纪守法的义务

《教师法》第八条第（一）项规定，教师应该履行遵守宪法、法律和职业道德，为人师表的义务。

这是教师最基本的义务，是教师职业对教师的起码要求，也是取得教师资格和学校决定是否聘任的首要条件。

对幼儿园教师来讲，该义务包括三个方面的内容。第一，遵守宪法和法律。必须强调的是，合法的园规园纪是幼儿园内部管理的依据，具有一定的法律约束力。第二，遵守教师职业道德，即教师要有师德。我国现有对幼儿园教师职业道德的规定主要是2018年教育部印发的《新时代幼儿园教师职业行为十项准则》。第三，为人师表。为人师表是教师处理职业劳动与自身人格塑造之间关系的准则，是教育事业对教师人格提出的特殊要求。因为教师的职业劳动是一种以人格来培育人格，以灵魂来塑造灵魂的劳动。为人师表的基本要求有：一是模范地遵守社会公德，即"五爱"，爱祖国、爱人民、爱劳动、爱科学、爱社会主义；二是自觉规范自己的言行举止，主要包括衣着、语言、举止等方面的基本要求；三是严于律己，作风正派；四是以身作则。

2．保育教育的义务

《教师法》第八条第（二）项规定，教师应该履行贯彻国家的教育方针，遵守规章制度，执行学校的教学计划，履行教师聘约，完成教育教学工作任务的义务。

对幼儿园教师来讲，该义务包括四个方面的内容。第一，全面贯彻教育方针。教师是教育方针的具体执行者，国家的教育方针最终要由教师的保育教育活动体现出来。第二，遵守各项规章制度。这里所说的各项规章制度既包括各级政府和教育行政部门制定的有关教育教学管理的各项规章制度，也包括幼儿园制定的组织章程和园内教育教学管理的具体制度。第三，执行教学计划。教学计划是幼儿园的"法"。第四，履行教师聘约，完成保育教育任务。教师聘约具有法律效力，不能毁约，如果毁约给保育教育工作造成损失的，应依据《教师法》第三十七条的规定承担相应的法律责任。

3．思想品德教育的义务

《教师法》第八条第（三）项规定，教师应该履行对学生进行宪法所确定的基本原则的教育和爱国主义、民族团结的教育，法制教育及思想品德、文化、科学技术教育，组织、带领学生开展有益的社会活动的义务。

该义务也称思想品德教育义务或称育人义务。因为，教师的职责不仅是教书，更重要的是育人。

对幼儿园教师来讲，该义务包括三个方面的内容。第一，对幼儿进行政治、思想、品德教育即德育。第二，对幼儿进行文化、科学技术教育。第三，开展有益的社会活动。

4．尊重幼儿的义务

《教师法》第八条第（四）项规定，教师应该履行关心、爱护全体学生，尊重学生人格，促进学生在品德、智力、体质等方面全面发展的义务。

对幼儿园教师来讲，该义务包括三个方面的内容。第一，关心爱护全体幼儿。第二，尊重幼儿的人格尊严，不能侮辱、歧视幼儿，不能泄露幼儿的隐私，不能体罚和变相体罚幼儿。第三，促进幼儿全面发展。

5. 保护幼儿权益的义务

《教师法》第八条第（五）项规定，教师应该履行制止有害于学生的行为或者其他侵犯学生合法权益的行为，批评和抵制有害于学生健康成长的现象的义务。

对幼儿园教师来讲，该义务也称保护幼儿的义务，包括三个方面内容。第一，制止有害于幼儿的行为。如教师发现有地痞流氓窜入幼儿园寻衅滋事，应予以制止。第二，制止其他侵害幼儿合法权益的行为。如乱收费、乱罚款，随意把幼儿轰出教室等行为侵犯了幼儿的财产权和受教育权，教师有义务加以制止。第三，抵制有害于幼儿健康成长的现象。如园长要求教师给幼儿布置书写的课外作业，增加幼儿不应有的课业负担，教师有义务加以抵制。

6. 不断提高自身水平的义务

《教师法》第八条第（六）项规定，教师应该履行不断提高思想政治觉悟和教育教学业务水平的义务。该义务包括要不断提高教师自身的思想政治觉悟与业务水平两个方面。

综上所述，教师享有《教师法》规定的法定权利，也要确实履行《教师法》规定的法定义务。在处理权利与义务的关系时，社会上普遍存在着一种既渴望受到法律保护，又不愿意受到法律约束的心理，这是一种只重权利，无视义务的守法动机。例如，有人把《教师法》曲解成仅是保护教师的法，便是这种实用主义守法动机的典型。另一种倾向是只强调教师的义务，忽视教师权利的思想，如有人曾提出将《教师法》中"教师的权利和义务"一章改为"教师的职责"，就是这种思想的表现。

总之，维护教师合法权益，提高教师素质，是《教师法》指导思想的两个方面，不可偏废，既不能把《教师法》理解为教师权益保护法，也不能把《教师法》单纯看成是教师工作的行政管理法。

此外，《关于幼儿教育改革与发展的指导意见》规定，幼儿园教师享受与中小学教师同等的地位和待遇。《民办教育促进法》第二十八条规定："民办学校的教师、受教育者与公办学校的教师、受教育者具有同等的法律地位。"可见，《教师法》规定的教师特有的权利与特定的义务同样适用于幼儿园教师，也同样适用于民办幼儿园的教师。

三、幼儿园与教师的法律关系

在幼儿园内部，幼儿园与教师之间的关系既有通过行政任命形式使用和管理教师的任命制的行政法律关系，又有其双方地位平等，双向选择，各自具有其相应权利与义务的聘任制的民事法律关系。下面就这两种法律关系进行分析。

（一）幼儿园与教师的行政法律关系

幼儿园与教师的行政法律关系主要表现在以下两个方面。

（1）我国《教师法》及其相应的配套法规中，赋予了幼儿园代表国家行使管理权限的职能。《教师法》第五条第三款规定："学校和其他教育机构根据国家规定，自主进行教师管理工作。"可见，幼儿园行使的是法律授权或教育行政机关委托对教师行使管理的职能。加上幼儿园本身就负有一定的教育管理职能，这就使得幼儿园与教师之间形成了一定的行政法律关系，教师在工作中有义务接受幼儿园的管理。

（2）幼儿园有权对有违法行为的教师给予行政处分或解聘。《教师法》第三十七条规定："教师有下列情形之一的，由所在学校、其他教育机构或者教育行政部门给予行政处分或者解聘。（一）故意不完成教育教学任务给教育教学工作造成损失的；（二）体罚学生，经教育不改的；（三）品行不良、侮辱学生，影响恶劣的。教师有前款第（二）项、第（三）项所列情形之一，情节严重，构成犯罪的，依法追究刑事责任。"可见，幼儿园在执行《教师法》，处理违法失职的教师时，与教师之间形成的法律关系就是行政法律关系。

（二）幼儿园与教师的民事法律关系

实行教师聘任制的幼儿园，幼儿园与教师之间的关系是以共同的志愿为前提，以平等互利为原则，双方的权利和义务是对等的，没有行政隶属关系，是一种民事法律关系。

 问题二　依法维护教师的合法权益

前面我们阐述了教师享有的法定权利。教师除了享有这些法定的权利外，还享受相应的待遇。

依法维护教师的
合法权益

一、关于教师的待遇问题

教师的待遇包括教师的政治地位、经济地位、社会地位等方面。提高教师的待遇是教师队伍建设和教育事业发展的基本的、首要的前提。《荀子·大略》说："国将兴，必贵师而重傅；贵师而重傅，则法度存。国将衰，必贱师而轻傅；贱师而轻傅，则人有快，人有快则法度坏。"2018 年中共中央、国务院联合印发的《关于全面深化新时代教师队伍建设改革的意见》指出："兴国必先强师"，要"把提高教师地位待遇作为真招实招，增强教师职业吸引力"，要让"广大教师在岗位上有幸福感、事业上有成就感、社会上有荣誉感，让教师职业成为让人羡慕的职业"，各级党委和政府要"把教师工作记在心上、扛在肩上、抓在手中"。

提高教师待遇是《教师法》的一个重要内容，也是《教师法》的重点和难点。提高教师待遇的主要责任在于各级人民政府，因为教育首先是国家、政府的行为。

（一）关于教师的工资待遇

教师待遇中最主要、最基本的是工资待遇。《教师法》第二十五条规定："教师的平均工资水平应当不低于或者高于国家公务员的平均工资水平，并逐步提高。建立正常晋级增薪制度，具体办法由国务院规定。"这一规定有三层含义。第一，教师的平均工资水平不低于或者高于国家公务员的平均工资水平。这里所说的"不低于或者高于"突出了"高于"的精神。"不低于"主要指广大经济不发达地区教师工资水平起码应该同本地区公务员工资水平持平，而对经济发达地区的教师工资待遇，国家鼓励和支持它"高于"国家公务员的平均工资水平。第二，教师的工资水平在达到"不低于或者高于"的基础

上，还要逐步提高。第三，建立正常的晋级增薪制度。"正常的晋级增薪制度"是指在一定的时间内对考核合格的人员给予定期增加工资的制度。这一规定使教师的增薪正常化、规范化、制度化。

《义务教育法》第三十一条第一款规定："各级人民政府保障教师工资福利和社会保险待遇，改善教师工作和生活条件；完善农村教师工资经费保障机制。"第二款规定："教师的平均工资水平应当不低于当地公务员的平均工资水平。"这是从国家立法的高度，进一步保障了义务教育阶段教师的工资待遇问题。主要明确了三点：一是强调了保障教师工资福利待遇是各级人民政府的责任；二是明确了教师福利待遇的范围、保障内容，包括工资福利、社会保险及改善工作和生活条件等；三是突出强调了进一步完善农村教师工资经费保障机制问题。从上述表述中可见，《义务教育法》与《教师法》有两处不同：一是将"不低于或高于"统一为"不低于"；二是将"国家公务员"改为"当地公务员"，进一步明确了义务教育阶段教师工资水平参照比较的对象为当地公务员，更具有可比性，从而使得地方政府在落实保障教师工资待遇水平上更具有可操作性。

（二）关于教师的其他待遇

1. 教师津贴

《教师法》第二十六条规定："中小学教师和职业学校教师享受教龄津贴和其他津贴，具体办法由国务院教育行政部门会同有关部门制定。"这里所说的教师的"其他津贴"包括班主任津贴、特殊教育津贴、特级教师津贴等。《教师法》所说的"中小学教师"是指幼儿园、特殊教育机构、普通中小学、成人初等中等教育机构、职业中学以及其他教育机构的教师，所以《教师法》第二十六条的规定同样适用于幼儿园教师。

2. 教师补贴

《教师法》第二十七条规定："地方各级人民政府对教师以及具有中专以上学历的毕业生到少数民族地区和边远贫困地区从事教育教学工作的，应当予以补贴。"它是一种地区性补贴，是鼓励教师到边远地区、经济文化落后地区工作的一种报酬补贴，如高原补贴等。

3. 教师住房

《教师法》第二十八条规定："地方各级人民政府和国务院有关部门，对城市教师住房的建设、租赁、出售实行优先、优惠。县、乡两级人民政府应当为农村中小学教师解决住房提供方便。"这一规定体现了对教师住房实行优先、优惠以及解决教师住房的责任在于政府的原则。

4. 教师医疗

《教师法》第二十九条规定："教师的医疗同当地国家公务员享受同等的待遇；定期对教师进行身体健康检查，并因地制宜安排教师进行休养。医疗机构应当对当地教师的医疗提供方便。"

5. 教师退休

《教师法》第三十条规定："教师退休或者退职后，享受国家规定的退休或者退职待遇。县级以上地方人民政府可以适当提高长期从事教育教学工作的中小学退休教师的退休金比例。"

前面所述的教师的工资待遇和其他待遇主要是指公办学校编制内教师的待遇。《教师法》中对"民办教师"（我国目前基本上已经没有"民办教师"的概念了。原来的"民办教师"的概念类似于现在的"公办学校编制外教师"的概念。）待遇的规定主要体现在第三十一条，即："各级人民政府应当采取措施，改善国家补助、集体支付工资的中小学教师的待遇，逐步做到在工资收入上与国家支付工资的教师同工同酬，具体办法由地方各级人民政府根据本地区的实际情况规定。"

此外，民办学校教师的待遇主要是在《民办教育促进法》中作出规定。即该法第三十一条第一款规定："民办学校应当依法保障教职工的工资、福利待遇和其他合法权益，并为教职工缴纳社会保险费。"第二款规定："国家鼓励民办学校按照国家规定为教职工办理补充养老保险。"第三十二条规定："民办学校教职工在业务培训、职务聘任、教龄和工龄计算、表彰奖励、社会活动等方面依法享有与公办学校教职工同等权利。"

二、教师容易受到侵害的权利

根据《教师法》的规定，教师有双重身份，第一重身份是一个普通公民，另一重身份是一个专业人员。这里所说的教师的权利受到侵害既包括教师作为一个普通公民身份的权利受到侵害，也包括教师作为一个履行教育教学职责的专业人员身份的权利受到侵害。

（1）侵犯教师的人身权。其主要表现有：侮辱教师的人格尊严，侵犯教师的名誉权；殴打教师致伤，侵犯教师的健康权；殴打教师致死，侵犯教师的生命权等。

（2）侵犯教师的财产权，如要求教师集资，否则要被调离到偏远的山区幼儿园；以各种名义克扣教师的各种费用，如"爱心一日捐""献血捐款""义务兵基金""报名费""培训费""植树费"等；幼儿园向新任教师收取"上岗费"；幼儿园强迫教师为交不足学杂费而打欠条的幼儿家长担保；教师稍有违规就被罚款；教师工资不是以货币的形式兑现，而是以其他商品抵发，如烟叶、谷子等充抵教师的工资等。

（3）违法要求教师履行义务，如某镇政府以"承包责任制"的方式将巩固"普九"的任务与教师聘任合同挂钩，规定对未完成任务的班主任、任课教师采取末位淘汰、待岗、待聘；有的地方政府给教师下达招商引资指标的任务；有的教师除了教学外还要完成催贫困生交欠交的杂费的任务等。

（4）侵犯教师的知识产权，如教师的论文被抄袭等。

（5）侵犯教师的休息权，如有的幼儿园延长工作时间，每日在园工作时间长达10多个小时，且不给予任何加班补贴；有的幼儿园给教师布置大量作业并将作业完成情况纳入考核中：每年发表一篇论文，每月写一篇读书笔记，每周听课不得少于多少节，每学期必须制作多少课件，每周必须找多少幼儿家长谈话等；有的幼儿园频繁对教师举行各种考试：这个月考弹、唱、画、跳技能，下个月考带班能力，有的教师将幼儿园的这些行为称为对教师的"变相体罚"。

（6）侵犯教师的保育教育权，如优秀教师被莫名停课：某教师因为其父没有就房屋拆迁一事与乡政府达成一致，而被乡政府无辜勒令"下课"去做父亲的工作，如5日内未做通工作，作待岗处理。

三、关于教师的权益保障

教师的合法权益受到侵害，其后果和危害是很大的，主要表现在：第一，教师群体的心理健康问题会日益增多；第二，教师的专业发展会因缺乏动力而难以持续；第三，教师待遇和社会声望的低水平徘徊难以吸引高素质的年轻一代加入教师队伍中。为此，现有法律明确规定了教师的维权途径。

《教师法》等法律法规规定的教师的权利和待遇，是对教师应有权益内容的界定，是保障的客体。如何保障教师的应有权益，是指如何去享有和实现其应有权益的问题。在教师权益的保障方面，《教师法》主要从两个方面来体现：一是通过刑事司法制度予以保障，如《教师法》第三十八条规定，拖欠教师工资，损害教师合法权益，情节严重，构成犯罪的，依法追究刑事责任。二是通过行政申诉制度予以保障，如《教师法》第三十九条规定了教师申诉制度。此外，符合行政复议、行政诉讼受案范围的，也可以通过行政复议、行政诉讼的渠道保障教师权益。

教师要维护自身的合法权益，其途径或手段是进行教育法律救济。从一般意义上讲，教育法律救济主要通过非诉讼和诉讼两种渠道实现。诉讼渠道即司法救济渠道；非诉讼渠道包括行政救济渠道和其他救济渠道。诉讼渠道包括行政诉讼、民事诉讼等；非诉讼渠道包括集体谈判、教师申诉、人事争议仲裁、教育行政复议、人民信访、人民调解等。

（一）非诉讼渠道

1. 集体谈判

集体谈判是指当教师的合法权益得不到有效保障时，教师可以在教师组织的领导和支持下，与行政机关、幼儿园进行谈判，甚至通过集体罢工的形式来获得地位的改善。这是教师权益救济的一条有效途径。

代表教师利益的组织目前主要有三个：中国教育工会、教师协会与教职工代表大会。中国教育工会是教育工作者的群众组织，它隶属于全国总工会。2009 年修正的《中华人民共和国工会法》（简称《工会法》）第六条明确规定，维护职工合法权益是工会的基本职责。教师协会是由教师与其他教育工作者组成的群众团体组织，其基本思想是致力于增进教师的福利待遇，提高教学效果，促进教学改革，维护教师权益，促进教师之间及社会之间的联系等。教代会是幼儿园实行民主管理的基本形式。全国性的中国教育工会、地区性的教师协会、校内的教代会尽管在职责上各有侧重，但它们都有一个共同的目标：保障教师权益，提高教师的福利待遇。所以，当教师的合法权益受到侵害时，集体谈判应该是教师寻求救济的第一站。

2. 教师申诉

（1）概念。教师申诉制度是指当教师的合法权益受到侵害时，依照法律、法规的规定，向主管的行政机关申诉理由，请求处理的制度。它是一种行政救济程序的制度。

（2）教师申诉制度的适用对象。教师申诉制度的适用对象是教师。之所以规定该制度不适用于非教师，目的是为了保护教师的申诉权。

（3）教师申诉制度的法律依据。《教师法》第三十九条第一款规定："教师对学校或者其他教育机构侵犯其合法权益的，或者对学校或者其他教育机构作出的处理不服的，可以向教育行政部门提出申诉，教育行政部门应当在接到申诉的三十日内，作出处理。"第二款规定："教师认为当地人民政府有关行政部门侵犯其根据本法规定享有的权利的，可以向同级人民政府或者上一级人民政府有关部门提出申诉，同级人民政府或者上一级人民政府有关部门应当作出处理。"

（4）教师申诉制度的特征。教师申诉制度有以下主要特征。

① 它是一种法定的申诉制度。教师申诉制度有《教师法》在申诉程序、期限、处理等方面的明确规定，使得教师的合法权益能依法得到保障。而其他非诉讼中的申诉，如向信访部门、行政监察部门的申诉，虽然对维护教师的权益有一定的保障作用，但因没有明确的法律规定和时限要求，其实施过程不可避免地带有一定的弹性和随意性，在某种程度上降低了申诉人受损的合法权益的恢复和补救，这也是《教师法》将之上升为法律制度的目的所在。

② 它是一项专门性的权利救济制度。它是在宪法赋予公民享有申诉权的基础上，将教师这一特定专业人员的申诉权具体化，而其他如医生、律师等虽是专业人员，却没有对他们申诉权利上的具体化，这就使教师申诉制度区别于一般的信访工作。

③ 它是非诉讼意义上的行政申诉制度。申诉制度分为诉讼意义上的申诉制度和非诉讼意义上的申诉制度两种。诉讼意义上的申诉制度专指人民法院受理的申诉；非诉讼意义上的申诉制度的范围较广，包括向各级党委、各级人大、各级人民政府及其他行政机关提起的申诉。教师申诉制度属于后者，即教师申诉制度不是到法院打官司，不是对法院判决不服而提起的申诉，它是一种行政申诉制度，其处理决定具有行政法上的效力。

（5）教师申诉制度的受案范围。《教师法》对申诉的受案范围规定得比较广，给教师的申诉提供了很大的空间。

① 教师认为幼儿园侵犯其《教师法》规定的合法权益的，可以提出申诉。这里所说的教师合法权益包括《教师法》规定的教师在职务聘任、教学科研、工作任务安排、达到教师工作必备条件、民主管理、培训进修、考核奖惩、工资福利待遇、退休、被非法开除、停止社保费缴纳等各方面的合法权益。当然，幼儿园是否确实侵犯了教师的合法权益，要通过申诉后的查办才能确认。但只要教师认为幼儿园侵犯了其合法权益，不管事实上是否确已构成侵害，就可提出申诉。

② 教师对幼儿园作出的处理决定不服的，可以提出申诉。同样，只要教师对处理决定不服，不管其处理决定事实上是否确已构成侵害，都可以提出申诉。

③ 教师认为当地人民政府的有关部门侵犯其《教师法》规定的合法权益的，可以提出申诉。例如，当地人民政府的有关部门未能提供符合标准的设施、设备、图书、资料、教学用品的；拖欠教师工资的；未依法认定教师资格的；在教师待遇上未能达到法定标准的，都可以提出申诉。

（6）受理教师申诉的机关。谁来受理教师的申诉？涉及以下几个方面。

① 申诉人。申诉人指教师自身。教师若因身体等方面原因未能亲自去申诉时，可要求别人代为申诉；当行政机关的决定侵害的是多个教师的权益时，可由幼儿园的工会代

为申诉，代表教师集体提出申诉。

② 被申诉人。被申诉人包括幼儿园、政府的有关部门。被申诉人不能是个人，否则将按一般的群众来信办理。如申诉园长个人的，只能走信访之路，不能走申诉之路。此外，政府不能是被申诉人，只能以政府里的主管机关作为被申诉人。

③ 受理申诉的机关。受理教师申诉的机关应当是享有国家行政权力、能以自己的名义从事行政管理工作，并能独立承担由此所产生的法律责任的组织。教师申诉制度中，受理申诉的机关因被申诉主体（人）的不同而有所区别。可分为两种情况：第一，如果被申诉人是幼儿园，受理申诉的机关为其所在区域的主管教育行政部门；第二，如果被申诉人是当地人民政府的有关行政部门，受理申诉的机关可以是同级人民政府本身或上级人民政府对口的行政主管部门。

需要指出的是，教师申诉只能向有关的行政机关提出，不能向行政机关的个人提出。否则行政机关将按一般的群众来信办理。

（7）教师申诉的管辖。所谓教师申诉的管辖，是指行政机关之间受理教师申诉案件的分工和权限，它分为以下几个方面。

① 隶属管辖：指教师提出申诉时，应当向该幼儿园所隶属的教育行政主管部门提出申诉。1995 年国家教委颁布的《关于〈中华人民共和国教师法〉若干问题的实施意见》明确规定："省、市、县教育行政部门或主管部门应确定相应的职能机构或专门人员，依法办理教师申诉案件。"

② 地域管辖：指没有直接隶属关系的幼儿园中的教师提出申诉时，按照教育行政部门的管理权限，由当地主管的教育行政部门受理。例如，民办幼儿园与教育行政部门之间没有隶属关系，民办幼儿园教师的申诉就适用之。

③ 选择管辖：指教师在两个或两个以上有管辖权的行政机关之间选择一个提起申诉，受理申诉的行政机关不得拖延推诿。对当地人民政府有关行政部门的申诉，申诉人可以选择同级人民政府本身或上级人民政府的有关部门作为受理机关。在这种情况下，申诉人一般应本着及时、便利和业务对口的原则选择。

④ 移送管辖：指行政机关对不属于其管辖范围的申诉案件，应移送给有管辖权的行政机关办理，同时告知申诉人。

⑤ 协议管辖：若申诉管辖发生争议的，由涉及管辖的行政机关协商确定。

⑥ 指定管辖：指因管辖权发生争议的，由它们所属的同级政府或共同的上一级主管机关指定。

（8）教师申诉制度的环节、程序。《教师法》里没有明确规定教师申诉制度的程序，但根据其他法律法规的规定，教师申诉制度由提出、受理、处理三个环节组成，并依次序进行。

① 提出申诉。应以书面形式提出。申诉书载明如下内容：一是申诉人的姓名、性别、年龄、地址等；二是被申诉人的名称、地址、法定代表人的姓名、性别、职务等；三是申诉要求；四是申诉理由，即写明被申诉人侵害其合法权益或不服处理决定的事实依据，针对被申诉人的侵权行为或处理决定的错误，提出纠正的法律、政策依据，并陈述理由；五是附项，即写明并附交有关的物证、书证或复印件等。

② 对申诉的受理。受理申诉的机构收到申诉书后，应对申诉人的资格、申诉的条件进行审查。分别对不同情况作出处理：一是符合条件的，受理；二是不符合条件的，以书面的形式决定不予受理，并通知申诉人；三是申诉书未说清申诉理由与要求的，要求重新提交申诉书。

对符合条件应受理的案件，还要进一步审查。审查以书面形式为主，坚持合法性审查与合理性审查相结合的原则，具体审查三个方面的内容：一是主体方面：看被申诉人有无超越权限处理教师；二是事实、依据方面：看事实是否清楚，依据是否恰当；三是程序方面：看被申诉人是否履行了法律法规规定的程序。

③ 对申诉的处理。行政机关对受理的申诉案件，应当进行全面的调查核实，根据不同情况分别作出如下处理决定：一是被申诉人的管理行为符合法定权限和程序，适用法律法规正确，事实清楚，可以维持原处理决定；二是被申诉人的管理行为存在程序上的不足，可要求被申诉人补正；三是对于被申诉人不履行法律、法规和规章规定的职责的，决定限期改正；四是管理行为的一部分适用法律法规和规章错误的，可以变更原处理结果或不适用部分；五是管理行为所依据的内部规章制度与法律、法规及其他规范性文件相抵触的，可以撤销原处理决定。

（9）处理教师申诉的期限。第一，对幼儿园提出的申诉，受理机关应在收到申诉书的次日起 30 日内处理，在移送管辖的情况下，应在接到移送的申诉案件的次日起计算期限。第二，对当地人民政府有关行政部门提出的申诉，虽对处理没有明确的期限，但也应及时处理，不得拖延推诿。

如果逾期不处理，或久拖不决，而且申诉内容涉及教师的人身权、财产权及其他属于行政复议、行政诉讼受案范围的，申诉人可以依法提起行政复议或行政诉讼。

行政机关作出申诉处理决定后，应将申诉处理决定书发送给申诉人。申诉处理决定书自送达之日起生效。申诉人对处理决定不服的，可向原处理机关隶属的人民政府申请复核。属于行政复议、行政诉讼受案范围的，可以依法提起行政复议或行政诉讼。申诉人在自动撤回申诉或者接到受理申诉机关的正式处理后，不得就同一事实和理由再次提出申诉申请。

此外，教师申诉无须向受理部门缴费。

3．人事争议仲裁

人事争议仲裁是指仲裁机构对人事争议进行调解或裁决的行政司法活动，是行政权力与司法权力相结合而采用的一种解决人事争议纠纷的方式。

2011 年由中共中央组织部、人力资源社会保障部、总政治部修正的《人事争议处理规定》第二条第（二）项规定，事业单位与工作人员之间因解除人事关系、履行聘用合同发生的争议，可以申请人事争议仲裁。

教师申请仲裁应向仲裁委员会办事机构提交书面的仲裁申请书。人事争议仲裁委员会处理人事争议案件应根据自愿和合法的原则先行调解，调解达成协议的，制作调解书，调解不成的，应及时裁决。

4．教育行政复议

（1）概念。教育行政复议，是指教育管理相对人认为教育行政机关作出的具体行政行为违法或不当侵犯其合法权益，依法向作出该行为的教育行政机关的上一级教育行政机关或该教育行政机关所属的本级人民政府提出申请，受理申请的行政机关对发生争议的具体行政行为进行合法性、适当性审查，并作出行政复议决定的一种法律制度。

教育行政复议是行政机关内部自我纠正的一种重要行政监督制度。

（2）法律依据。主要法律依据有 2017 年修正的《中华人民共和国行政复议法》（简称《行政复议法》），2007 年国务院通过的《〈中华人民共和国行政复议法〉实施条例》。

（3）特点。教育行政复议的主要特点如下。

① 教育行政复议以教育争议为处理对象。

② 教育行政复议的双方当事人是固定的，即教育行政复议总是以行政相对人为复议申请人，以作出具体行政行为的教育行政机关为复议被申请人。

③ 教育行政复议是一种依申请的行政行为，即教育行政复议机关作出行政复议行为，必须基于教育管理相对人的申请。没有教育管理相对人的申请，行政复议机关就不能主动实施行政复议行为。为了让"民敢告官"，《〈中华人民共和国行政复议法〉实施条例》规定了行政复议不利变更禁止原则，即行政复议机关在申请人的行政复议请求范围内，不得作出对申请人更为不利的行政复议决定。

④ 教育行政复议必须依照一定的法律程序进行。

（4）教育行政复议的受案范围。教育行政复议的受案范围比教师申诉制度的受案范围小得多。与教育有关的受案范围主要包括以下几个方面。

① 对行政机关作出的警告、罚款、没收违法所得、没收非法财物、责令停产停业、暂扣或者吊销许可证、暂扣或者吊销执照、行政拘留等行政处罚决定不服的。

② 对行政机关作出的限制人身自由或者查封、扣押、冻结财产等行政强制措施决定不服的。

③ 对行政机关作出的有关许可证、执照、资质证、资格证等证书变更、中止、撤销的决定不服的。

④ 认为行政机关违法集资、征收财物、摊派费用或者违法要求履行其他义务的。

⑤ 认为符合法定条件，申请行政机关颁发许可证、执照、资质证、资格证等证书，或者申请行政机关审批、登记有关事项，行政机关没有依法办理的。

⑥ 申请行政机关履行保护人身权利、财产权利、受教育权利的法定职责，行政机关没有依法履行的。

⑦ 申请行政机关依法发放抚恤金、社会保险金或者最低生活保障费，行政机关没有依法发放的。

⑧ 认为行政机关的其他具体行政行为侵犯其合法权益的。

值得注意的是，《行政复议法》将对公民受教育权利的保护与对其人身权利、财产权利的保护一并规定为行政机关的法定职责。

此外，《行政复议法》第七条规定了受到行政机关具体行政行为侵害的公民、法人和其他组织，可以要求行政复议机关对具体行政行为所依据的规范性行政文件进行审查，即行政相对人在对具体行政行为申请行政复议时，可以一并提出对部分抽象行政行为申请复议。这些规范性行政文件是：一是国务院部门的规定；二是县级以上地方各级人民政府及其工作部门的规定；三是乡、镇人民政府的规定。这些规范性行政文件不包括国务院部、委员会的规章和地方人民政府规章。规章的审查依照法律、行政法规办理。

（5）不属于教育行政复议受案范围的情形。不属于教育行政复议受案范围的情形包括：第一，教师对幼儿园作出的行政处分不服的，只能通过教育申诉途径获得救济，无法通过教育行政复议途径获得救济；第二，教师不服教育行政机关对民事纠纷作出的调解或其他处理的，不得申请行政复议，只能依法申请仲裁或向法院提起诉讼。

此外，教育行政复议不收费。

 案例 3-4

6 岁儿童状告区教育局案

儿童刘××，男，2010 年 4 月 21 日出生。按其户口所在地划片属某小学的入学范围。2016 年，该儿童要求进入该小学接受义务教育，但该小学拒绝接收，理由是，其所在的区教育局制定的区中学、小学 2016 年度招生方案规定，该小学的新生入学年龄为 6 周岁 10 个月，而此儿童至 2016 年 8 月 30 日新生入学前只有 6 周岁 4 个月零 10 天。

其父刘某多次与该小学交涉，该小学坚决拒收该儿童。刘某无奈遂多次到区教育局上访，区教育局一直对此事不作处理。刘某于是以区教育局为复议被申请人，向市教育局提起行政复议，要求区教育局对该小学拒收刘××入学一事作出处理，保护刘××的受教育权。

该案是否属于行政复议的受案范围？

【案例分析】

该案属于行政复议的受案范围。《行政复议法》第六条第（九）项规定，申请行政机关履行保护人身权利、财产权利、受教育权利的法定职责，行政机关没有依法履行的，公民、法人或者其他组织可以依照《行政复议法》申请行政复议。

此外，刘××的父亲刘某还可以要求行政复议机关对区教育局制定的规范性行政文件即"区中学、小学 2016 年度招生方案"进行审查。依据是《行政复议法》第七条第（二）项规定，受到行政机关具体行政行为侵害的公民、法人和其他组织，在对具体行政行为申请行政复议时，可以一并向行政复议机关提出对"县级以上地方各级人民政府及其工作部门的规定"等抽象行政行为的审查申请。

5．人民信访

（1）概念。所谓信访，是指公民、法人或者其他组织采用书信、电子邮件、传真、电话、走访等形式，向各级人民政府、县级以上人民政府工作部门反映情况，提出建议、意见或者投诉请求，依法由有关行政机关处理的活动。1995 年国务院颁布了行政法规《信访条例》，使信访工作进入了法治化的轨道，2005 年修订的《信访条例》，使之更切合实际，更具可操作性。

（2）教师申诉制度与信访制度的区别。两者的区别有以下几个方面。

① 从申诉的受理主体上看，教师申诉制度的受理主体是特定的，如教育行政部门；信访的受理主体则不明确。

② 处理时限不同。教师申诉制度有法定的申诉期限，信访对行政机关处理期限较宽松，即信访事项应当自受理之日起 60 日内办结；情况复杂的，经本行政机关负责人批准，可以适当延长办理期限，但延长期限不得超过 30 日，并告知信访人延期理由。信访人对行政机关作出的信访事项处理意见不服的，可以自收到书面答复之日起 30 日内请求原办理行政机关的上一级行政机关复查。收到复查请求的行政机关应当自收到复查请求之日起 30 日内提出复查意见，并予以书面答复。信访人对复查意见不服的，可以自收到书面答复之日起 30 日内向复查机关的上一级行政机关请求复核。收到复核请求的行政机关应当自收到复核请求之日起 30 日内提出复核意见。

③ 效力不同。教师申诉制度的处理决定具有行政法上的效力。受理信访的专门机构或行政机关中的信访工作部门往往是将需要立案查处的案件转交给与信访内容相关的主管机关处理，它们仅对主管机关的处理加以检查督促或就具体解决途径作简要回复，一般不会导致行政诉讼的发生。但由于信访处理亦属于行政行为，故也可能产生行政诉讼或行政复议。

6. 人民调解

（1）概念。所谓调解，是指双方或多方当事人就争议的实体权利、义务，在人民法院、人民调解委员会及有关组织主持下，自愿进行协商，通过教育疏导，促成各方达成协议、解决纠纷的办法。

（2）种类。调解分为民间调解、行政调解、仲裁调解和法院调解四种。《关于深化中小学人事制度改革的实施意见》规定，教职工与学校在履行聘用（聘任）合同时发生争议的，应由教师人事争议调解委员会先行调解。教师人事争议调解委员会一般设在当地的教育行政部门内，这种调解属于行政调解。还有一种教育调解是园内调解，它是指由幼儿园内设立的调解委员会对园内教育纠纷或与教育有关的民事纠纷进行的调解活动。园内调解委员会既非国家司法机关，也非国家行政机关，是幼儿园教职工自我教育、自己解决民间纠纷的一种群众性组织，其成员来自三个方面：教职工代表、幼儿园行政代表、幼儿园工会委员会代表。园内调解所达成的调解协议由当事人自觉履行，不具有法律效力。如一方或双方当事人反悔，均有权向人民法院提起诉讼或要求仲裁。

（二）诉讼渠道

1. 教育行政诉讼

教育行政诉讼与教师申诉制度、教育行政复议制度相比较，其程序最为严格，裁决最为权威，因而它是解决行政争议最重要也是最终的一个环节。教育行政诉讼的法律依据是 2017 年修正的《中华人民共和国行政诉讼法》（简称《行政诉讼法》）。

（1）概念。教育行政诉讼是指教育行政管理相对人认为教育行政机关或教育法律法规授权的组织的具体行政行为侵犯其合法权益，依法向人民法院起诉，请求给予法律补救；人民法院对教育行政机关或教育法律法规授权的组织的具体行政行为的合法性进行审查，维护和监督行政职权的依法行使，矫正或撤销违法侵权的具体行政行为，给予相对人的合法权益以保护的法律救济活动。

（2）特点。教育行政诉讼有以下特点。

① 主管恒定。教育行政诉讼的主管机关只属于人民法院。

② 诉讼专属。教育行政诉讼只能由教育行政管理相对人，如教师或幼儿园（原告）提起，不能由教育行政机关（被告）提起，教育行政机关只有上诉权，没有反诉权。

③ 标的确指。教育行政诉讼的标的是教育法律规定的具体教育行政行为，对抽象行政行为不能提起行政诉讼。

④ 被告举证。《行政诉讼法》第三十四条第一款规定："被告对作出的行政行为负有举证责任，应当提供作出该行政行为的证据和所依据的规范性文件。"第二款规定："被告不提供或者无正当理由逾期提供证据，视为没有相应证据。但是，被诉行政行为涉及第三人合法权益，第三人提供证据的除外。"

⑤ 不得调解。《行政诉讼法》第六十条第一款规定："人民法院审理行政案件，不适用调解。但是，行政赔偿、补偿以及行政机关行使法律、法规规定的自由裁量权的案件可以调解。"即人民法院在审理教育行政诉讼案件时，不得采取调解作为审理程序和结案方式，这是由教育行政机关享有的公共权力和国家权力所决定的。

（3）教育行政诉讼的受案范围。与教育有关的行政诉讼的受案范围包括以下几个方面。

① 对行政拘留、暂扣或者吊销许可证和执照、责令停产停业、没收违法所得、没收非法财物、罚款、警告等行政处罚不服的。

② 对限制人身自由或者对财产的查封、扣押、冻结等行政强制措施和行政强制执行不服的。

③ 申请行政许可，行政机关拒绝或者在法定期限内不予答复，或者对行政机关作出的有关行政许可的其他决定不服的。

④ 申请行政机关履行保护人身权、财产权等合法权益的法定职责，行政机关拒绝履行或者不予答复的。

⑤ 认为行政机关滥用行政权力排除或者限制竞争的。

⑥ 认为行政机关违法集资、摊派费用或者违法要求履行其他义务的。

⑦ 认为行政机关侵犯其他人身权、财产权等合法权益的。

此外，我国行政诉讼实行两审终审制，如果两审后教师对行政诉讼的判决结果还不满意，只能启动审判监督程序。

2．教育民事诉讼

教育民事诉讼的法律依据是 2017 年修正的《中华人民共和国民事诉讼法》（简称《民事诉讼法》）。

（1）概念。民事诉讼是指处于平等地位的法律关系主体之间因财产关系或人身关系产生纠纷，依法向人民法院起诉，请求给予法律救济；人民法院在双方当事人和其他诉讼参加人的参加下，依法审理和解决民事纠纷，保护当事人合法权益的法律救济活动。

（2）教师适用民事诉讼途径维权。于 2003 年由最高人民法院审判委员会通过的《最高人民法院关于人民法院审理事业单位人事争议案件若干问题的规定》第二条明确规定：

"当事人对依照国家有关规定设立的人事争议仲裁机构所作的人事争议仲裁裁决不服,自收到仲裁裁决之日起十五日内向人民法院提起诉讼的,人民法院应当依法受理。一方当事人在法定期间内不起诉又不履行仲裁裁决,另一方当事人向人民法院申请执行的,人民法院应当依法执行。"这一司法解释改变了以前机关、事业单位中有干部编制的人求告无门的局面,归还了双方的诉讼权,把人事争议仲裁像劳动仲裁一样向司法衔接,使人事仲裁由原来的"一裁终局"变为"先裁后诉",适用一裁二审,维护了法治社会的公正性和合理性。为此,实施教师任命制的公立幼儿园与教师之间出现人事争议时,应先进行人事仲裁,对人事仲裁裁决不服的,再进入民事诉讼的途径维权。而实施教师聘任制的幼儿园(不管是公立幼儿园还是民办幼儿园)与教师之间出现劳动争议时,则应先进行劳动仲裁,对劳动仲裁裁决不服的,再进入民事诉讼的途径维权。

(3)民事诉讼的受案范围。《民事诉讼法》第三条规定:"人民法院受理公民之间、法人之间、其他组织之间以及他们相互之间因财产关系和人身关系提起的民事诉讼,适用本法的规定。"这一规定明确了人民法院受理民事案件的范围。

问题三 侵犯教师合法权益应承担的法律责任

《教师法》第三十五、三十六、三十八条规定了教师以外的其他法律关系主体违反《教师法》,侵犯教师合法权益时应承担的法律责任,具体包括以下三种情况。

侵犯教师合法权益
应承担的法律责任

一、侮辱、殴打教师应承担的法律责任

《教师法》第三十五条规定:"侮辱、殴打教师的,根据不同情况,分别给予行政处分或者行政处罚;造成损害的,责令赔偿损失;情节严重,构成犯罪的,依法追究刑事责任。"

(一)概念

1. 侮辱教师

所谓侮辱教师,是指公然贬低教师人格、破坏教师名誉的行为。所谓"公然",是指在众多人面前,或在可能使众多人知道的情况下进行的行为。公然侮辱并不一定要求被害人在场,关键是侮辱被害人的内容已被众多的人知道,从而使被害人的人格、名誉受到损害。侮辱的方式主要有三种。一是行为侮辱,如故意当众向教师身上泼洒粪便等污物,或强制教师钻胯下,或用下流动作对教师进行侮辱等。例如,镇江男子王某因疑心自家孩子在幼儿园遭受班主任董某的打击报复,一直怀恨在心,某日一早就带了一包粪便到幼儿园,找到儿子班主任董某后,什么话也没说,就将粪便泼向董某头上,董某被突如其来的泼粪动作吓愣住了,从头到脚都是污秽不堪的粪便。二是语言侮辱,如嘲笑、辱骂。三是图文侮辱,如漫画、大字报等图文形式。

2. 殴打教师

所谓殴打教师,是指以暴力方法侮辱教师,或故意非法伤害教师人身健康的行为。

侮辱是侵犯教师名誉权利的违法行为；殴打是侵犯教师生命健康权利的违法行为。

（二）法律责任

承担《教师法》第三十五条责任的主体是实施上述违法行为的公民个人。可以根据不同情况，追究责任人的法律责任。

（1）国家机关、企事业组织、社会团体等社会组织的工作人员侮辱、殴打教师的，由所在单位给予行政处分。

（2）一般公民侮辱、殴打教师，违反《治安管理处罚法》的，由公安机关给予行政处罚。

（3）造成损害的，由人民法院追究民事责任。

（4）情节严重，构成犯罪的，由人民法院追究刑事责任。可能构成的罪名有故意伤害罪与侮辱罪。《刑法》第二百三十四条规定了故意伤害罪，即第一款规定："故意伤害他人身体的，处三年以下有期徒刑、拘役或者管制。"第二款规定："犯前款罪，致人重伤的，处三年以上十年以下有期徒刑；致人死亡或者以特别残忍手段致人重伤造成严重残疾的，处十年以上有期徒刑、无期徒刑或者死刑。本法另有规定的，依照规定。"《刑法》第二百四十六条规定了侮辱罪，即第一款规定："以暴力或者其他方法公然侮辱他人或者捏造事实诽谤他人，情节严重的，处三年以下有期徒刑、拘役、管制或者剥夺政治权利。"第二款规定："前款罪，告诉的才处理，但是严重危害社会秩序和国家利益的除外。"

值得注意的是，如果是在校学生侮辱、殴打教师的，是否需要承担法律责任关键是看学生是否达到法定年龄，是否具有行为能力或责任能力，而不是看其身份是否是在校学生。也就是说，《教师法》第三十五条的规定，适用于一切有法律行为能力或责任能力的公民，符合条件的在校学生当然也不例外。根据现有法律的规定，我国公民承担治安管理处罚等行政法律责任的年龄是 14 周岁；承担部分刑事责任的年龄是 14 周岁，承担完全刑事责任的年龄是 16 周岁；承担部分民事责任的年龄是 16 周岁，承担完全民事责任的年龄是 18 周岁。

 案例 3-5

杀 师 案

某日夜里，某中学高二（4）班班主任王某听到敲门声，开门一看，进屋的是自己的学生，18 岁的方某。未及寒暄，方某手中的一把刀已经刺向王某的胸膛。

3 日后，王某的姑父打开王某的房门，发现王某倒在地上，身上盖着被子，面部血肉模糊。法医鉴定显示：死者脸上被划了九刀，身上体无完肤：喉咙被割了一刀，肺部被刺一刀，这两处是致命伤。

方某供认了犯罪事实，其杀害教师的原因是：某日早自习，坐在第一排的方某在偷看小说，这是他第 13 次被王某抓到了。方某拒绝将书交给王某，并将王某推倒。王某又瘦又小，根本拉不住方某，气得用桌上的书狠狠扇了方某的脸，共扇了两下。方某认为，看小说，被王某收书，还叫家长过来，是王某故意和自己过不去，所以十分愤恨。

> **【案例分析】**
>
> 《刑法》第十七条规定，已满十六周岁的人犯罪，应当负刑事责任。已满十四周岁不满十六周岁的人，犯故意杀人、故意伤害致人重伤或者死亡、强奸、抢劫、贩卖毒品、放火、爆炸、投毒罪的，应当负刑事责任。已满十四周岁不满十八周岁的人犯罪，应当从轻或者减轻处罚。因不满十六周岁不予刑事处罚的，责令他的家长或者监护人加以管教；在必要的时候，也可以由政府收容教养。该案中犯罪嫌疑人方某已满 18 周岁，应承担完全的刑事责任，应以故意杀人罪论处，不能因为他是在校生而不承担刑事责任。

二、打击报复教师应承担的法律责任

《教师法》第三十六条规定："对依法提出申诉、控告、检举的教师进行打击报复的，由其所在单位或者上级机关责令改正；情节严重的，可以根据具体情况给予行政处分。国家工作人员对教师打击报复构成犯罪的，依照刑法有关规定追究刑事责任。"

（一）概念

"对依法提出申诉、控告、检举的教师进行打击报复"，是指国家工作人员、学校、幼儿园和其他社会组织的负责人及其他行使一定职权的人员，故意滥用自己的职权，对申诉人、控告人、检举人实施报复陷害，致使他人的合法权益蒙受损害的违法行为。这里要注意申诉、控告、检举这几个概念的区别："申诉"往往与教师自身的权益有关，是为了维护教师自身的合法权益而提出的；"控告"往往与教师自身的权益有关，是为了追究违法违纪人员的责任而提出，告发的是国家机关或国家工作人员侵犯自身的权益；"检举"一般与教师自身权益无直接关系，是为了追究违法违纪人员的法律责任，告发的是侵犯国家或个人的利益。

（二）法律责任

承担《教师法》第三十六条责任的主体主要包括学校、幼儿园负责人、教育行政部门工作人员及其他国家工作人员。打击报复教师的有关人员应承担的法律责任有：第一，对打击报复教师的，由所在单位或上级机关责令改正；第二，情节严重的，由所在单位或上级机关依具体情节给予行政处分；第三，国家工作人员打击报复教师构成犯罪的，依《刑法》第二百五十四条的规定，以报复陷害罪追究刑事责任。《刑法》第二百五十四条规定："国家机关工作人员滥用职权、假公济私，对控告人、申诉人、批评人、举报人实行报复陷害的，处二年以下有期徒刑或者拘役；情节严重的，处二年以上七年以下有期徒刑。"必须注意的是，学校校长、幼儿园园长不适合该条款，因为校长或园长都不是国家机关工作人员。

案例 3-6

县教育局对教师打击报复案

1999 年 6 月 18 日下午放学后，××省××县××中学高三政治课教师彭某在校园内偶遇他曾经教过的高二学生李某，李某向他反映说，上午看到某公安民警拿着下午的初中毕业会考的语文试卷，好像包里还有其他科目的试卷。

经反复思考后，彭某决定尽一个公民的义务，报案。第二天下午，彭某用家里的电话匿名向××市教育局基础教育科负责人报告了他所听到的关于试卷可能泄露的情况，并且说："是不是事实，只要查一下未考试科目试卷有没有启封的痕迹就清楚了。"很明显，彭某在电话里用的是疑问和商量的口气，让彭某没想到的是，这一举报招来了一系列的厄运。

××市教育局接到举报电话后，立即将情况转告了××县教育局，××县教育局通过公安、电信部门查到了举报电话是由彭某家打出的。6 月 20 日晚，××县教育局纪律检查委员会（简称"纪检委"）的人将彭某带到县教育工会招待所，要其认真交代所听到的情况。彭某将事件发生经过写成了书面材料，可纪检委的人说不行，第二天还要继续写，并说，他所反映的情况经××县教育局调查确认失实，要他认真交代举报的动机和目的，承认举报错误并写出检讨。彭某认为举报是一个公民应尽的义务，不存在不良动机，更不是什么错误，因此拒绝交代自己的"问题"。从 6 月 20～28 日，彭某被滞留在招待所达 181 个小时。在这 181 个小时里，彭某被不断地要求如实反映举报动机、信息来源、举报过程，并做了询问式的谈话笔录，还被要求做认真深刻的检讨，同时彭某被专人轮班看守，不准与外界有任何接触和通信联系。

8 月中旬，彭某被××市教育局告知，因举报一事，所在中学向市教育局申报中学一级教师职称的名册时，彭某的名字被纪检委划掉了，材料没有报送。

8 月 23 日，彭某工作 14 年的单位通知他，他在××县教育体制改革中落聘，成为所在校教职工中唯一的一位落聘者。彭某到县教育局询问，县教育局负责人说："你那个举报电话打错了。"

10 月 27 日，彭某又收到了××县教育局下发的《关于彭某所犯错误的处分决定》，其中说明："在今年全省初中毕业会考中，彭某于 6 月 19 日捏造事实，越级向市教育局举报他人窃取会考试卷的情况，严重干扰了会考工作，造成很坏影响，且在组织找他调查了解情况期间认错态度差。为了严肃纪律，教育本人，根据有关规定，经集体研究决定，给予彭某行政记过处分。"

落聘后的彭某曾到一所私立中学代课，颇受学生欢迎，但 3 个月后，这所私立中学又解聘他了。彭某去问校长，校长笑得很苦涩，说："县教育局有人打了招呼，我们哪还能聘你？"为了寻回公道，彭某曾两次被人打伤。

1999 年 9 月 30 日，彭某向××县人民法院起诉××县教育局的非法拘禁行为，县人民法院以该案不属于法院行政诉讼受案范围为由驳回起诉。之后又先后上诉至××市中级人民法院和××省高级人民法院，也未予以受理。2000 年 9 月，彭某向

××市中级人民检察院申请提起抗诉，检察院以不符合抗诉申请条件为由，拒绝了彭某的申请。彭某又上诉至最高人民法院，最高人民法院复函请××省高级人民法院"依法处理"，××省高级人民法院复函××市中级人民法院"依法处理"。××市中级人民法院仍坚持该案不属于行政诉讼的受案范围而不予受理。在以后长达几年的申诉中，彭某也屡诉屡败。

彭某举报的舞弊案是否属实呢？证人证言表明：考题泄露、考场舞弊事件不仅发生了，而且还能证明事件是如何在相关人士的支持、配合、默许下发生的。

2003年9月29日，在全国人大常委会副委员长蒋正华的直接关注下，此案在××市中级人民法院再次开庭审理。

【案例分析】

第一，××县教育局无权追查举报人。中共中央纪检委员会、中华人民共和国监察部于1996年2月15日颁布的《关于保护检举、控告人的规定》第七条规定："任何单位和个人不得擅自追查检举、控告人。对确属诬告陷害，需要追查诬告陷害者的，必须经地、市级以上（含地、市级）党的委员会、政府或纪检监察机关批准。"第八条规定："对匿名检举、控告材料，除查处案件工作需要外，不得擅自核对笔迹或进行文检；因查处案件工作需要核对笔迹或进行文检的，必须经地、市级以上（含地、市级）纪检监察机关批准。"此外，《最高人民检察院关于保护公民举报权利的规定》第三条也规定："任何单位和个人不得追查举报人，对匿名举报除侦查工作需要外，不准鉴定笔迹。"第二，举报是公民的一项基本权利和义务，只要举报人不是出于诬告、陷害的目的，其所举报的事实并不需要举报人进行调查确认后再举报。况且，后经有关媒体调查，彭某举报的情况基本属实，也就是说当时确实存在作弊现象。第三，××县教育局将彭某滞留达181个小时之久的行为侵犯了彭某的人身自由权。第四，××县教育局通过有关部门查到了举报者彭某的家庭电话，严重侵犯了彭某的通信自由权。第五，××县教育局有关人员对彭某的打击报复行为已使彭某的合法权益受到了很大的损害，如职称评审受影响，被行政记过处分，被单位解聘，被限制人身自由等，根据《教师法》第三十六条、《刑法》第二百五十四条的规定，××县教育局有关工作人员应根据情节轻重，分别承担相应的行政责任甚至刑事责任。

三、拖欠教师工资应承担的法律责任

《教师法》第三十八条规定："地方人民政府对违反本法规定，拖欠教师工资或者侵犯教师其他合法权益的，应当责令其限期改正。违反国家财政制度、财务制度，挪用国家财政用于教育的经费，严重妨碍教育教学工作，拖欠教师工资，损害教师合法权益的，由上级机关责令限期归还被挪用的经费，并对直接责任人员给予行政处分；情节严重，构成犯罪的，依法追究刑事责任。"

（一）概念

所谓拖欠教师工资，是指未按时、足额地支付教师的工资性报酬，包括基础工资、岗位职务工资、奖金、津贴和其他各种政府补贴等。

（二）法律责任

承担拖欠教师工资法律责任的责任主体主要是地方人民政府或挪用教育经费的有关责任人员。

《教师法》归纳了两种拖欠教师工资的原因：一是违反财政、财务制度，挪用、克扣教育经费造成的；二是确属当地财政困难而难以解决，造成拖欠教师工资。基于拖欠教师工资的原因和情况比较复杂，《教师法》将造成拖欠的两种基本情况区别对待，一是总的规定：违反《教师法》规定拖欠教师工资的，无论是政府及其有关部门还是学校、幼儿园及其他教育机构，无论是公办学校、幼儿园还是民办学校、幼儿园，也不管是什么原因导致拖欠，均由地方人民政府责令限期改正，当地政府拖欠的，由上一级人民政府责令限期改正。二是特别规定：对于违反国家财政、财务制度，挪用国家财政用于教育的经费，拖欠教师工资的，由上级机关责令限期归还被挪用的经费，并依具体情况对直接责任人员予以行政处分；情节严重，构成犯罪的，依法追究刑事责任。可能构成的罪名有：《刑法》第三百八十四条规定的挪用公款罪，第三百八十二条、第三百八十三条规定的贪污罪。

问题四 教师依法取得教师资格

教师除了应享有一系列权利和利益外，还应不断提高自身的素质。《教育法》第三十五条规定："国家实行教师资格、职务、聘任制度，通过考核、奖励、培养和培训，提高教师素质，加强教师队伍建设。"可见，法律规定的国家教师制度包括：教师资格制度、教师职务制度、教师聘任制度、教师培养和培训制度、教师考核制度、教师奖励制度等。由于篇幅限制，本书只阐述与教师关系最大的教师资格制度与教师聘任制度。

教师依法取得
教师资格

一、教师资格制度概述

（一）概念

所谓教师资格制度，是指国家对教师实行的一种法定的职业许可制度。

这一概念至少包含三层含义。第一，教师资格制度是由国家实行，而不是由教育行政部门或地方政府实行的一种职业资格制度。也就是说，教师资格是由国家对符合相应教师资格条件并提出申请的人员认定的资格，属于国家资格性质。第二，实行教师资格制度是法律规定的，必须依法实施。教师资格作为国家法定的职业资格，一经取得，即在全国范围内不受地域限制，在一定时间内具有普遍适用的效力，非依法律规定不得丧失和撤销。第三，教师资格是职业许可，即自国家实行教师资格制度之日起，只有具备教师资格（持有教师资格证）的人，才能聘任或任命相应教师工作，不具备教师资格的人，不允许从事教师职业。换句话说，教师资格是国家对专门从事教育教学工作人员的最基本要求，是公民获得教师职位、从事教师工作的前提条件。这是一种最低标准，不是一个优秀教师的标准，是一种"准入"，是必要条件，不是充分条件。

总之，该制度回答的是什么样的人可以当教师和怎样才能当教师的问题。

（二）实行教师资格制度的意义

（1）实施教师资格制度有利于教师管理的科学化、规范化、法制化，有利于优化教师队伍，提高教育教学质量。

（2）实施教师资格制度是教师职业走上专业化的重要步骤，有利于体现教师的职业特点。该制度确立了教师职业在社会诸职业群中所应占有的特殊地位，肯定了教师职业的专业性和不可替代性。

（3）实施教师资格制度有利于形成高质量的教师储备队伍，为社会人员从教开辟了一条渠道，吸引优秀人才从教。

（4）实施教师资格制度有利于提高教师的社会地位和教师待遇。教师资格制度是一项完整科学的国家制度，具有很高的权威性，世界上多数国家只对少数几种素质要求高、社会影响重大的职业实行国家资格制度，如律师、医生、心理咨询师、注册会计师等。可见，实行该制度体现了教师的高地位。

（三）教师资格的分类

根据《教师资格条例》第四条的规定，教师资格分为七类：一是幼儿园教师资格，二是小学教师资格，三是初级中学教师和初级职业学校文化课、专业课教师资格（统称初级中学教师资格），四是高级中学教师资格，五是中等专业学校、技工学校、职业高级中学文化课、专业课教师资格（统称中等职业学校教师资格），六是中等专业学校、技工学校、职业高级中学实习指导教师资格（统称中等职业学校实习指导教师资格），七是高等学校教师资格。成人教育的教师资格，按照成人教育的层次，依照上款规定确定类别。

二、教师资格的取得、丧失与撤销

（一）取得教师资格必须具备的实体要件

《教师法》第十条第二款规定："中国公民凡遵守宪法和法律，热爱教育事业，具有良好的思想品德，具备本法规定的学历或者经国家教师资格考试合格，有教育教学能力，经认定合格的，可以取得教师资格。"具体而言，取得教师资格必须具备以下四个实体条件。

（1）具有中国公民身份。具有中华人民共和国国籍是取得我国教师资格的先决条件。外籍教师的聘任条件和办法，由国务院教育行政部门规定。

（2）符合思想品德条件。申请人思想品德情况的鉴定或证明材料按照《申请人思想品德鉴定表》要求填写。在职申请人，该表由其工作单位填写；非在职申请人，该表由户籍所在地街道办事处或乡级人民政府填写；应届毕业生由毕业学校负责提供鉴定。认定申请人的思想品德情况时尤其要考核其是否热爱教育事业，是否热爱幼儿。因为没有爱就没有教育。

（3）具有法定学历或经国家教师资格考试合格。这里有两种情况。

① 具有法定学历是取得教师资格最基本的、通常的情况。具备《教师法》第十一条规定的学历条件是取得教师资格的最低学历标准。《教师法》第十一条第一款规定："取得教师资格应当具备的相应学历是：（一）取得幼儿园教师资格，应当具备幼儿师范学校毕业及其以上学历；（二）取得小学教师资格，应当具备中等师范学校毕业及其以上学历；（三）取得初级中学教师、初级职业学校文化、专业课教师资格，应当具备高等师范专科学校或者其他大学专科毕业及其以上学历；（四）取得高级中学教师资格和中等专业学校、技工学校、职业高中文化课、专业课教师资格，应当具备高等师范院校本科或者其他大学本科毕业及其以上学历；取得中等专业学校、技工学校和职业高中学生实习指导教师资格应当具备的学历，由国务院教育行政部门规定；（五）取得高等学校教师资格，应当具备研究生或者大学本科毕业学历；（六）取得成人教育教师资格，应当按照成人教育的层次、类别，分别具备高等、中等学校毕业及其以上学历。"

② 通过国家教师资格考试。《教师法》第十一条第二款规定："不具备本法规定的教师资格学历的公民，申请获取教师资格，必须通过国家教师资格考试。国家教师资格考试制度由国务院规定。"参加教师资格考试的人有两种情况：一是不具备规定学历的公民，申请获得教师资格，必须通过国家教师资格考试；二是已经取得教师资格的公民需要改变教师资格等级的，要么取得上一级教师资格要求的合格学历，要么通过相应的教师资格考试。

（4）具有教育教学能力。2000 年教育部颁布的《〈教师资格条例〉实施办法》第八条规定了申请认定教师资格者的教育教学能力包括三个方面要求。

① 具备承担教育教学工作所必须的基本素质和能力。具体测试办法和标准由省级教育行政部门制定。福建省教育厅于 2001 年颁布的《福建省中小学幼儿教师教育教学基本素质和能力测试标准与办法》规定，中小学幼儿教师教育教学基本素质和能力主要包括四个方面：教学设计能力、运用教法学法能力、教学表达能力、知识水平思维能力。

② 普通话水平应当达到国家语言文字工作委员会颁布的《普通话水平测试等级标准》二级乙等以上（80 分以上）标准。少数方言复杂地区的普通话水平应当达到三级甲等以上（60 分以上）标准；使用汉语和当地民族语言教学的少数民族自治地区的普通话水平，由省级人民政府教育行政部门规定标准。

③ 具有良好的身体素质和心理素质，无传染性疾病，无精神病史，适应教育教学工作的需要，在教师资格认定机构指定的县级以上医院体检合格。例如，2018 年起实施的《福建省教师资格申请人员体检标准》规定，有下列情况之一的，为体检不合格者：风湿性心脏病、心肌病、冠心病、先天性心脏病等器质性心脏病；结核病；各种急慢性肝炎及肝硬化；严重支气管哮喘；恶性肿瘤；肾炎、慢性肾盂肾炎；有癫痫病史、精神病史、癔病史、夜游症、严重的神经官能症；双眼矫正视力均低于 4.8（小数视力 0.6），一眼失明另一眼矫正视力低于 4.9（小数视力 0.8）；双耳均有听力障碍，在使用人工听觉装置情况下，双耳在 2 米以内正常语言仍听不见者；严重口吃，吐字不清，持续声音嘶哑、失声及口腔有生理缺陷并妨碍发音；色盲、色弱。

此外，《〈教师资格条例〉实施办法》第九条还规定，高校拟聘任副教授以上教师职务或有博士学位者申请认定高校教师资格，不必具备上述①、②条的要求。

（二）取得教师资格必须具备的程序要件

具备了取得教师资格的实体要件，并不意味着公民就能够自然而然地取得教师资格，在程序上还需要由法定机构认定"合格"，才能取得教师资格。

1. 教师资格的认定机构

《教师资格条例》第十三条第一款规定："幼儿园、小学和初级中学教师资格，由申请人户籍所在地或者申请人任教学校所在地的县级人民政府教育行政部门认定。高级中学教师资格，由申请人户籍所在地或者申请人任教学校所在地的县级人民政府教育行政部门审查后，报上一级教育行政部门认定。中等职业学校教师资格和中等职业学校实习指导教师资格，由申请人户籍所在地或者申请人任教学校所在地的县级人民政府教育行政部门审查后，报上一级教育行政部门认定或者组织有关部门认定。"第二款规定："受国务院教育行政部门或者省、自治区、直辖市人民政府教育行政部门委托的高等学校，负责认定在本校任职的人员和拟聘人员的高等学校教师资格。"第三款规定："在未受国务院教育行政部门或者省、自治区、直辖市人民政府教育行政部门委托的高等学校任职的人员和拟聘人员的高等学校教师资格，按照学校行政隶属关系，由国务院教育行政部门认定或者由学校所在地的省、自治区、直辖市人民政府教育行政部门认定。"

2. 申请认定教师资格的步骤

申请认定教师资格的六个步骤如下。

（1）本人提出申请。领取有关资料和表格，在受理申请期限内向认定机构提交《教师资格认定申请表》等基本材料。这些基本材料包括六项内容：申请表；身份证原件、复印件；学历证书原件、复印件；体检合格证；普通话水平等级证书原件、复印件；思想品德情况的鉴定或证明材料。每年春季、秋季各受理一次认定申请，并通过新闻媒体公布。

（2）教师资格认定机构或依法接受委托的高等学校对申请人提供的材料进行初步审查。

（3）教师资格专家审查委员会对申请人教育教学能力进行考察，提出审查意见。专家审查委员会审查申请人教育教学能力的形式是面试、试讲。

（4）教师资格认定机构或依法接受委托的高等学校根据申请人的学历条件、思想品德鉴定、专家审查意见等综合条件作出是否认定的决定。

（5）教师资格认定机构或依法接受委托的高等学校，在受理申请期限终止之日起30个法定工作日内将认定结果通知申请人。

（6）教师资格认定机构对符合法定认定条件的，统一编号制作证书，颁发相应的《教师资格证书》；对不符合认定条件的人员发出不予认定的通知。

《〈教师资格条例〉实施办法》第十七条规定："申请认定教师资格者应当按照国家规定缴纳费用。但各级各类学校师范教育类专业毕业生不缴纳认定费用。"

（三）教师资格的限制、丧失与撤销

1. 教师资格的限制

《教师法》第十四条规定："受到剥夺政治权利或者故意犯罪受到有期徒刑以上刑事处罚的，不能取得教师资格；已经取得教师资格的。丧失教师资格。"此条规定表明，具备以下两个条件之一的，不能取得教师资格。第一，必须是被剥夺政治权利。被剥夺的政治权利包括：选举权与被选举权；言论、通信、出版、集会、结社、游行、示威的自由权；担任国家机关职务及担任企事业单位、人民团体领导职务的权利等。第二，必须是故意犯罪并且受到有期徒刑以上刑事处罚。过失犯罪的，不符合该条规定的条件。被判处管制、拘役等主刑的，或被判处罚金、没收财产等附加刑的，也不符合该条条件。此外，被判处有期徒刑以上刑事处罚而不一定真正受到刑罚处罚的，就构成此条条件。刑事处罚与刑罚处罚的主要区别在于：刑事处罚是指对被认为是犯罪的人宣判刑罚，但可能由于具备一定的法定条件，在实际执行中并没有承受该刑罚的处罚。例如，缓刑就是留在社会中考验而没有承受刑罚的处罚。刑罚处罚是指被认定为犯罪的人，不仅被宣告判处刑罚，而且实际上受到该刑罚的处罚，亦即执行了宣判的刑罚。

2. 教师资格的丧失

《教师法》第十四条的规定表明：对已经取得教师资格的人员，从被判处剥夺政治权利或故意犯罪被判处有期徒刑以上刑事处罚之日起，自动丧失教师资格，终身不能重新取得教师资格。当然冤、假、错案除外。原教师资格证书由有关教育行政部门会同原发证机关办理注销手续，收缴证书，归档备案。

3. 教师资格的撤销

《教师资格条例》第十九条第一款规定："有下列情形之一的，由县级以上人民政府教育行政部门撤销其教师资格：（一）弄虚作假、骗取教师资格的；（二）品行不良、侮辱学生，影响恶劣的。"第二款规定："被撤销教师资格的，自撤销之日起 5 年内不得重新申请认定教师资格，其教师资格证书由县级以上人民政府教育行政部门收缴。"

必须注意的是，撤销教师资格必须遵循法定程序。2017 年修正的《行政处罚法》第三十一条规定："行政机关在作出行政处罚决定之前，应当告知当事人作出行政处罚决定的事实、理由及依据，并告知当事人依法享有的权利。"第三十二条规定："当事人有权进行陈述和申辩。"原国家教委《教育行政处罚暂行实施办法》第九条第一款规定："教育行政处罚的种类包括：（一）警告；（二）罚款；（三）没收违法所得，没收违法颁发、印制的学历证书、学位证书及其他学业证书；（四）撤销违法举办的学校和其他教育机构；（五）取消颁发学历、学位和其他学业证书的资格；（六）撤销教师资格；（七）停考，停止申请认定资格；（八）责令停止招生；（九）吊销办学许可证；（十）法律、法规规定的其他教育行政处罚。"第二十七条第一款规定："教育行政部门在作出本办法第九条第（三）、（四）、（五）、（六）、（七）、（八）、（九）项之一以及较大数额罚款的处罚决定前，除应当告知作出处罚决定的事实、理由和依据外，还应当书面告知当事人有要求举行听证的权利。"

被撤销教师资格的人 5 年后要再次申请教师资格时，除了要提供与首次申请教师资格相同的材料外，还要提交由申请人本人提出的书面申请报告，阐明自己对被撤销教师资格所犯错误的认识，再次申请教师资格的理由等。

 案例 3-7

吴某被撤销教师资格案

2006 年，吴某以在职教师的身份参加教师资格评定，并取得幼儿园教师资格。2008 年，该区教育局以吴某的教师资格证书属欺骗取得为由，作出行政处罚决定，撤销吴某的教师资格证书，但作出决定前未告知吴某作出行政处罚决定的事实、理由及依据，也未告知吴某有陈述、申辩等权利。吴某不服，提出行政诉讼，要求撤销区教育局的决定。最后，法院作出了撤销区教育局处罚决定的判决。

【案例分析】

根据《教师资格条例》第十九条的规定，该区教育局在本行政区域内具有撤销教师资格证的法定职权，但在实施该行政处罚权时必须依法进行。该案中被告在作出处罚决定前未告知吴某作出该行政处罚决定的事实、理由及依据，也未告知吴某有陈述、申辩、听证等权利，违反了《行政处罚法》《教育行政处罚暂行实施办法》等规定的法定程序。法院作出撤销区教育局处罚决定的判决是正确的。

三、幼儿园教师资格考试制度和定期注册制度改革情况介绍

近年来，在教师资格制度改革方面探讨的主要问题有：教师资格证书地域的有效使用范围问题，教师资格的融通性问题，教师资格的时效性问题，师范专业毕业生是否应自然取得教师资格问题等。

2011～2013 年，共有 10 个省份参与了教育部组织开展的幼儿园教师资格考试制度和定期注册制度改革的试点工作。在充分试点的基础上，我国已于 2015 年全面推行了教师资格全国统考，并实行定期注册制度。

下面简单介绍幼儿园教师资格考试制度和定期注册制度改革情况。

（一）关于幼儿园教师资格考试制度改革

（1）参加教师资格考试的对象。所有申请幼儿园教师资格的人员须参加相应类别的教师资格考试。师范类专业学生申请教师资格，同样需要参加全国教师资格考试。

（2）教师资格考试制度改革的目标。教师资格考试制度改革的目标是：形成"国标、省考、县聘、校用"的教师准入和管理制度，即笔试国考，面试省考，师范生与非师范生平等竞争。

（3）教师资格考试的性质。教师资格考试属于标准参照性考试。也称为"水平考试"或"达标考试"，不是竞争性考试。

（4）教师资格考试的内容。教师资格考试实行全国统一考试，由教育部考试中心统一制定考试标准和考试大纲。教师资格考试包括笔试和面试两部分内容。各笔试科目考

试时间为 120 分钟，面试考试时间为 20 分钟（不含准备的 20 分钟）。国家确定笔试成绩合格线，省级教育行政部门确定面试成绩合格线。笔试一般在每年 3 月和 11 月各举行一次。面试一般在每年 5 月和 12 月各举行一次。

① 笔试。笔试采用计算机考试和纸笔考试两种方式。笔试主要考查申请人从事教师职业所应具备的教育理念、职业道德、法律法规知识、科学文化素养、阅读理解、语言表达、逻辑推理和信息处理等基本能力；教育教学、学生指导和班级管理的基本知识；拟任教学科领域的基本知识，教学设计实施评价的知识和方法，运用所学知识分析和解决教育教学实际问题的能力。

笔试又分为两个科目，科目一为综合素质，主要考核学生是否"乐教"。科目二为保教知识与能力，主要考核学生是否"适教"，而且突出对教育教学实践能力的考查。综合素质的考试内容包括职业理念、职业规范（含教育法律法规和教师职业道德）、基本素养（含文化素养、艺术修养和审美能力、人际交往与沟通能力、阅读理解能力、语言与文字表达能力、信息获得与处理能力）。保教知识与能力的考试内容包括教育知识与应用（含学前儿童发展、学前教育原理）；保教知识与能力（含生活指导、环境创设、游戏活动的指导、教育活动的组织与实施、教育评价）等。

② 面试。笔试各科目均合格，且成绩在有效期内，方具备面试报名资格。面试的主要内容包括：职业认知、心理素质、仪表仪态、交流沟通、思维品质、了解幼儿、恰当地达成保育教育目标的技能技巧、评价与反思等八个方面。面试采取结构化面试、情景模拟等方式，通过抽题、备课（活动设计）、回答规定问题、试讲（演示）、答辩（陈述）、评分等环节进行。

教师资格考试实行全国统一考试，笔试卷面分 150 分，折合成 120 分公布；面试总分 100 分，成绩查询只有及格或不及格。

此外，教育部从 2017 年开始对师范专业进行专业认证。认证优良的，经过一定程序，可以颁发教师资格证；认证一般的，毕业生要参加资格考试；认证较差的，取消举办师范专业的资格。

（二）关于幼儿园教师资格定期注册制度改革

（1）概念。教师资格定期注册制度是对教师入职后从教资格的定期核查制度。幼儿园教师资格实行 5 年一周期的定期注册。定期注册不合格或逾期不注册的人员，不得从事教育教学工作，这意味着教师资格不再终身拥有。

（2）适用对象。所有幼儿园在编在岗教师都要进行 5 年一周期的定期注册。省级教育行政部门可根据本地实际，将依法举办的民办幼儿园教师纳入定期注册范围。例如，福建省就将公办与民办、在编或在岗的所有普通中小学、中等职业学校、特殊教育学校和幼儿园的教师都纳入了定期注册的范围。

（3）定期注册合格、暂缓注册、注册不合格的条件。

① 满足下列条件的，定期注册合格：一是遵守国家法律法规和《中小学教师职业道德规范》，达到省级教育行政部门规定的师德考核评价标准，有良好的师德表现；二是每年年度考核合格以上等次；三是每个注册有效期内完成不少于国家规定的 360 个培训学时或省级

教育行政部门规定的等量学分；四是身心健康，胜任教育教学工作；五是省级教育行政部门规定的其他条件。例如，福建省增加了一个条件：具有与任教岗位相应的教师资格。

② 有下列情形之一的，应暂缓注册：一是注册有效期内未完成国家规定的教师培训学时或省级教育行政部门规定的等量学分；二是中止教育教学和教育管理工作一学期以上，但经所在幼儿园或教育行政部门批准的进修、培训、学术交流、病休、产假等情形除外；三是一个注册周期内任何一年年度考核不合格。福建省增加了一个条件：受党政纪处分未解除的，应暂缓注册。

暂缓注册者达到定期注册条件后，可重新申请定期注册。具体办法由省级教育行政部门根据实际情况制定。

③ 有下列情形之一的，注册不合格：一是违反《中小学教师职业道德规范》和师德考核评价标准，影响恶劣；二是一个定期注册周期内连续两年以上（含两年）年度考核不合格；三是依法被撤销或丧失教师资格。

注册范围内的教师无故逾期不申请定期注册，按照注册不合格处理。

（4）注册程序。取得教师资格，初次聘用为教师的，试用期满考核合格之日起 60 日内，申请首次注册。经首次注册后，每 5 年应申请一次定期注册。

申请教师资格定期注册应提交以下材料：一是《教师资格定期注册申请表》；二是教师资格证书原件；三是幼儿园或主管部门聘任合同；四是所在幼儿园出具的师德表现证明；五是 5 年的各年度考核证明；六是省级教育行政部门认可的教师培训证明；七是省级以上教育行政部门根据当地实际要求提供的其他材料。申请首次注册的，应当提交上述第一、二、四、七项材料，同时提交试用期考核合格证明。

定期注册须由本人申请，所在幼儿园集体办理，报县级以上教育行政部门审核注册。

定期注册工作不收取教师和幼儿园任何费用。

（5）处罚。

① 申请人隐瞒有关情况或提供虚假材料申请教师资格注册的，视情况暂缓注册或注册不合格，并给予相应处罚；已经注册的，应当撤销注册。

② 注册范围内的教师无故逾期不申请定期注册，按照注册不合格处理。

 教师依法与幼儿园签订聘任合同

一、教师聘任制度概述

实施聘任制是我国教师人事制度改革的一种必然趋势，要破除教师岗位终身制，引入竞争机制，在事业单位全面建立和推行聘任制度，把聘任制度作为事业单位一项基本的用人制度，建立"人员能进能出，职务能上能下，待遇能高能低"的竞争激励机制。

教师依法与幼儿园签订聘任合同

（一）概念

教师聘任制度是指教师与幼儿园聘任双方在平等自愿的基础上，由幼儿园根据

保育教育需要设置的工作岗位，聘请具有教师资格的公民担任相应教师职务的一项制度。

（二）法律依据

我国早在 1993 年颁布的《教师法》第十七条就规定："学校和其他教育机构应当逐步实行教师聘任制。教师的聘任应当遵循双方地位平等的原则，由学校和教师签订聘任合同，明确规定双方的权利、义务和责任。实施教师聘任制的步骤、办法由国务院教育行政部门规定。"这是我国历史上第一次完整地对实行教师聘任制作出的明确的法律规定。《教育法》第三十五条规定："国家实行教师资格、职务、聘任制度，通过考核、奖励、培养和培训，提高教师素质，加强教师队伍建设。"

（三）教师任命制度与教师聘任制度的主要区别

（1）任命制度下幼儿园与教师的关系是行政法律关系。任命制下国家对教师的管理是比照公务员制度实施的，即幼儿园与教师之间的人事关系，基本上是由代表着国家的教育行政机关，根据计划和指标，通过行政指令、安排、任命和调配等形式建立、变更和消灭的。幼儿园只是作为国家职权的执行机构存在，并不是用人主体。

（2）聘任制度下幼儿园与教师的关系是民事法律关系。因为实行聘任制的幼儿园与教师的关系是以共同的志愿为前提，以平等互利为原则，双方的权利和义务是对等的，双方可以讨价还价，可以协商，没有行政隶属关系。这样，各个幼儿园就代替抽象的国家成为用人主体。

（四）教师聘任制度的特征

（1）地位平等化。聘任是聘任人（幼儿园）和受聘人（教师）双方的法律行为，双方的劳动关系建立在平等、自愿的基础上。幼儿园有聘任、缓聘、试聘、解聘和不聘的权利，教师有应聘、择聘和拒聘的权利。

（2）关系契约化。聘任双方需要在双方自愿和双方地位平等的原则下签订聘任合同，聘任合同具有法律效力，对聘任双方均有约束力。聘期内无正当理由不能辞聘或解聘，否则应承担相应的法律责任。

（3）任期明确化，即有一定的聘任期限，期满如不延续，则聘任关系自行解除。这有利于破除教师职务的终身制，这也为教师的自由流动提供了可能。

（4）过程公开化。幼儿园面向社会公开招聘、平等竞争、择优聘任、广纳人才。

（5）机制竞争化。教师凭实力上岗，幼儿园择优聘任，实行双向选择，择优聘任。

（6）报酬区别化，即体现按劳分配的原则，多劳多得、按劳取酬。

（五）聘任教师的形式

（1）招聘，是指用人单位面向社会公开、择优选拔具有教师资格所需人员的行为。这种聘任形式具有公开、直接、自愿、透明度高等特点。

（2）续聘，是指聘任期满后，用人单位与教师继续签订聘任合同。

（3）解聘，是指双方解除合同关系。解聘需要有正当理由。

（4）辞聘，是指教师主动请求用人单位解除聘任合同的法定行为。辞聘给用人单位造成损失的，要承担法律责任。

此外，聘任教师的形式还可以有互聘、联聘、兼聘、返聘等多种聘任形式。

（六）聘任教师的程序

聘任教师的基本程序如下。

（1）合理、按需设岗。工作岗位的设置是教师职务聘任的关键环节之一，是确定各类高、中、初级职务结构比例的前提，是一项科学性、专业性很强的工作。幼儿园要根据保育、教育、教学、科研和其他工作的需要，设置相应的职务岗位，并明确规定岗位的职责和工作要求，包括某岗位需要做什么工作，园方提供什么样的工作条件，给予什么待遇，任该职要遵守什么规章制度，工作业绩要达到什么标准等。这样，聘方与被聘方才能达成明确的目标共识，聘任后才能对工作有监督考核的依据。

（2）定编定员，合理确定各类人员和岗位的结构比例。根据幼儿园教师承担的教学、科研任务的多少、层次的高低来设置各级教师的职务数额。

（3）公布空缺岗位及其职责、聘任条件、工资待遇等事项。

（4）应聘人员申请应聘。

（5）用人单位组织对应聘人员的资格、条件进行初审。2002年由国务院办公厅转发、人事部颁布的《关于在事业单位试行人员聘用制度的意见》指出："为了保证人员聘用工作公平、公正，提高工作效率，聘用单位要成立与人员聘用工作相适应的聘用工作组织，严格人员聘用程序。聘用工作组织由本单位人事部门负责人、纪律检查部门负责人和工会代表组成，根据需要也可以聘请有关专家参加。人员的聘用、考核、续聘、解聘等事项由聘用工作组织提出意见，报本单位负责人员集体决定。"

（6）用人单位对通过初审的应聘人员进行考试或者考核，根据结果择优提出拟聘人员名单。

（7）用人单位负责人员集体讨论决定受聘人员，正式建立劳动合同关系，并进一步签订岗位聘任合同或岗位聘任协议，以明确受聘人在哪一个岗位任职。

（8）建立健全与聘任合同有关的文书档案，使与聘任合同有关的事项都有文字的正式记载，这样做一是为了使聘任工作更规范；二是为了处理纠纷时有据可依，以维护双方的合法权益。

（9）严格履行聘任合同。在履行合同中要注意：一要全面履行；二要相互协作；三要亲自履行。

《关于在事业单位试行人员聘用制度的意见》还指出："人员聘用实行回避制度。受聘人员凡与聘用单位负责人员有夫妻关系、直系血亲关系、三代以内旁系血亲或者近姻亲关系的，不得被聘用从事该单位负责人员的秘书或者人事、财务、纪律检查岗位的工作，也不得在有直接上下级领导关系的岗位工作。聘用工作组织成员在办理人员聘用事项时，遇有与自己有上述亲属关系的，也应当回避。"

二、教师聘任合同

教师聘任合同是规范聘任双方的权利和义务关系的法律文本，订立教师聘任合同是教师聘任的核心环节，是教师聘任制度的基石和载体。

（一）教师聘任合同的性质

教师聘任合同属于劳动合同。

（1）民办幼儿园与教师之间签订的聘任合同属于劳动合同。

2012 年修正的《劳动合同法》第二条第一款规定："中华人民共和国境内的企业、个体经济组织、民办非企业单位等组织（以下称用人单位）与劳动者建立劳动关系，订立、履行、变更、解除或者终止劳动合同，适用本法。"非营利性的民办幼儿园属于民办非企业单位，可见，该条款明确地将民办幼儿园与其工作人员之间缔结的合同定性为劳动合同，并适用《劳动合同法》予以调整。

（2）公办幼儿园与教师之间签订的聘任合同也属于劳动合同。

《劳动合同法》第二条第二款规定："国家机关、事业单位、社会团体和与其建立劳动关系的劳动者，订立、履行、变更、解除或者终止劳动合同，依照本法执行。"该条款明确了聘任制下作为事业单位的公立幼儿园与教师之间的关系属于劳动关系，其签订的聘任合同属于劳动合同。这一规定将实行聘任制的事业单位与劳动者建立的劳动关系纳入了调整范围，这对消除脑力劳动与体力劳动的法律身份区别及保护事业单位劳动者的合法权益起到积极的作用。但是，考虑到事业单位特别是学校、幼儿园、科研单位等的劳动合同具有复杂性、特殊性，所以《劳动合同法》第九十六条又规定："事业单位与实行聘用制的工作人员订立、履行、变更、解除或者终止劳动合同，法律、行政法规或者国务院另有规定的，依照其规定；未作规定的，依照本法有关规定执行。"针对于教育系统而言，目前我国未就教师聘任合同方面有专门的法律法规规定，所以目前教师聘任合同应按照《劳动合同法》的规定执行。

（二）教师聘任合同的内容

教师聘任合同的内容包括法定内容和约定内容两个方面。

1．教师聘任合同的法定内容

教师聘任合同的法定内容是指一般情况下教师聘任合同都必须具备的，对于明确当事人权利义务至关重要的，并由法律加以规定的条款，即教师聘任合同的必备条款。

《劳动合同法》第十七条规定了劳动合同的必备条款，具体包括以下几个方面。

（1）用人单位的名称、住所和法定代表人或者主要负责人。

（2）劳动者的姓名、住址和居民身份证或者其他有效身份证件号码。

（3）劳动合同期限。教师聘任合同的期限是指教师聘任合同发生法律效力的时间，也就是教师聘任合同的有效期间。

《劳动合同法》第十二条规定："劳动合同分为固定期限劳动合同、无固定期限劳动合同和以完成一定工作任务为期限的劳动合同。"

① 固定期限的劳动合同。教师聘任合同的期限长短要适当，要让教师工作中既有危机感，又有责任感和相对安全感。所以幼儿园一般与教师签订 3～5 年期限的合同较为合适。

② 无固定期限的劳动合同。它是指用人单位与劳动者约定无确定终止时间的合同。《劳动合同法》第十四条第二款规定："用人单位与劳动者协商一致，可以订立无固定期限劳动合同。有下列情形之一，劳动者提出或者同意续订、订立劳动合同的，除劳动者提出订立固定期限劳动合同外，应当订立无固定期限劳动合同：（一）劳动者在该用人单位连续工作满十年的；（二）用人单位初次实行劳动合同制度或者国有企业改制重新订立劳动合同时，劳动者在该用人单位连续工作满十年且距法定退休年龄不足十年的；（三）连续订立二次固定期限劳动合同，且劳动者没有本法第三十九条和第四十条第一项、第二项规定的情形，续订劳动合同的。"该条第三款还规定："用人单位自用工之日起满一年不与劳动者订立书面劳动合同的，视为用人单位与劳动者已订立无固定期限劳动合同。"当然，无固定期限劳动合同也不是一经签订就不能解除。如遇有法定或约定解除事由，无固定期限劳动合同同样可以提前终止其效力。《劳动合同法》规定的"法定或约定解除事由"主要指三种情形：一是用人单位与劳动者协商一致的；二是劳动者违法违规或因病因伤等不能胜任工作的；三是经济性裁员。

③ 以完成一定工作为期限的劳动合同。指用人单位与劳动者约定以某项工作的完成为合同期限的劳动合同。

（4）工作内容和工作地点。工作地点即劳动者履行合同义务的具体场所。

（5）工作时间和休息休假。工作时间是指劳动者在用人单位用于完成本职工作，为用人单位从事生产和工作的时间。休息休假是劳动者在劳动关系的存续期间，不必从事生产和工作而自行支配的时间。

（6）劳动报酬。劳动报酬是教师聘任合同的核心条款，是指教师与幼儿园确定聘任关系之后，按照提供劳动的数量和质量而获得的以货币形式支付的工资或其他报酬，包括幼儿园以各种形式支付的基本工资、奖金、津贴、加班工资及特殊情况下支付的工资等。应该注意的是：

① 幼儿园不得低于当地最低工资标准支付教师工资。2004 年劳动和社会保障部发布的《最低工资规定》第三条第一款规定："本规定所称最低工资标准，是指劳动者在法定工作时间或依法签订的劳动合同约定的工作时间内提供了正常劳动的前提下，用人单位依法应支付的最低劳动报酬。"第二款规定："本规定所称正常劳动，是指劳动者按依法签订的劳动合同约定，在法定工作时间或劳动合同约定的工作时间内从事的劳动。劳动者依法享受带薪年休假、探亲假、婚丧假、生育（产）假、节育手术假等国家规定的假期间，以及法定工作时间内依法参加社会活动期间，视为提供了正常劳动。"第十二条第一款规定："在劳动者提供正常劳动的情况下，用人单位应支付给劳动者的工资在剔除下列各项以后，不得低于当地最低工资标准：（一）延长工作时间工资；（二）中班、夜班、高温、低温、井下、有毒有害等特殊工作环境、条件下的津贴；（三）法律、法规和国家规定的劳动者福利待遇等。"

例如，从 2019 年 7 月 1 日起，北京市最低工资标准为每月 2 200 元；从 2019 年 4 月 1 日起，上海市最低工资标准为每月 2 480 元；从 2020 年 1 月 1 日起，厦门市最低工资标准为每月 1 800 元。幼儿园不得低于当地最低工资标准支付教师工资。

② 幼儿园应当以货币形式按月支付工资给教师本人，不得以实物或有价证券（如股票等）替代货币支付。

（7）社会保险。社会保险是国家通过立法建立的使劳动者在年老、患病、生育、伤残、失业时从社会获得物质帮助和服务的制度。社会保险包括养老险、医疗险、生育险、工伤险、失业险（简称"五险"）。"五险"是政府强制要幼儿园为员工缴纳的。在"五险"中，养老保险、医疗保险和失业保险由幼儿园和个人共同缴纳保费；工伤保险和生育保险由幼儿园承担，个人不需缴纳。

（8）劳动保护、劳动条件和职业危害防护。劳动保护是用人单位为了保障劳动者的生命安全和健康，防止劳动过程中事故的发生，减少职业危害而采取的措施。劳动条件是指用人单位为使劳动者顺利完成劳动合同义务，为劳动者提供的必要的物质技术条件。职业危害防护是指用人单位为防止劳动者在生产过程中或者作业场所存在危害其身体健康的尘毒危害、工业性毒物、辐射、噪声等危害所应提供的防护用品或采取的防护措施。《劳动合同法》第三十二条第一款规定："劳动者拒绝用人单位管理人员违章指挥、强令冒险作业的，不视为违反劳动合同。"第二款规定："劳动者对危害生命安全和身体健康的劳动条件，有权对用人单位提出批评、检举和控告。"

（9）法律、法规规定应当纳入劳动合同的其他事项。这是一项概括性的规定。

2．教师聘任合同的约定内容

劳动合同的约定条款也称意定或商定条款，是指法律不作强制性规定，由当事人双方经过协商取得一致意见并纳入劳动合同的内容。它体现了劳动合同的个性。这是一种授权性规范，即当事人既可以约定，也可以不约定。

《劳动合同法》第十七条第二款规定："劳动合同除前款规定的必备条款外，用人单位与劳动者可以约定试用期、培训、保守秘密、补充保险和福利待遇等其他事项。"各行各业劳动合同的约定内容有所不同，但一般包括试用期、培训和继续教育、保密事项、竞争限制条款、知识产权保护、服务期限、补充保险和福利待遇等几个方面的约定。教师聘任合同可以约定的内容主要有以下几个方面。

（1）试用期的约定。《劳动合同法》第十九条第一款规定："劳动合同期限三个月以上不满一年的，试用期不得超过一个月；劳动合同期限一年以上不满三年的，试用期不得超过二个月；三年以上固定期限和无固定期限的劳动合同，试用期不得超过六个月。"第二款规定："同一用人单位与同一劳动者只能约定一次试用期。"第三款规定："以完成一定工作任务为期限的劳动合同或者劳动合同期限不满三个月的，不得约定试用期。"第四款规定："试用期包含在劳动合同期限内。劳动合同仅约定试用期的，试用期不成立，该期限为劳动合同期限。"该条款中关于"试用期包含在劳动合同期限内"的规定很有意义。因为现实中有的幼儿园对新毕业生拿出两份合同，第一份是《见习期合同》，第二份才是《教师聘任合同》。《见习期合同》的条款非常简单，将《劳动合同法》里的很多规定统统逃避掉，如不给教师办理基本养老保险、失业保险、医疗保险、工伤保险等"四险"。这种将见习期从教师聘任合同中剥离出来的做法是错误的，其目的是逃避教师聘任合同的约束，或在发生教师聘任合同争议时使教师缺乏维权的"凭据"。

试用期是用人单位和劳动者为了相互了解、适应、选择而约定的一定期限的考察期。试用期是用人单位和新员工进行双向考察和选择的时间缓冲期。双方觉得不合适的，随时可以解除劳动合同。要注意的是：如果是劳动者在试用期内要解除劳动合同，不需要任何理由；但如果是用人单位在试用期内要解除劳动合同的，则需要具备一定的条件，此条件为证明劳动者不符合劳动条件。所谓"劳动者不符合劳动条件"，是指劳动者有主观过错、劳动者患病或非因工负伤、劳动者不能胜任工作等情形。

此外，《劳动合同法》第二十条还规定："劳动者在试用期的工资不得低于本单位相同岗位最低档工资或者劳动合同约定工资的百分之八十，并不得低于用人单位所在地的最低工资标准。"于2008年9月18日开始实施的《中华人民共和国劳动合同法实施条例》（简称《劳动合同法实施条例》）第十五条对《劳动合同法》第二十条作出了进一步的解释："劳动者在试用期的工资不得低于本单位相同岗位最低档工资的 80%或者不得低于劳动合同约定工资的80%，并不得低于用人单位所在地的最低工资标准。"第十五条的这一规定说明："不得低于本单位相同岗位最低档工资的 80%或者不得低于劳动合同约定工资的80%"两者为选择性规范，可以由当事人协商选择确立；但"不得低于用人单位所在地的最低工资标准"为强制性规范，不得违反，即最低工资标准是底线，是需要满足的最基本的限定性条件，其他两者中的任何一个标准都至少应该在最低工资标准之上。

教师聘任合同中关于试用期的规定与一般劳动合同的区别在于：企业一般采用试用期，国家机关、学校、幼儿园、科研所一般采用见习期。

（2）服务期的约定。服务期是指用人单位与劳动者约定的，劳动者因享有用人单位给予的特殊待遇而承诺必须为用人单位工作的期限。服务期是保护用人单位利益、限制劳动者随意解除劳动合同的一种法律手段和人力资源管理措施。服务期属于单方法律关系，即在服务期协议中，劳动者只有履行服务期的义务，而没有相应的权利。在服务期内，劳动者不能提出终止服务期的要求，但是用人单位可以随时决定是否终止服务期。

约定服务期的条件是用人单位为劳动者提供专项培训费用。《劳动合同法》第二十二条第一款规定："用人单位为劳动者提供专项培训费用，对其进行专业技术培训的，可以与该劳动者订立协议，约定服务期。"第二款规定："劳动者违反服务期约定的，应当按照约定向用人单位支付违约金。违约金的数额不得超过用人单位提供的培训费用。用人单位要求劳动者支付的违约金不得超过服务期尚未履行部分所应分摊的培训费用。"第三款规定："用人单位与劳动者约定服务期的，不影响按照正常的工资调整机制提高劳动者在服务期期间的劳动报酬。"该条款并没有规定提供专项培训费用的内容，而在实践中用人单位有可能把一些不属于专项培训费用的项目列入，加重劳动者的负担。为此，《劳动合同法实施条例》第十六条规定："劳动合同法第二十二条第二款规定的培训费用，包括用人单位为了对劳动者进行专业技术培训而支付的有凭证的培训费用、培训期间的差旅费用以及因培训产生的用于该劳动者的其他直接费用。"具体包括：第一，有凭证的培训费用。培训费用一般包括学费、实习指导费、教材讲义费等。用人单位要求劳动者赔偿的必须是用人单位有支付凭证的、劳动者实际接受过的培训。在劳动争议仲裁和诉讼中，如果用人单位没有在规定的期限内提交培训费用的凭证，包括培训的证据原件、培训费用明细等，劳动争议仲裁委员会或者法院就不能支持赔偿培训费的请求。有的用人单位对于所有离职人员不论是否提供过培训都要求支付培训费，还有的用人单位将部门会议、单位提供的拓展训练、一般的岗前培训、幼儿园专业文化培训、出国机会等视为培训，变相要求支付培训费用，这些都是不合法的。第二，培训期间的差旅费用。差旅费一般包括城市间的交通费、住宿费、伙食补贴费等。第三，因培训产生的用于该劳动者的其他直接费用。该"其他直接费用"必须是因培训而产生的，且必须用于该劳动者。培训费用不应包括培训期间用人单位向劳动者支付的工资。

如果劳动者违反服务期的约定，应承担一定的法律责任，即应当按照约定向用人单位支付违约金。这是整部《劳动合同法》中规定的劳动者需支付违约金的两种情况之一。但违约金的数额要受到限制，即不得超过用人单位提供的培训费用。

（3）保密事项的约定，包括保密期限、保密方式及泄密的赔偿办法等。这里所说的秘密包括商业秘密和与知识产权相关的保密事项。

《劳动合同法》第二十三条第一款规定："用人单位与劳动者可以在劳动合同中约定保守用人单位的商业秘密和与知识产权相关的保密事项。"第二款规定："对负有保密义务的劳动者，用人单位可以在劳动合同或者保密协议中与劳动者约定竞业限制条款，并约定在解除或者终止劳动合同后，在竞业限制期限内按月给予劳动者经济补偿。劳动者违反竞业限制约定的，应当按照约定向用人单位支付违约金。"这是整部《劳动合同法》中规定的劳动者需支付违约金的两种情况之二。所谓竞业限制，是指用人单位与负有保守用人单位秘密义务的劳动者在劳动合同或者保密协议中约定，在劳动关系存续期间和劳动关系解除或者终止后的一定期限内，劳动者不得从事对用人单位有竞争关系的工作，以保护用人单位的秘密。

此外，聘任双方还可以就知识产权保护、补充保险、福利待遇和子女入学等方面的内容作出约定。

 案例 3-8

王某要求提前解除合同，是否要支付违约金给幼儿园

王某与幼儿园于 2018 年签订了为期 5 年的劳动合同。双方约定：合同期未满，如果乙方（王某）提出要提前解除合同，应按每年 5 000 元向甲方（幼儿园）支付违约金。2019 年，王某考取了硕士研究生，书面请求幼儿园提前解除劳动合同。幼儿园答复：如果王某要提前解除合同，应按合同约定向幼儿园支付每年 5 000 元的违约金。王某认为根据《劳动合同法》第二十五条的规定，他不应该承担违约金，原劳动合同上的违约金条款无效。但幼儿园坚持认为如果王某不交违约金，就不移交档案。那么，王某要支付违约金给幼儿园吗？

【案例分析】

《劳动合同法》第二十五条规定，除了用人单位出资培训和劳动者应为用人单位保守秘密这两种情况外，用人单位不得再与劳动者约定由劳动者承担违约金的条款。为此，该案中王某只要按照《劳动合同法》第三十七条的规定，履行提前 30 日通知幼儿园和以书面形式通知幼儿园这两个程序，就可以与幼儿园提前解除劳动合同。

幼儿园附加的违约金条件显然是违法的。

（三）教师聘任合同的效力

教师聘任合同的无效或者部分无效是指教师聘任合同不具备或者不完全具备教师聘任合同的法定有效条件，不能产生当事人预期法律后果的聘任合同。

《劳动合同法》第二十六条第一款规定："下列劳动合同无效或者部分无效：（一）以欺诈、胁迫的手段或者乘人之危，使对方在违背真实意思的情况下订立或者变更劳动合同的；（二）用人单位免除自己的法定责任、排除劳动者权利的；（三）违反法律、行政法规强制性规定的。"第二款规定："对劳动合同的无效或者部分无效有争议的，由劳动争议仲裁机构或者人民法院确认。"

劳动合同无效或者部分无效的三种情况。

（1）以欺诈、胁迫的手段或者乘人之危，使对方在违背真实意思的情况下订立或者变更劳动合同。如果一方"以欺诈、胁迫的手段"或者"乘人之危"订立劳动合同，会使劳动者不能表达其真实意思，违反了订立劳动合同必须遵循的平等自愿、协商一致、诚实信用的原则，因此，所订立的合同无效或者部分无效。所谓"欺诈"是指一方当事人故意捏造虚假事实或故意歪曲、隐瞒真实情况，使对方当事人陷入错误的认识而与之签订劳动合同。所谓"胁迫"是指以某种现实或将来的危害使他人陷入恐惧的行为。所谓"乘人之危"是指一方当事人利用对方当事人的危难处境或紧迫需要，为谋取不正当利益，迫使对方接受某种明显不公平的条件并作出违背其真实意思表示的行为。

（2）用人单位免除自己的法定责任、排除劳动者权利。所谓"免除自己的法定责任"是指用人单位通过合同的约定不承担按照有关法律法规应该承担的义务。例如，用人单位免除自己对劳动者人身安全保护的义务；免除自己为劳动者缴纳社会保险的义务等。所谓"排除劳动者权利"是指在劳动合同中限制或者剥夺劳动者依法应当享有的权利，如规定"工伤概不负责""社会保险费自理"等。

（3）违反法律、行政法规强制性规定。所谓"法律、行政法规的强制性规定"是指法律、行政法规中规定人们不得为某些行为或者必须为某些行为的规定。只有违反了法律、行政法规强制性规定的劳动合同才无效。劳动法的强制性规定主要有劳动保护规定、工作时间和休息休假规定、劳动者基本权利规定、社会保险规定、最低工资规定、对妇女儿童特殊保护规定等。应该注意的是，本条的规定只限于法律、行政法规，不能任意扩大范围。

《劳动合同法》第二十七条规定："劳动合同部分无效，不影响其他部分效力的，其他部分仍然有效。"第二十八条规定："劳动合同被确认无效，劳动者已付出劳动的，用人单位应当向劳动者支付劳动报酬。劳动报酬的数额，参照本单位相同或者相近岗位劳动者的劳动报酬确定。"无效合同，意味着合同不受国家法律保护，也不能产生当事人预期的法律后果。一般的民事合同被确认无效后会产生溯及力，即被认为是自始无效，其法律后果首先是恢复原状，即当事人双方的权利义务恢复到合同没有订立时的状态，当事人终止权利义务关系，互相返还对方的财物。但是劳动合同具有特殊性，劳动合同的履行在于劳动者劳动行为的给付，不可能采取返还财产、恢复原状等责任形式。劳动合同被确认无效时，劳动者可能已经付出了劳动，而劳动具有不可逆性，一经付出，无法返还，当事人的权利义务关系不可能恢复到劳动合同订立前的状态。为此，劳动者的权益应该受到保护，劳动合同被确认无效，劳动者已经付出劳动的，根据等价交换原则，用人单位应当向劳动者支付劳动报酬。

 案例 3-9

以欺诈手段签订的聘任合同是否有效

在 2015 年的一次幼儿园教师招聘会上，某幼儿园打出"一经聘用，两年内分房"的诱人条件，很快，幼儿园招聘到了理想的人才。这批人员与幼儿园签订了为期 5 年的聘任合同，并明确写明 2 年内幼儿园保证分房。合同履行 2 年后，幼儿园分配住房的承诺没有兑现，受聘人员找到园领导要求分房。园领导说："单位的员工都没有分房的待遇，你们不能搞特殊。"失望之余，受聘人员决定提前解除聘任合同。幼儿园不同意他们提前解除聘任合同，于是，受聘人员集体提出劳动仲裁。那么，受聘人员是否有权提前解除聘任合同？该合同是否具有法律效力？

【案例分析】

该案中，幼儿园的行为已经构成了对受聘人员的欺诈。因为幼儿园采取欺诈手段签订的聘任合同，受欺诈方有权向劳动仲裁机构申请宣告合同无效。无效的合同自始不产生法律效力，对双方都没有任何约束力。对于无效的聘任合同，受聘人员当然有权提前解除。

（四）教师聘任合同的变更、解除与终止

1．教师聘任合同的变更

合同的变更是指合同签订后，还没有履行完毕前，提出修改或增删合同的情况。《劳动合同法》第三十五条第一款规定："用人单位与劳动者协商一致，可以变更劳动合同约定的内容。变更劳动合同，应当采用书面形式。"

2．教师聘任合同的解除

合同的解除是指合同当事人在合同签订以后，履行完毕前依法提前终止合同法律效力的法律行为。

根据解除原因的不同，教师聘任合同的解除分为法定解除（单方解除）和约定解除（协议解除）两种。《劳动合同法》第三十六条规定了约定解除的条件，即："用人单位与劳动者协商一致，可以解除劳动合同。"幼儿园想解除教师聘任合同，可以与教师协商一致后解除。根据《劳动部关于实行劳动合同制度若干问题的通知》的规定，如果协商解除的动议是幼儿园提出的，需要支付给教师经济补偿金；如果动议是教师提出的，幼儿园可不支付给教师经济补偿金。约定解除教师聘任合同应具备三个条件：第一，双方自愿；第二，平等协商；第三，不得损害对方利益。

下面我们侧重谈谈教师聘任合同的法定解除。

所谓法定解除，是指享有单方解除权的当事人以单方意思表示解除教师聘任合同。无论是教师单方解除聘任合同还是幼儿园单方解除聘任合同，都应当以书面形式通知对方。

幼儿园、教师可以依法单方面解除教师聘任合同的情形主要有以下几种。

（1）幼儿园可以单方解除教师聘任合同的情形。

幼儿园单方解除教师聘任合同的情形，可以分为因教师的原因行使解除权和因幼儿园的原因行使解除权两种情况。因教师的原因解除教师聘任合同时，幼儿园还必须根据教师的情况区别为教师有主观过错和客观原因，相应地分为解除教师聘任合同时不需提前预告教师和需提前预告教师两种情况。因幼儿园的原因行使解除权主要是指幼儿园裁减人员的情形。

概括起来，幼儿园单方解除教师聘任合同的情形有三种：幼儿园即时解除合同、预告解除合同和幼儿园裁减人员。

① 幼儿园即时解除教师聘任合同的情形。这属于过错解除教师聘任合同的情形。所谓"幼儿园的即时解除权"，是指幼儿园所享有的，在教师存在一定过错的情况下，无须征求教师意见，也无须以任何形式事先（提前）通知教师就可以直接单方解除教师聘任合同的权利。这种情况下幼儿园无须给教师任何经济补偿。

《劳动合同法》第三十九条规定了即时解除（或称过错解除）的六种情形，即"劳动者有下列情形之一的，用人单位可以解除劳动合同：（一）在试用期间被证明不符合录用条件的；（二）严重违反用人单位的规章制度的；（三）严重失职，营私舞弊，给用人单位造成重大损害的；（四）劳动者同时与其他用人单位建立劳动关系，对完成本单位的工作任务造成严重影响，或者经用人单位提出，拒不改正的；（五）因本法第二十六条第一款第一项规定的情形致使劳动合同无效的；（六）被依法追究刑事责任的。"用人单位行使即时解除权应当负有举证责任，证明劳动者存在上述六种情形。

② 幼儿园预告解除教师聘任合同的情形。所谓"幼儿园的预告解除权"，是指不是因为教师的过错而解除，而是基于客观情况的变化使教师聘任合同丧失了履行的基础，幼儿园可以提前30日预告解除或者以1个月工资补偿方式解除教师聘任合同。这样规定的意图是让被解聘的教师在被解聘前有一段时间可以重新求职。之所以规定用人单位可以以1个月工资补偿方式解除教师聘任合同，是为了避免被解聘的劳动者出于不满心理实施对用人单位不利的行为。

《劳动合同法》第四十条规定了预告解除劳动合同的三种情形，即"有下列情形之一的，用人单位提前三十日以书面形式通知劳动者本人或者额外支付劳动者一个月工资后，可以解除劳动合同：（一）劳动者患病或者非因工负伤，在规定的医疗期满后不能从事原工作，也不能从事由用人单位另行安排的工作的；（二）劳动者不能胜任工作，经过培训或者调整工作岗位，仍不能胜任工作的；（三）劳动合同订立时所依据的客观情况发生重大变化，致使劳动合同无法履行，经用人单位与劳动者协商，未能就变更劳动合同内容达成协议的。"《劳动合同法实施条例》第二十条规定："用人单位依照劳动合同法第四十条的规定，选择额外支付劳动者一个月工资解除劳动合同的，其额外支付的工资应当按照该劳动者上一个月的工资标准确定。"

③ 幼儿园裁减人员的情形。经济性裁员是无过错解除的一种特殊形式，《劳动合同法》第四十一条第一款规定了经济性裁员的四种情形，即"有下列情形之一，需要裁减人员二十人以上或者裁减不足二十人但占企业职工总数百分之十以上的，用人单位提前

三十日向工会或者全体职工说明情况，听取工会或者职工的意见后，裁减人员方案经向劳动行政部门报告，可以裁减人员：（一）依照企业破产法规定进行重整的；（二）生产经营发生严重困难的；（三）企业转产、重大技术革新或者经营方式调整，经变更劳动合同后，仍需裁减人员的；（四）其他因劳动合同订立时所依据的客观经济情况发生重大变化，致使劳动合同无法履行的。"

经济性裁员的法定程序是：一用人单位提前30日向工会或者全体职工说明情况，提供有关生产经营状况的资料；二根据工会或者职工意见，制定裁减人员方案；三向当地劳动行政部门报告裁减人员方案；四由用人单位正式公布裁减人员方案，与被裁减人员办理解除劳动合同手续，按照有关规定向被裁减人员本人支付经济补偿金。这是强迫性的程序规定。

（2）教师可以单方解除教师聘任合同的情形。

教师可以单方解除聘任合同的情形有四种：教师的预告解除权、教师试用期内的任意解除权、教师的即时通知辞职权和教师无须通知辞职。

① 教师的预告解除权。即教师需提前告知的情形。《劳动合同法》第三十七条规定，劳动者提前三十日以书面形式通知用人单位，可以解除劳动合同。这一规定表明，教师行使此项权利必须满足一定的程序要求：一是时间要求，提前30日通知幼儿园；二是形式要求，必须以书面形式通知。此外，对教师的预告解除权并没有其他程序方面的限制，即教师行使该权利无须得到幼儿园的接受即可产生效力，也不需要给出理由，要求离开幼儿园本身就是理由。这是关于教师预告解除权的规定。

② 教师试用期内的任意解除权。《劳动合同法》第三十七条还规定，劳动者在试用期内提前三日通知用人单位，可以解除劳动合同。试用期是劳动者和用人单位之间互相了解和适应的一段合理时期，在试用期内，就劳动者而言，其可以自由选择不同的用人单位，可以不需要理由地直接提前3日通知用人单位解除劳动合同。当然，劳动者也应该配合用人单位完成相关手续和工作的交接。这在《劳动合同法》第五十条第二款也规定得具体明确，即劳动者应当按照双方约定，办理工作交接。

③ 教师的即时通知辞职权，即教师需告知，但不需提前告知，只需即时告知的情形。

即时辞职是有过错解除的情形之一。即时辞职又可分为即时通知辞职和无须通知辞职。此情况为即时通知辞职。即时通知辞职是指劳动者在行使即时辞职权时需要通知用人单位。劳动者的即时解除权本质上是因用人单位存在过错，侵害了劳动者合法权益，劳动者为维护自身利益而可以不经提前通知即时解除合同的权利。而且在解除劳动合同时，劳动者还可以获得经济补偿金。

《劳动合同法》第三十八条第一款规定："用人单位有下列情形之一的，劳动者可以解除劳动合同：（一）未按照劳动合同约定提供劳动保护或者劳动条件的；（二）未及时足额支付劳动报酬的；（三）未依法为劳动者缴纳社会保险费的；（四）用人单位的规章制度违反法律、法规的规定，损害劳动者权益的；（五）因本法第二十六条第一款规定的情形致使劳动合同无效的；（六）法律、行政法规规定劳动者可以解除劳动合同的其他情形。"

此外，《关于在事业单位试行人员聘用制度的意见》规定："有下列情形之一的，受聘人员可以随时单方面解除聘用合同：（一）在试用期内的；（二）考入普通高等院校的；（三）被录用或者选调到国家机关工作的；（四）依法服兵役的。"

④ 教师无须通知辞职。即教师不仅不需提前告知，而且连告知也不需要的情形。

《劳动合同法》第三十八条第二款规定："用人单位以暴力、威胁或者非法限制人身自由的手段强迫劳动者劳动的，或者用人单位违章指挥、强令冒险作业危及劳动者人身安全的，劳动者可以立即解除劳动合同，不需事先告知用人单位。"这里所说的"非法限制人身自由"是指采用拘留、禁闭或其他强制方法非法剥夺或限制他人按照自己的意志支配自己的身体活动的自由。

 案例 3-10

培训中心需要向施某支付双倍工资吗

被告施某于 2013 年 3 月 1 日入职原告天骄外语培训中心上班，双方约定试用期 3 个月，试用期工资 2 500 元加绩效奖金，试用期满后工资 3 125 元加绩效奖金，试用期 3 个月满后，签订正式劳动合同，合同期为 2013 年 7 月 1 日～2015 年 6 月 30 日，社会保险费缴纳时间为 2013 年 7 月 1 日起。2013 年 8 月，外语培训中心提出降薪和加工时，被告施某辞职（但没写辞职信）。施某向劳动仲裁委员会提出劳动仲裁，要求外语培训中心支付她 7 月份的双倍工资 5 000 元和绩效奖金 1 255 元。劳动仲裁委员会作出仲裁裁决，支持施某的请求，外语培训中心不服仲裁裁决，便向所在区的法院提起诉讼。

原告的诉讼请求是：第一，判令原告无须支付被告 7 月份的双倍工资 5 000 元和绩效奖金 1 255 元；第二，诉讼费由被告出。

【案例分析】

第一，《劳动合同法》第十九条规定，劳动合同期限 1 年以上不满 3 年的，试用期不得超过 2 个月。双方约定的试用期 3 个月不符合法律规定，施某自 2013 年 5 月 1 日起就可以拿到正式期的工资了。第二，合同期应为 2013 年 3 月 1 日至 2015 年 6 月 30 日而不是 2013 年 7 月 1 日至 2015 年 6 月 30 日，因为试用期应该包括在劳动合同期内。第三，2013 年 8 月，如果外语培训中心想降薪和加工时，必须与被告施某协商，因为这属于劳动合同的变更。第四，社会保险费缴纳时间应该是从用工之日 2013 年 3 月 1 日起而不是从 2013 年 7 月 1 日起。第五，被告施某有权辞职，她要履行的程序只要两个，一是提前 30 日通知天骄外语培训中心，二是要以书面的形式提出，但她没有写辞职信，存在过错。第六，施某提出要天骄外语培训中心给她支付双倍工资 5 000 元的要求是没有法律依据的。《劳动合同法》第八十二条第一款规定："用人单位自用工之日起超过一个月不满一年未与劳动者订立书面劳动合同的，应当向劳动者每月支付二倍的工资。"第二款规定："用人单位违反本法规定不与劳动者订立无固定期限劳动合同的，自应当订立无固定期限劳动合同之日起向劳动者每月支付二倍的工资。"该案不属于《劳动合同法》第八十二条规定的情形，天骄外语培训中心不需要向施某支付双倍工资。

（3）幼儿园行使聘任合同解除权的限制。

《劳动合同法》第四十二条规定："劳动者有下列情形之一的，用人单位不得依照本法第四十条、第四十一条的规定解除劳动合同：（一）从事接触职业病危害作业的劳动者未进行离岗前职业健康检查，或者疑似职业病病人在诊断或者医学观察期间的；（二）在本单位患职业病或者因工负伤并被确认丧失或者部分丧失劳动能力的；（三）患病或者非因工负伤，在规定的医疗期内的；（四）女职工在孕期、产期、哺乳期的；（五）在本单位连续工作满十五年，且距法定退休年龄不足五年的；（六）法律、行政法规规定的其他情形。"有上述情形之一的，幼儿园不得基于无过错解除（第四十条）或经济性裁员（第四十一条）而与教师解除聘任合同。具体而言，对幼儿园行使聘任合同解除权限制的六种情况分别如下。

① 从事接触职业病危害作业的劳动者未进行离岗前职业健康检查，或者疑似职业病病人在诊断或者医学观察期间的。

2018 年修正的《中华人民共和国职业病防治法》（简称《职业病防治法》）第二条第二款规定："本法所称职业病，是指企业、事业单位和个体经济组织等用人单位的劳动者在职业活动中，因接触粉尘、放射性物质和其他有毒、有害因素而引起的疾病。"

② 在本单位患职业病或者因工负伤并被确认丧失或者部分丧失劳动能力的。

所谓"因工负伤"，就是指工伤。工伤是指劳动者在工作过程中所受到的伤害。2010年修正的《工伤保险条例》第十四条规定了应当认定为工伤的七种情形：一是在工作时间和工作场所内，因工作原因受到事故伤害的；二是工作时间前后在工作场所内，从事与工作有关的预备或者收尾性工作受到事故伤害的；三是在工作时间和工作场所内，因履行工作职责受到暴力等意外伤害的；四是患职业病的；五是因工外出期间，由于工作原因受到伤害或者发生事故下落不明的；六是在上下班途中，受到非本人主要责任的交通事故或者城市轨道交通、客运轮渡、火车事故伤害的；七是法律、行政法规规定应当认定为工伤的其他情形。《工伤保险条例》第十五条规定了视同工伤的三种情形：一是在工作时间和工作岗位，突发疾病死亡或者在 48 小时之内经抢救无效死亡的；二是在抢险救灾等维护国家利益、公共利益活动受到伤害的；三是职工原在军队服役，因战、因公负伤致残，已取得革命伤残军人证，到用人单位后旧伤复发的。《工伤保险条例》第十六条规定了不得认定为工伤或者视同工伤的三种情形：一是故意犯罪的；二是醉酒或者吸毒的；三是自残或者自杀的。

几点说明。第一，退休教师被返聘到原单位或新单位工作的，如果在工作中受伤，不适用工伤保险政策，也不享有工伤保险待遇。第二，如果幼儿园依照规定应当参加工伤保险而未参加，在未参加工伤保险期间教师发生工伤的，由幼儿园自己按照《工伤保险条例》规定的工伤保险待遇项目和标准支付费用。第三，根据《工伤保险条例》第十七条、第五十五条的规定，享受工伤保险待遇的教师，如果发生工伤而幼儿园未在规定的期限 30 日内向劳动保障行政部门提出工伤认定申请，教师本人或其近亲属可自工伤事故发生之日起 1 年之内，直接向劳动保障行政部门申请工伤认定。教师对工伤认定结论不服的，可以依法申请行政复议；对复议决定不服的，可以依法提起行政诉讼。

案例 3-11

民办学校教师受伤，属于工伤保险的范围吗

古某系当地一所非营利性民办学校的语文教师，2017 年 9 月某晚 9:00 下班后，骑自行车从学校回家。走出校门不远，古某被迎面而来的一辆摩托车撞倒，不省人事。肇事车辆逃逸，古某被下班回家的其他同事发现后送往医院。在抢救和治疗过程中，共花去 4 万多元。交通管理部门认定肇事车辆应对该交通事故负全部责任。

因肇事车辆没找到，赔偿问题始终得不到解决。古某要求学校赔偿，学校认为古某受伤是交通事故导致的，应由肇事车辆赔偿，不该由学校当"替罪羊"。继而古某向县人力资源和社会保障局提出工伤认定申请，可是人力资源和社会保障局只受理企业职工和个体工商户雇工的工伤认定，不受理民办学校教师的工伤认定。

那么，人力资源和社会保障局应该受理古某的工伤认定申请吗？

【案例分析】

第一，经国务院批准，劳动和社会保障部（现为人力资源和社会保障部）、人事部、民政部、财政部于 2005 年联合颁布的《关于事业单位、民间非营利组织工作人员工伤有关问题的通知》（简称《通知》）明确规定："事业单位、民间非营利组织工作人员因工作遭受事故伤害或者患职业病的，其工伤范围、工伤认定、劳动能力鉴定、待遇标准等按照《工伤保险条例》的有关规定执行。"可见，《通知》已经将包括学校等在内的事业单位、民间非营利组织的工作人员纳入到统一的工伤保险中。第二，《通知》还规定："本通知所称民间非营利组织是指社会团体、基金会和民办非企业单位。"古某所在的学校是一所非营利性民办学校，根据《民办非企业单位登记管理暂行条例》的相关规定，非营利性民办学校属于民办非企业单位，是民间非营利组织，所以应参加统筹地区的工伤保险。第三，该案中，非营利性民办学校的古某是因工作遭受的事故伤害，其工伤认定、劳动能力鉴定、待遇标准等应该按照《工伤保险条例》的有关规定执行，县人力资源和社会保障局应该受理古某的工伤认定申请。

③ 患病或者非因工负伤，在规定的医疗期内的。

劳动部（现为人力资源和社会保障部）于 1994 年颁布的《企业职工患病或非因工负伤医疗期规定》第三条规定："企业职工因患病或非因工负伤，需要停止工作医疗时，根据本人实际参加工作年限和在本单位工作年限，给予三个月到二十四个月的医疗期:（一）实际工作年限十年以下的，在本单位工作年限五年以下的为三个月；五年以上的为六个月。（二）实际工作年限十年以上的，在本单位工作年限五年以下的为六个月；五年以上十年以下的为九个月；十年以上十五年以下的为十二个月；十五年以上二十年以下的为十八个月；二十年以上的为二十四个月。"目前教师的医疗期只能参照对企业职工的规定执行。

④ 女职工在孕期、产期、哺乳期的。

案例 3-12

幼儿园能否解聘违纪的怀孕女教师

2018 年 3 月初，某公办幼儿园编制外教师王某怀孕。王某以怀孕为由不接受幼儿园的工作安排，并连续旷工 15 日，导致期间她所在班级因无法保证"两师一保"而出现管理混乱的现象。幼儿园领导在与王某协商解除聘任合同未果的情况下，于 4 月 25 日单方面宣布解除与王某的聘任合同。5 月 25 日，王某以幼儿园在其孕期解聘她违法为由，向幼儿园所在区的劳动争议仲裁委员会申请劳动争议仲裁，请求裁决幼儿园继续履行聘任合同，并补发工资。

【案例分析】

第一，王某拒绝履行幼儿园安排的工作，违反了《教师法》第八条规定的教师应履行的贯彻国家的教育方针，遵守规章制度，执行学校的教学计划，履行教师聘约，完成教育教学工作任务等义务。根据《教师法》第三十七条的规定，教师故意不完成教育教学任务给教育教学工作造成损失的，由所在学校、其他教育机构或者教育行政部门给予行政处分或者解聘。王某不服从幼儿园的工作安排，故意不完成工作任务，连续旷工 15 日，违反了幼儿园的规章制度，已经给幼儿园造成了损失，幼儿园有权依法予以解聘。第二，《劳动合同法》第四十二条规定了如果女职工在孕期、产期、哺乳期的，幼儿园不得基于无过错解除或经济性裁员而与教师解除聘任合同，但并没有规定在孕期、产期、哺乳期内，女教师有主观过错的，幼儿园也没有权利解聘教师。第三，《妇女权益保障法》《女职工劳动保护规定》等法律法规是保护女职工合法权益的"尚方宝剑"，但这并不意味着女职工只要处于孕期、产期和哺乳期，就可以为所欲为、违章违纪。

⑤ 在本单位连续工作满 15 年，且距法定退休年龄不足 5 年的。

⑥ 法律、行政法规规定的其他情形。

（4）经济补偿金。

因为用人单位解除劳动合同会给劳动者的生活造成一定的生活困难，而重新就业需要一定的时间和条件，为此法律规定了经济补偿金。

① 用人单位应当向劳动者支付经济补偿金的事由。

《劳动合同法》第四十六条规定："有下列情形之一的，用人单位应当向劳动者支付经济补偿：（一）劳动者依照本法第三十八条规定解除劳动合同的；（二）用人单位依照本法第三十六条规定向劳动者提出解除劳动合同并与劳动者协商一致解除劳动合同的；（三）用人单位依照本法第四十条规定解除劳动合同的；（四）用人单位依照本法第四十一条第一款规定解除劳动合同的；（五）除用人单位维持或者提高劳动合同约定条件续订劳动合同，劳动者不同意续订的情形外，依照本法第四十四条第一项规定终止固定期限劳动合同的；（六）依照本法第四十四条第四项、第五项规定终止劳动合同的；（七）法律、行政法规规定的其他情形。"

该条款规定表明：第一，因用人单位有过错行为，劳动者即使行使即时辞职权，用人单位也应向劳动者支付经济补偿。第二，用人单位与劳动者协议解除劳动合同而解除动议是由用人单位提出时，用人单位应向劳动者支付经济补偿，如果是劳动者提出解除合同的动议，则用人单位无须向其支付经济补偿。第三，在用人单位预告解除劳动合同的情形下，应向劳动者支付经济补偿。第四，用人单位在具备法定许可条件下进行经济裁员时，应向被裁减劳动者支付经济补偿。第五，劳动者与用人单位签订的合同期限已满，用人单位如果不与劳动者续订劳动合同，则需向劳动者支付经济补偿；如果用人单位维持或提高原劳动合同约定的条件而劳动者不愿意续订时，用人单位无须向劳动者支付经济补偿。这一规定旨在防止劳动合同短期化，鼓励用人单位与劳动者订立较长期限的固定合同或者订立无固定期限的劳动合同。第六，因用人单位被依法宣告破产、用人单位被吊销营业执照、责令关闭、撤销或者用人单位决定提前解散而终止劳动合同的，用人单位应向劳动者支付经济补偿。

此外，《劳动合同法实施条例》第二十二条还规定："以完成一定工作任务为期限的劳动合同因任务完成而终止的，用人单位应当依照劳动合同法第四十七条的规定向劳动者支付经济补偿。"在《劳动合同法》实施前，以完成一定工作任务为期限的劳动合同合同期满终止的，无须支付任何解雇成本。该规定使得固定期限劳动合同、以完成一定工作任务为期限的劳动合同在终止成本上没有实质性的区别，以避免用人单位规避固定期限合同终止成本的风险，而与劳动者大量签订以完成一定工作任务为期限的劳动合同，进而导致侵犯劳动者合法权益现象的发生。

② 用人单位向劳动者支付经济补偿金的标准。

《劳动合同法》第四十七条第一款规定："经济补偿按劳动者在本单位工作的年限，每满一年支付一个月工资的标准向劳动者支付。六个月以上不满一年的，按一年计算；不满六个月的，向劳动者支付半个月工资的经济补偿。"第二款规定："劳动者月工资高于用人单位所在直辖市、设区的市级人民政府公布的本地区上年度职工月平均工资三倍的，向其支付经济补偿的标准按职工月平均工资三倍的数额支付，向其支付经济补偿的年限最高不超过十二年。"第三款规定："本条所称月工资是指劳动者在劳动合同解除或者终止前十二个月的平均工资。"

上述条款是关于经济补偿支付标准的规定。第一款没有规定补偿年限的上限；第二款规定了补偿年限的上限为 12 年，即最多支付其 12 个月的工资。应该明确，这里所说的月工资指的是应得工资，而不是实发工资，即是指扣除劳动者个人的社会保险费、住房公积金、个人所得税之前的工资，而工资包括计时工资、计件工资、奖金、津贴和补贴、加班加点工资、特殊情况下支付的工资等，不应该仅指基本工资。

《劳动合同法》第八十七条规定："用人单位违反本法规定解除或者终止劳动合同的，应当依照本法第四十七条规定的经济补偿标准的二倍向劳动者支付赔偿金。"该条款规定的赔偿金仅限于用人单位违法解除和终止劳动合同的情况，用人单位合法解除劳动合同的，只需向劳动者支付经济补偿金；如果用人单位违法解除劳动合同的，需向劳动者支付 2 倍于经济补偿金标准的赔偿金。

3. 教师聘任合同的终止

（1）教师聘任合同的终止事由。

《劳动合同法》第四十四条规定："有下列情形之一的，劳动合同终止：（一）劳动合同期满的；（二）劳动者开始依法享受基本养老保险待遇的；（三）劳动者死亡，或者被人民法院宣告死亡或者宣告失踪的；（四）用人单位被依法宣告破产的；（五）用人单位被吊销营业执照、责令关闭、撤销或者用人单位决定提前解散的；（六）法律、行政法规规定的其他情形。"本条是关于劳动合同终止事由的规定。《劳动合同法实施条例》第十三条还规定："用人单位与劳动者不得在劳动合同法第四十四条规定的劳动合同终止情形之外约定其他的劳动合同终止条件。"可见，用人单位与劳动者不得约定劳动合同终止的条件，即使约定，该约定也没有法律效力。

《劳动合同法实施条例》第二十一条规定："劳动者达到法定退休年龄的，劳动合同终止。"该规定表明，即使是退休后被返聘的职工，也不要与用人单位再签订劳动合同。因为如果退休人员仍然可以与用人单位签订劳动合同，这些人员就具备了劳动法上的各项权利，就要受到劳动合同法的保护，用人单位解除这些人员的劳动合同就需要符合法定条件，就需要支付经济补偿金，即这些人员就要受到劳动合同法的全方位保护。

《劳动合同法实施条例》第五条规定："自用工之日起一个月内，经用人单位书面通知后，劳动者不与用人单位订立书面劳动合同的，用人单位应当书面通知劳动者终止劳动关系，无须向劳动者支付经济补偿，但是应当依法向劳动者支付其实际工作时间的劳动报酬。"第六条第一款规定："用人单位自用工之日起超过一个月不满一年未与劳动者订立书面劳动合同的，应当依照劳动合同法第八十二条的规定向劳动者每月支付两倍的工资，并与劳动者补订书面劳动合同；劳动者不与用人单位订立书面劳动合同的，用人单位应当书面通知劳动者终止劳动关系，并依照劳动合同法第四十七条的规定支付经济补偿。"该条第二款规定："前款规定的用人单位向劳动者每月支付两倍工资的起算时间为用工之日起满一个月的次日，截止时间为补订书面劳动合同的前一日。"这两条所作的"用人单位应当书面通知劳动者终止劳动关系"的规定实际上是通过行政法规的规定设立了终止劳动关系的两种情形。

（2）教师聘任合同终止的限制性规定。

《劳动合同法》第四十五条规定："劳动合同期满，有本法第四十二条规定情形之一的，劳动合同应当续延至相应的情形消失时终止。但是，本法第四十二条第二项规定丧失或者部分丧失劳动能力劳动者的劳动合同的终止，按照国家有关工伤保险的规定执行。"该条款是关于劳动合同终止的限制性规定，即出现用人单位行使聘任合同解除权限制的六种情形之一的，劳动合同应当续延至相应的情形消失时终止。这一规定是基于对劳动者进行特殊保护和维护劳动关系稳定的考虑。

（3）终止教师聘任合同经济补偿金的支付。

《劳动合同法实施条例》第二十三条规定："用人单位依法终止工伤职工的劳动合同的，除依照劳动合同法第四十七条的规定支付经济补偿外，还应当依照国家有关工伤保险的规定支付一次性工伤医疗补助金和伤残就业补助金。"

（五）违反教师聘任合同应承担的法律责任

1. 幼儿园应承担的法律责任

（1）幼儿园违法解除或者终止教师聘任合同的法律责任。

《劳动合同法》第四十八条规定："用人单位违反本法规定解除或者终止劳动合同，劳动者要求继续履行劳动合同的，用人单位应当继续履行；劳动者不要求继续履行劳动合同或者劳动合同已经不能继续履行的，用人单位应当依照本法第八十七条规定支付赔偿金。"《劳动合同法》第八十七条规定："用人单位违反本法规定解除或者终止劳动合同的，应当依照本法第四十七条规定的经济补偿标准的二倍向劳动者支付赔偿金。"这是关于用人单位违法解除或者终止劳动合同的后果的规定。即后果有两种：一是继续履行劳动合同。继续履行是承担合同违约责任的一种方式，是指违反合同的当事人不论是否已经承担赔偿金或违约金，都必须根据对方的要求，在自己能够履行的条件下，对原合同未履行的部分继续按照要求履行。二是支付赔偿金后解除或终止劳动合同。这一规定是出于强制用人单位继续履行合同，会不利于劳动者和用人单位的考虑。用人单位支付的赔偿金包括劳动者的工资收入、劳动保护待遇、工伤待遇损失、医疗损失及劳动合同约定的其他应予赔偿的损失。

（2）幼儿园制定的规章制度违法应承担的法律责任。

《劳动合同法》第八十条规定："用人单位直接涉及劳动者切身利益的规章制度违反法律、法规规定的，由劳动行政部门责令改正，给予警告；给劳动者造成损害的，应当承担赔偿责任。"这是关于用人单位的劳动规章制度违法的法律责任的规定。用人单位制定的劳动规章制度如果在制定主体、制定内容或制定程序上违反法律法规规定，无论其是否在单位内部实施，或者实施后是否对劳动者造成损害，都属于无效劳动规章，不具有法律约束力，自制定之日起就不能作为确定劳动者权利义务的依据，劳动者没有遵守的义务。这里所说的"直接涉及劳动者切身利益的规章制度"，是指这类劳动规章制度在内容上是关于劳动报酬、工作时间、休息休假、劳动安全卫生、保险福利、职工培训、劳动纪律及劳动定额管理等的规定。用人单位制定的直接涉及劳动者切身利益的劳动规章制度如果违反法律法规规定，不仅不具有法律效力，用人单位还应该承担法律责任：一是行政责任，即责令改正，给予警告；二是民事责任，即赔偿损失。

（3）幼儿园未依法订立教师聘任合同应承担的法律责任。

《劳动合同法》第八十一条规定："用人单位提供的劳动合同文本未载明本法规定的劳动合同必备条款或者用人单位未将劳动合同文本交付劳动者的，由劳动行政部门责令改正；给劳动者造成损害的，应当承担赔偿责任。"即用人单位应该承担的法律责任有：一是行政责任，即责令改正；二是民事责任，即赔偿损失。

《劳动合同法》第八十二条第一款规定："用人单位自用工之日起超过一个月不满一年未与劳动者订立书面劳动合同的，应当向劳动者每月支付二倍的工资。"第二款规定："用人单位违反本法规定不与劳动者订立无固定期限劳动合同的，自应当订立无固定期限劳动合同之日起向劳动者每月支付二倍的工资。"该条款是用人单位未依法订立劳动合同的法律责任的规定。该条第一款规定的立法意旨是通过要求用人单位向劳动者支付带有惩罚性的补偿金，加大对用人单位不签订劳动合同的处罚力度，以促使用人单位积极主动地与劳动者订立劳动合同，从而改变社会经济生活中存在的大量不签订劳动合同的现象。该条第二款规定的立法意旨是通过加大对用人单位违反本法规定不与劳动者订立无固定期限劳动合同的处罚力度，以促使用人单位积极主动地与劳动者订立无固定期限劳动合同，从而改变社会经济生活中存在的劳动合同短期化的现象。

《劳动合同法》第八十三条规定："用人单位违反本法规定与劳动者约定试用期的，由劳动行政部门责令改正；违法约定的试用期已经履行的，由用人单位以劳动者试用期满月工资为标准，按已经履行的超过法定试用期的期间向劳动者支付赔偿金。"

（4）幼儿园有设定担保、扣押教师物品等违法行为应承担的法律责任。

所谓保证金，是指民事法律关系中当事人以确保债权清偿为目的而设立的一种担保形式。例如，在借贷、买卖、货物运输、加工承揽等经济活动中，债权人可以设立保证、抵押、质押、留置或定金的方式来保障其债权的实现。而在劳动关系中，劳动者参加用人单位劳动的目的，是为了获得劳动报酬，他与用人单位产生的是劳动法律关系而不是民法调整的债权债务关系，因而在建立劳动关系中就不存在设立担保的问题。如果用人单位向劳动者收取保证金，这明显是不符合劳动关系规则的，有悖于劳动者参加劳动获取报酬的初衷。

《劳动合同法》第九条规定："用人单位招用劳动者，不得扣押劳动者的居民身份证和其他证件，不得要求劳动者提供担保或者以其他名义向劳动者收取财物。"2000年劳动和社会保障部颁布的《劳动力市场管理规定》第十条规定："禁止用人单位招用人员时有下列行为：（一）提供虚假招聘信息；（二）招用无合法证件的人员；（三）向求职者收取招聘费用；（四）向被录用人员收取保证金或抵押金；（五）扣押被录用人员的身份证等证件；（六）以招用人员为名牟取不正当利益或进行其他违法活动。"1995年劳动部颁布的《关于贯彻执行〈中华人民共和国劳动法〉若干问题的意见》规定，用人单位在与劳动者订立劳动合同时，不得以任何形式向劳动者收取定金、保证金（物）或抵押金（物）。一些地方法规也有类似的规定，如厦门市人大常委会于2004年修正的《厦门市劳动管理规定》第八条规定："用人单位招用劳动者，不得扣留其身份证、暂住证、学历（学位）证书或其他证明个人身份的证件，不得收取货币、实物等作为用工担保。"这些都是法律法规的强制性规范，幼儿园不得违反。

幼儿园如果违反上述法律法规的强制性规范，应承担相应的法律责任。《劳动合同法》第八十四条第一款规定："用人单位违反本法规定，扣押劳动者居民身份证等证件的，由劳动行政部门责令限期退还劳动者本人，并依照有关法律规定给予处罚。"第二款规定："用人单位违反本法规定，以担保或者其他名义向劳动者收取财物的，由劳动行政部门责令限期退还劳动者本人，并以每人五百元以上二千元以下的标准处以罚款；给劳动者造成损害的，应当承担赔偿责任。"第三款规定："劳动者依法解除或者终止劳动合同，用人单位扣押劳动者档案或者其他物品的，依照前款规定处罚。"

劳动者的证件包括居民身份证、毕业证、学位证、专业技能证书、职称评定证书等。担保分为物的担保和人的担保两种，物的担保如收取保证金、抵押金（物）；人的担保如要求劳动者提供保证人等。无论是哪一种担保，都是一种带有一定强制性的由劳动者单方担保的条款，这样的担保条款实质上增加了劳动者解除劳动合同、再次就业的成本，构成了对劳动自由权的严重侵害。所谓以其他名义向劳动者收取财物，是指用人单位在招用劳动者时，以报名费、招聘费、培训费、集资费、服装费、违约金等名义向劳动者收取各种财物。劳动者依法解除或者终止劳动合同，用人单位有义务为劳动者办理解除或者终止劳动合同的相关手续，包括向劳动者出具解除或终止劳动合同的书面证明，转移劳动者的个人档案，返还劳动者的物品等，这种义务被称为劳动合同的附随义务或者后合同义务。

（5）幼儿园违反劳动报酬、经济补偿支付规定应承担的法律责任。

《劳动合同法》第八十五条规定："用人单位有下列情形之一的，由劳动行政部门责令限期支付劳动报酬、加班费或者经济补偿；劳动报酬低于当地最低工资标准的，应当支付其差额部分；逾期不支付的，责令用人单位按应付金额百分之五十以上百分之一百以下的标准向劳动者加付赔偿金：（一）未按照劳动合同的约定或者国家规定及时足额支付劳动者劳动报酬的；（二）低于当地最低工资标准支付劳动者工资的；（三）安排加班不支付加班费的；（四）解除或者终止劳动合同，未依照本法规定向劳动者支付经济补偿的。"

《劳动合同法》第三十条第二款规定："用人单位拖欠或者未足额支付劳动报酬的，劳动者可以依法向当地人民法院申请支付令，人民法院应当依法发出支付令。"支付令是人民法院按照民事诉讼法规定的督促程序，根据债权人的申请，向债务人发出的限期履行给付金钱的法律文书。债权人对拒不履行义务的债务人，可以直接向有管辖权的基层人民法院申请发布支付令，通知债务人履行债务。债务人在收到支付令之日起15日内不提出异议又不履行支付令的，债权人可直接申请人民法院强制执行。《劳动合同法》的这一规定表明，教师追讨欠薪可以越过旷日持久的劳动仲裁程序，直接诉诸法院。

此外，2017年《刑法修正案（十）》第二百七十六条之一规定了"拒不支付劳动报酬罪"，即该条第一款规定："以转移财产、逃匿等方法逃避支付劳动者的劳动报酬或者有能力支付而不支付劳动者的劳动报酬，数额较大，经政府有关部门责令支付仍不支付的，处三年以下有期徒刑或者拘役，并处或者单处罚金；造成严重后果的，处三年以上七年以下有期徒刑，并处罚金。"第二款规定："单位犯前款罪的，对单位判处罚金，并对其直接负责的主管人员和其他直接责任人员，依照前款的规定处罚。"第三款规定："有前两款行为，尚未造成严重后果，在提起公诉前支付劳动者的劳动报酬，并依法承担相应赔偿责任的，可以减轻或者免除处罚。"

（6）订立无效劳动合同应承担的法律责任。

《劳动合同法》第八十六条规定："劳动合同依照本法第二十六条规定被确认无效，给对方造成损害的，有过错的一方应当承担赔偿责任。"这里所说的赔偿责任，是指一方当事人因为订立无效劳动合同给对方造成损害而承担的具有补偿性的责任，在性质上属于缔约过失责任。其构成要件是：客观上以损害的发生为要件，无损害即无赔偿责任；主观上以当事人的过错为要件，当事人主观上没有过错（包括故意和过失）的，也不需要承担责任。损害赔偿的数额应区分为劳动合同无效是用人单位的原因还是劳动者的原因。如果是用人单位的原因订立的无效合同，对劳动者造成损害的，应当采取实际赔偿和加重赔偿原则，通过强化用人单位的法律责任实现对劳动者权益的保护。对于劳动者的原因而导致的劳动合同无效，给用人单位造成损害的，应当实行合理赔偿原则即劳动者承担的赔偿责任应当考虑到劳动者的实际情况，严格限制在用人单位所遭受的直接经济损失范围内，并与劳动者的过错和其承受能力相适应。损害赔偿请求，可以在申请劳动争议仲裁时提出，也可以通过向人民法院提起诉讼时提出。

（7）幼儿园侵犯教师人身权利应承担的法律责任。

《劳动合同法》第八十八条规定："用人单位有下列情形之一的，依法给予行政处罚；构成犯罪的，依法追究刑事责任；给劳动者造成损害的，应当承担赔偿责任：（一）以暴力、威胁或者非法限制人身自由的手段强迫劳动的；（二）违章指挥或者强令冒险作业危及劳动者人身安全的；（三）侮辱、体罚、殴打、非法搜查或者拘禁劳动者的；（四）劳动条件恶劣、环境污染严重，给劳动者身心健康造成严重损害的。"

刑事责任和行政责任是违法的用人单位对国家应该承担的一种公法上的责任，民事责任是违法的用人单位因为给劳动者造成损失而承担的私法上的责任。用人单位不能因为承担了刑事责任或行政责任而免除其民事责任。刑事责任方面可能构成的罪名有：强迫劳动罪、重大责任事故罪、侮辱罪、故意伤害罪、非法搜查罪及非法拘禁罪等。

（8）幼儿园未依法出具解除或终止劳动合同的书面证明应承担的法律责任。

《劳动合同法》第八十九条规定："用人单位违反本法规定未向劳动者出具解除或者终止劳动合同的书面证明，由劳动行政部门责令改正；给劳动者造成损害的，应当承担赔偿责任。"解除或者终止劳动合同的书面证明，即离职证明，是基于职工的流动性及劳动关系的唯一性而产生的，用以证明劳动者与原用人单位已经解除或者终止了劳动关系。离职证明一般是在劳动合同解除或者终止的当日开出。它不仅是用人单位终结与劳动者劳动关系的重要证据，是劳动者进行失业登记、享受失业保险待遇的凭证，是劳动者社会保险关系转移的凭证，也是劳动者重新就业时证明自己不存在其他劳动关系，可以订立劳动合同的有效证据。因此，解除或者终止劳动合同的书面证明，对于劳动者的就业权与社会保障权利的实现，具有非常重要的意义。向劳动者出具解除或者终止劳动合同的书面证明，是用人单位的法定义务，或称后合同义务。

（9）幼儿园应承担的连带赔偿责任。

我国劳动法原则上不承认双重劳动关系（非全日制用工除外），即一般情况下，每个劳动者只能与一个用人单位建立劳动关系。《劳动合同法》第九十一条规定："用人单位招用与其他用人单位尚未解除或者终止劳动合同的劳动者，给其他用人单位造成损失的，应当承担连带赔偿责任。"根据该条款规定，用人单位承担连带赔偿责任应具备以下条件：一是用人单位招用的劳动者尚存在劳动关系；二是劳动者与原用人单位之间是全日制劳动；三是使原用人单位遭受了经济损失或者其他损失；四是原用人单位所遭受的损失与用人单位招用尚未解除或者终止劳动合同的劳动者之间存在法律上的因果关系。

1995年由劳动部发布的《违反〈劳动法〉有关劳动合同规定的赔偿办法》第六条第一款规定："用人单位招用尚未解除劳动合同的劳动者，对原用人单位造成经济损失的，除该劳动者承担直接赔偿责任外，该用人单位应当承担连带赔偿责任。其连带赔偿的份额应不低于对原用人单位造成经济损失总额的百分之七十。向原用人单位赔偿下列损失：

（一）对生产、经营和工作造成的直接经济损失；（二）因获取商业秘密给原用人单位造成的经济损失。"第二款规定："赔偿本条第（二）项规定的损失，按《反不正当竞争法》第二十条的规定执行。"

2. 劳动者应承担的法律责任

《劳动合同法》第九十条规定："劳动者违反本法规定解除劳动合同，或者违反劳动合同中约定的保密义务或者竞业限制，给用人单位造成损失的，应当承担赔偿责任。"该条规定包括三项内容：一是劳动者违法解除劳动合同的法律责任；二是劳动者违反约定的保密义务的法律责任；三是劳动者违反竞业限制的法律责任。

《违反〈劳动法〉有关劳动合同规定的赔偿办法》第四条规定："劳动者违反规定或劳动合同的约定解除劳动合同，对用人单位造成损失的，劳动者应赔偿用人单位下列损失：（一）用人单位招收录用其所支付的费用；（二）用人单位为其支付的培训费用，双方另有约定的按约定办理；（三）对生产、经营和工作造成的直接经济损失；（四）劳动合同约定的其他赔偿费用。"第五条规定："劳动者违反劳动合同中约定的保密事项，对用人单位造成经济损失的，按《反不正当竞争法》第二十条的规定支付用人单位赔偿费用。"

（六）订立、解除教师聘任合同应注意的问题

1. 订立教师聘任合同应注意的问题

（1）合同当事人双方的权利和义务要对等，不能将教师聘任合同异化为教师单方的责任状。

（2）合同的内容要做到简繁适当。所谓简繁适当，就是既要注意合同的容易记忆，便于签订，商量余地大，又要注意在执行时容易掌握，减少分歧和争议的发生。既要防止条款过于简单和原则，也要防止过于琐碎复杂。

（3）尽量不要让别人代自己签订合同。

 案例 3-13

代签的劳动合同是否有效

丁某 2018 年应聘于某幼儿园，当幼儿园着手与员工签合同时，丁某刚好出差，该单位同事史某在丁某不知情的情况下，为丁某代签了一份自 2019 年 1 月 1 日至 2019 年 12 月 31 日为止为期 1 年的劳动合同。2019 年 6 月，该幼儿园负责人事的工作人员将代签合同的事告诉了丁某，并将合同书交给丁某本人，丁某并没有向幼儿园提出异议。2019 年年底，幼儿园按合同终止了丁某的劳动合同。丁某认为，自己没有和幼儿园签过合同，何谈终止合同？认为单位侵犯了她的合法权益。

【案例分析】

该案涉及了代签的劳动合同是否有效的问题。该案中，史某在丁某不知情下为丁某代签合同，这一做法属于"无权代理"行为，但无权代理行为并非绝对不产生代理后果的法律行为，而是属于效力未（待）定的法律行为。《民法通则》第六十六条第一款规定："没有代理权、超越代理权或者代理权终止后的行为，只有经

过被代理人的追认，被代理人才承担民事责任。未经追认的行为，由行为人承担民事责任。本人知道他人以本人名义实施民事行为而不作否认表示的，视为同意。"2019年 6 月，该幼儿园负责人事的工作人员将代签合同一事告诉了丁某，并将合同书交给了丁某本人，丁某并没有向幼儿园提出异议，这样，就形成了代理权的追认，并且该劳动合同也已实际被双方当事人履行。因此，可以认定该劳动合同依法成立。为此，丁某的请求无效。

（4）幼儿园要取得该教师与任何单位不存在劳动关系的凭证后，方可与其签订劳动合同。

（5）幼儿园对距退休年龄不到 5 年的教职工办理内部退养是安置富余职工的一项措施。教职工办理离岗退养手续后，与新的用人单位建立劳动关系的，应当与原用人单位解除劳动合同，到新用人单位签订劳动合同。

（6）教师在与幼儿园协商教师聘任合同内容时要注意了解相关法律法规（尤其是妇女权益保护方面的法规）的规定，运用法律武器维护自身的合法权益。例如，2018 年修正的《中华人民共和国妇女权益保障法》（简称《妇女权益保障法》）第二十三条第二款规定："各单位在录用女职工时，应当依法与其签订劳动（聘用）合同或者服务协议，劳动（聘用）合同或者服务协议中不得规定限制女职工结婚、生育的内容。"第二十六条第二款规定："妇女在经期、孕期、产期、哺乳期受特殊保护。"第二十七条第一款规定："任何单位不得因结婚、怀孕、产假、哺乳等情形，降低女职工的工资，辞退女职工，单方解除劳动（聘用）合同或者服务协议，但是，女职工要求终止劳动（聘用）合同或者服务协议的除外。"又如，2012 年由国务院令第 619 号通过的《女职工劳动保护特别规定》第五条规定："用人单位不得因女职工怀孕、生育、哺乳降低其工资、予以辞退、与其解除劳动或者聘用合同。"第六条第一款规定："女职工在孕期不能适应原劳动的，用人单位应当根据医疗机构的证明，予以减轻劳动量或者安排其他能够适应的劳动。"第二款规定："对怀孕 7 个月以上的女职工，用人单位不得延长劳动时间或者安排夜班劳动，并应当在劳动时间内安排一定的休息时间。"第三款规定："怀孕女职工在劳动时间内进行产前检查，所需时间计入劳动时间。"第七条第一款规定："女职工生育享受 98 天产假，其中产前可以休假 15 天；难产的，增加产假 15 天；生育多胞胎的，每多生育 1 个婴儿，增加产假 15 天。"第二款规定："女职工怀孕未满 4 个月流产的，享受 15 天产假；怀孕满 4 个月流产的，享受 42 天产假。"第八条第一款规定："女职工产假期间的生育津贴，对已经参加生育保险的，按照用人单位上年度职工月平均工资的标准由生育保险基金支付；对未参加生育保险的，按照女职工产假前工资的标准由用人单位支付。"第二款规定："女职工生育或者流产的医疗费用，按照生育保险规定的项目和标准，对已经参加生育保险的，由生育保险基金支付；对未参加生育保险的，由用人单位支付。"第九条第一款规定："对哺乳未满 1 周岁婴儿的女职工，用人单位不得延长劳动时间或者安排夜班劳动。"第二款规定："用人单位应当在每天的劳动时间内为哺乳期女职工安排 1 小时哺乳时间；女职工生育多胞胎的，每多哺乳 1 个婴儿每天增加 1 小时哺乳时间。"第十条规定："女职工比较多的用人单位应当根据女职工的需要，建立女职工卫生室、孕妇休息室、哺乳室等设施，妥善解决女职工在生理卫生、哺乳方面的困难。"这些法律法规的规定是对女职工的特别保护，教师要懂得充分运用这些法律武器来维护自身的合法权益。

（7）根据国家现行法律法规的规定，幼儿园教师应征入伍后，幼儿园应当与其继续保持劳动关系，但双方可以变更原聘任合同中具体的权利和义务条款。义务兵入伍前原是国家机关、人民团体、企业、事业单位正式职工的，退伍后原则上回原单位复工复职。

（8）《劳动合同法》限制了约定劳动者的违约责任，即只有在该法第二十二、二十三条即服务期和劳动者应为用人单位保守秘密这两种情况下，用人单位才可以与劳动者约定违约金。

2. 解除教师聘任合同应注意的问题

（1）幼儿园教师要熟悉《劳动合同法》等相关法律法规，了解聘任合同解除的相关规定。这些规定包括：一是要懂得在哪四种情形下，幼儿园不需要提前预告教师，就可以单方面解除与教师的聘任合同；二是要懂得在哪三种情形下，幼儿园只要提前 30 日以书面形式通知教师，就可以与教师解除合同；三是要懂得教师在哪 4 种情形下，可以单方面解除与幼儿园的聘任合同；四是要懂得在哪六种情形下，幼儿园不得依据《劳动合同法》第四十条关于无过错解除的规定，第四十一条关于经济性裁员的规定而与教师解除聘任合同。具体情形前已阐述，此略。

（2）幼儿园不能随意设定与教师解除合同的条件。例如，有的幼儿园实施末位淘汰制，不管教师是否合格，只要排在末位，就与之解除聘任合同。又如，有的幼儿园开展创设"无烟校"活动，为了遏制幼儿园教职员工吸烟，制订了创建"无烟校"的实施办法。有的幼儿园在实施办法中规定，禁烟将与教师的职称评定、年终考核、福利待遇等挂钩。有的幼儿园甚至规定，教职员工在园内吸烟，可以予以解聘。幼儿园这种随意设定解聘教师条件的行为是没有法律依据的。

（3）对涉嫌违法或犯罪被收容、拘留或逮捕的教师，幼儿园在其被限制人身自由期间，可与其暂时停止教师聘任合同的履行。即 1995 年劳动部颁布的《关于贯彻执行〈中华人民共和国劳动法〉若干问题的意见》第二十八条第一款规定："劳动者涉嫌违法犯罪被有关机关收容审查、拘留或逮捕的，用人单位在劳动者被限制人身自由期间，可与其暂时停止劳动合同的履行。"第二款规定："暂时停止履行劳动合同期间，用人单位不承担劳动合同规定的相应义务。劳动者经证明被错误限制人身自由的，暂时停止履行劳动合同期间劳动者的损失，可由其依据《国家赔偿法》要求有关部门赔偿。"

（4）幼儿园不得与患有精神病的教师或有精神病史的教师签订教师聘任合同，已经签订的，要解除合同。《幼儿园管理条例》第九条第二款规定："慢性传染病、精神病患者，不得在幼儿园工作。"2018 年修正的《义务教育法》第二十四条第三款规定："学校不得聘用曾经因故意犯罪被依法剥夺政治权利或者其他不适合从事义务教育工作的人担任工作人员。"这里所说的"其他不适合从事义务教育工作的人"就包括精神病患者。2006年教育部、卫生部等十部委联合颁布的《中小学幼儿园安全管理办法》第三十五条第一款规定："学校教职工应当符合相应任职资格和条件要求。学校不得聘用因故意犯罪而受到刑事处罚的人，或者有精神病史的人担任教职工。"

2002 年由国务院办公厅转发，人事部颁布的《关于在事业单位试行人员聘用制度的意见》规定，受聘人员有患职业病以及现有医疗条件下难以治愈的严重疾病或者精神病等情形的，聘用单位不得解除聘用合同。2003 年人事部颁布的《事业单位试行人员聘用制度有关问题的解释》第六条规定："经指定的医疗单位确诊患有难以治愈的严重疾病、精神病的，暂缓签订聘用合同，缓签期延续至前述情况消失；或者只保留人事关系和工资关系，直至该人员办理退休（退职）手续。经劳动能力鉴定委员会鉴定完全丧失劳动能力的，按照国家有关规定办理退休（退职）手续。"经确诊患有难以治愈的严重疾病、精神病的缓签合同人员，在治疗期内执行国家规定的病假期间生活待遇。

从上述不同规定中可以看出，教育法律法规的规定与人事部门规章的一些规定明显是矛盾的：教育法律法规规定幼儿园可以与患有精神性疾病的教师解除聘任合同；人事部门的规章规定幼儿园不得与患有精神性疾病的教师解除聘任合同。我们认为：从法律法规的效力从属关系上看，《幼儿园管理条例》等行政法规的法律效力高于人事部制定的规章的法律效力，所以，幼儿园不得与患有精神病的教师或有精神病史的教师签订教师聘任合同，已经签订的，要解除合同。

思考与练习

1. 判断题

（1）教师申诉制度属于非诉讼意义上的申诉制度。　　　　　　　　　（　　）

（2）如果教师对幼儿园的处理决定不服的，可以申请教师申诉，此时，被申诉人是该园园长。　　　　　　　　　　　　　　　　　　　　　　　　　（　　）

（3）教师对教育局作出的行政处罚不服的，可以提起教育行政复议。（　　）

（4）教师对幼儿园作出的行政处分不服的，可以提起教育行政复议。（　　）

（5）教育行政诉讼只能由教育行政管理相对人提起，不能由教育行政机关提起。　　　　　　　　　　　　　　　　　　　　　　　　　　　　　　（　　）

（6）幼儿园与教师之间出现人事争议时，应先通过劳动仲裁后进入民事诉讼的途径维权。　　　　　　　　　　　　　　　　　　　　　　　　　　　　（　　）

（7）教师资格一经取得，即在全国范围内具有普遍适用的效力，非依法律规定不得丧失和撤销。　　　　　　　　　　　　　　　　　　　　　　　　　（　　）

（8）取得幼儿园教师资格的教师，有资格到小学任教。　　　　　（　　）

（9）慢性传染病、精神病患者，不得在幼儿园工作。　　　　　　（　　）

（10）受到剥夺政治权利或者故意犯罪受到有期徒刑以上刑事处罚的，要被撤销教师资格。　　　　　　　　　　　　　　　　　　　　　　　　　　　（　　）

（11）因幼儿园有过错行为，教师即使行使即时辞职权，幼儿园也应向教师支付经济补偿金。　　　　　　　　　　　　　　　　　　　　　　　　　　　（　　）

（12）女教师在孕期内体罚幼儿的，幼儿园无权解聘该教师。　　　（　　）

2. 单项选择题

（1）教师提前 30 日以书面形式通知用人单位，可以解除劳动合同。这一规定说明教师具有（　　）。

　　A. 任意解除权　　　B. 预告解除权　　　C. 即时解除权　　　D. 无须通知辞职

（2）《劳动合同法》第四十七条第一款规定，经济补偿按劳动者在本单位工作的年限，每满一年支付一个月工资的标准向劳动者支付。这里所说的工资指（　　）。

　　A. 实发工资　　　　B. 基本工资　　　　C. 计时工资　　　　D. 应发工资

3. 简答题

（1）如何全面准确地理解教师的法律身份？

（2）教师有哪些法定的权利与义务？

（3）教师可以通过哪些法律救济途径来维护自身的合法权益？

（4）教师以外的其他法律关系主体违反《教师法》，侵犯教师合法权益的，应该承担哪些法律责任？

（5）提高教师素质的法定制度有哪些？

（6）什么是教师资格制度？取得教师资格必须具备哪些实体条件？

（7）申请认定教师资格者的教育教学能力包括哪些方面的要求？

（8）教师任命制与教师聘任制有哪些主要区别？

4. 案例分析

1）在课堂上灌输"读书为挣大钱娶美女"观点的教师被解聘案

【案情介绍】尹某，1981 年毕业于湖南师范大学中文系，在某中学教高中语文，兼做语文教研组组长。他在新生入学教育课上是这样教育学生的："读书干什么？考大学干什么？也许你会说，为了实现共产主义，为了社会主义建设。而我要明确地告诉你——读书考大学，是为了自己，不是别人。读书增强了自己的本领，提高了自己的资本，将来能找到一个好的工作，多挣钱，从而有一个美好的生活，甚至找一个漂亮的老婆，生一个聪明的儿子。所以，我强调读书应该是为了自己！"尹某还将自己含有错误观点的文章当作作文范例在课堂上讲授。

2001 年 8 月 28 日，该中学根据员工聘任制条例，并请示市教育局和省教育厅，决定解聘尹某，将档案转到相关人才市场。

分析：

从教师双重身份的角度分析，尹某在课堂上有没有这种言论自由权？该中学是否有权解聘尹某？

2）范某地震时弃学生不顾逃跑案

【案情介绍】2008 年 5 月 12 日 14:28，四川省都江堰某学校范某正在给高中学生上课，此时发生了 8 级地震，他弃学生于不顾，甚至连一声"快跑"也没喊就第一个跑出教室。事后，他还在天涯论坛上发表了一篇题为《那一刻地动山摇》的帖子，帖子写道："在这种生死抉择的瞬间，只有为了我的女儿我才可能考虑牺牲自我，其他的人，哪怕是我的母亲，在这种情况下我也不会管的。"范某的言行引起很大争议。

分析：

（1）从教师双重身份的角度分析，该案中范某该不该弃学生于不顾而自己先跑？法律依据是什么？

（2）从师德角度分析，该案中范某的行为是否符合我国教师师德规范的要求？

3）陈某在课堂上向学生宣传宗教被解聘案

【案情介绍】某校初中教师陈某信奉某宗教，每天进行一些宗教活动，并佩戴宗教饰物。他还经常在课堂上向学生宣传宗教，劝说学生信奉该宗教。学校领导得知这一情况后，多次找其谈话，进行教育，并告诫他不准向学生宣传宗教，但陈某不听劝阻，继续向学生宣传宗教。学校故将其解聘。陈某认为学校侵犯了他信仰宗教的自由。

分析：

（1）该案中陈某在课堂上有没有向学生宣传宗教的自由权？学校有没有侵犯他信仰宗教的自由？依据是什么？

（2）学校是否有权解聘陈某？依据是什么？

4）高某状告重庆某小学案

【案情介绍】2002年5月30日，女教师高某将她任教的某小学告上了法庭。事情是这样的：按学校要求，1990～2002年，高某共上交了48本教案。2002年年初，她因写论文需要，多次要求学校退还其上交的教案，学校退还了4本，其余44本以"已处理了"为由不予退还。

高某向××市基层人民法院提起三项诉讼请求：一是判令被告返还原告教案本44本，二是判令被告赔偿损失8 800元，三是判令被告承担诉讼费用。

2002年8月5日，××市基层人民法院认为，民法调整的是平等主体之间的财产关系和人身关系，该案中被告是原告的管理者和领导者，原告与被告之间具有隶属关系，处于不平等的法律地位，两者在职务活动过程中产生的纠纷，不属于民法的调整范围。所以××市基层人民法院驳回了高某的起诉。

2002年8月12日，高某向××市中级人民法院提起了上诉。

2002年10月24日，××市中级人民法院开庭审理了这起全国首例"教案官司"。××市中级人民法院认为，高某要求学校返还教案本是一种物权请求，是民法调整的范围，鉴于一审法院认定事实和适用法律条文有误，××市中级人民法院责令××市基层人民法院对本案重审。

2003年5月底，高某接到了重审通知。法庭上，双方律师争论激烈。高某的律师认为，学校擅自处理教师教案本的行为是一种侵权行为，要求赔偿的8 800元已是最低标准。学校方的律师认为，教案本是教学中教师使用的物品，是学校帮助教师完成教学任务的，就像上课时使用的粉笔一样，教案本的所有权应该属于学校，学校也就有权对教案本进行处置，因此不承担赔偿责任。在双方激烈的争辩中，法院宣布休庭，择日宣判。

2003年10月，××市基层人民法院对这起教案官司重审后作出判决。认为教案本是学校发给高某的，性质上属于学校财物；而教案属于工作成果，学校有占有使用和处分的权利。高某要求返还教案本的要求于法无据。高某败诉了。

败诉后，高某仍然不服，又向××市中级人民法院提起上诉。

2004 年 4 月，××市中级人民法院作出终审判决：高某败诉。

终审败诉后，高某继续申诉，经检察机关抗诉，××市中级人民法院启动了再审程序。2005 年 5 月，××市中级人民法院再审判决维持原判，驳回高某的诉讼请求。至此，"教案官司"已经穷尽一切司法程序。

2005 年 8 月，高某决定变换角度重新起诉，也就是说，以前自己是起诉学校要归还教案本，属于物权纠纷，现在要向××市中级人民法院提起的是著作权纠纷，两者完全不同。

××市中级人民法院很快受理了此案。2005 年 12 月 13 日，××市中级人民法院认为：教案具有独创性，属于《著作权法》中所称的"一般的职务作品"，其著作权属于高某所有，但被告有权在其业务范围内优先使用。被告享有教案本的所有权，原告享有教案作品的著作权。在知道或者应该知道教案本是记载原告教案作品唯一载体的情况下，被告的不当处分不仅导致作品载体本身灭失，也导致了作品随之灭失，致使原告享有的教案作品著作权无法实现，从而侵犯了原告的著作权。为此，××市中级人民法院作出一审判决：被告赔偿原告经济损失 5 000 元。

分析：

（1）空白教案本的归属权是学校还是教师？依据是什么？

（2）教案作品是否属于教师的著作权？依据是什么？

（3）该案中学校与高某的关系是行政法律关系还是民事法律关系？依据是什么？

5）孟某申请教师申诉案

【案情介绍】2003 年 7 月学期期末，××市某社区学院 48 岁、有 20 余年工龄的孟某因对学院年终考核办法持有意见，其未拿 2002~2003 学年度年终奖。2003 年 8 月 15 日，学院召开全体教师大会。院领导发言结束后，坐在台下的孟某突然向领导请求发言。领导同意后，孟某做了一个发言，主要内容是希望院领导公开收入，包括加班费、值班费等。2004 年 1~5 月，孟某先后向区纪律检查委员会、××市纪律检查委员会、××市政府提交实名举报材料，"反映我院领导的一些问题，主要是经济问题，希望上级调查"。2004 年 5 月 17 日，学院召开党政联席会议，会上以院党委的名义下发了《关于给孟某党内通报批评的决定》的文件。通报批评的当天，学院又下发《关于孟某停职检查的决定》。该文件称，通报批评后，"孟某无视组织纪律和党组织的决定，拒不接受组织和同志们的帮助教育，态度恶劣。为此，学院党委决定责令孟某停职检查。"具体为：孟某停止学院网站的网管工作，交出网络办公室的钥匙；停止 4 门课的授课工作。2004 年 5 月 19 日，孟某到区教育局政策法规科提交相关证据材料，提出教师申诉。2004 年 5 月 21 日，区教育局政策法规科电话告知孟某，因是该院党委决定，所以不能在他们那里申诉侵权。2004 年 5 月 31 日，孟某到区教育局政策法规科，指出根据《教师法》等相关文件，政策法规科应该受理此案。2004 年 6 月 22 日，区教育局政策法规科电话告知孟某，说教育局同意受理孟某申诉。

分析：

该案中，孟某是否有权提出教师申诉？区教育局政策法规科该不该受理孟某的教师申诉案件？法律依据何在？

6）南京某幼儿园教师被逼当众向×国家长下跪案

【案情介绍】2003 年 11 月 3 日 15:00，××市某幼儿园 21 岁的实习女教师杨某正为大班幼儿剪指甲。这时，班内一名幼儿向杨某告状说："金某（×国夫妇的儿子）打我的头。"杨某当时将金某叫到面前，问他"为什么要欺负别的小朋友"，金某不答话。杨某又问："是左手打的，还是右手打的？"金某伸右手。然后，杨某就用手中正好拿着的剪刀，向金某的右手比划了两下，并说："下次再这样，就要剪你的小手啦!"当天晚上，金某将此事告诉了父母。当天 19:00，这对×国夫妇来到幼儿园，找到园长进行核实。杨某承认了此事。

关于此事，杨某的解释是："金某的中文很差，他几乎听不懂教师和幼儿的中国话。但他经常欺负别的幼儿，这样的事情不是一次两次了，我不能不管。由于语言不通，用常规的办法，我无法让他认识到自己的错误，只好用手势向他比划。用剪刀比划是为了形象一点，也是想吓唬他一下。"

11 月 4 日晚上，幼儿园一位副园长和班主任陈某一起，买了奶粉、旺旺雪饼、肉松和香蕉共 100 余元的慰问品，来到金某的家里，诚恳地向其父母和金某道歉。

11 月 5 日 12:00 左右，金某母亲再次来到幼儿园，要求杨某亲自向她道歉。杨某向金某母亲说了"对不起"，还承认了用剪刀吓唬金某的事。5 分钟后，金某母亲突然生气，带有明显要挟的语气对杨某说："你给我跪下!"听到这句话后，园长很着急，首先下了跪，她带着哭腔向金某母亲用哀求的语气说："我求求你们，就算是我错了，行吗？杨某小，她还年轻，别让她跪了。"紧接着，班主任陈某也跪下了，她也求金某母亲不要让杨某下跪。但是，金某母亲不同意，一再坚持要杨某下跪。在园长下跪 1 分钟左右，见事态严重，杨某只好哭着跪下了……杨某跪了 3 分钟左右，直到陈某再次求金某母亲说："她已跪下了，算了吧？"此时，金某母亲才同意杨某起来。然后，金某母亲又要求将金某叫到办公室。杨某又向金某当面道歉。杨某被逼下跪时，除了金某母亲外，在场的还有幼儿园内七八名教师，而办公室的窗外，还围着一些人，她的男朋友当时也在窗外。

杨某说："我做梦也没想到，这个×国人竟会让我下跪。我长这么大，还没有给父母跪过，我凭什么给她下跪。就算我有错，她也没有权利要求我下跪。在跪下的那一刻，我感受到了前所未有的耻辱，我认为这是这对×国夫妇对我人格的蔑视和极度的不尊重，这伤害了我的人格尊严，让我当众受到了侮辱。这一幕，我一辈子也忘不了。"

分析：

你认为×国夫妇要求杨某下跪的行为是否侵犯了杨某的人格权？有哪些法律依据？请结合案情做具体分析。

7）幼儿园解聘怀孕女教师案

【案情介绍】2015 年 8 月，22 岁的苏某从某高校毕业，到一家幼儿园工作。2015 年 8 月，幼儿园与她签订了为期 1 年的《招聘教师聘任合同》。合同到期后，幼儿园又与苏某签订了 2016 年 9 月 1 日～2018 年 8 月 31 日为期 2 年的《教师聘任合同》。在此期间，她先后荣获"金奖""三等奖"等诸多荣誉。2017 年 5 月，苏某结婚，当年 10 月怀孕。转眼到了 2018 年 1 月 20 日，幼儿园园长把她叫到办公室，说："你怀孕了准备怎么办？要不要回家休息？"苏某说，自己身体好，不用休息，愿意继续上班，但园长没有答应。

2018 年新学期开学当天，苏某打电话给园长要求上班。园长说："你已经有孕在身，不能胜任工作，就在家休息吧。"第二天，园长又给苏某打来电话："因你有孕在身，幼儿园与你解除劳动合同。"这以后，苏某多次打电话给幼儿园园长，要求上班，但都遭到园长的拒绝。自 2018 年 2 月起，苏某就再也没有领到幼儿园发的工资。万般无奈之下，苏某于 2018 年 4 月 18 日向幼儿园所在区的劳动争议仲裁委员会递交了仲裁申请书，请求裁决幼儿园继续履行劳动合同，并支付寒假至今的工资报酬。

分析：

（1）该案中，怀孕的苏某该不该被幼儿园解聘？法律依据何在？

（2）苏某合同期满的时间是 2018 年 8 月 31 日，但她 2017 年 10 月已怀孕，那么合同期会发生什么变化？

（3）苏某是否有权要求幼儿园继续履行与她签订的劳动合同？法律依据是什么？

（4）如果幼儿园还是坚持要解聘苏某，苏某能不能拿到经济补偿金？认为能拿到经济补偿金的还要回答：具体能拿到几个月的经济补偿金？

8）患有"乙型肝炎"或"乙型肝炎病毒携带者"的幼儿教师还在合同期内被解聘案

【案情介绍】2013 年 2 月新学期开始，某镇 50 多位已有教师资格证、健康合格证的幼儿园教师到当地指定的医疗卫生机构进行例行一年一次的体检。结果，李某等 2 人因被查出患有"乙型肝炎"，陈某等 3 人因被查出是"乙型肝炎病毒携带者"而没能再拿到健康合格证。紧接着，这 5 位教师合同期未满就被她们所在幼儿园解聘。这 5 位教师从事幼教工作都超过 10 年，其中李某还是该镇某幼儿园的园长。

解聘单位说，解聘李某等 5 人，是依据卫生部、教育部于 2010 年联合颁布的《托儿所幼儿园卫生保健管理办法》第十四条的规定："托幼机构工作人员上岗前必须经县级以上人民政府卫生行政部门指定的医疗卫生机构进行健康检查，取得托幼机构工作人员健康合格证后方可上岗。"解聘单位称，这 5 位教师因患有"乙型肝炎"或是"乙型肝炎病毒携带者"没再拿到健康合格证，而没有健康合格证，不管他们是否已经拥有教师资格证，都无法继续聘用。解聘单位认为解聘李某等 5 人是对幼儿负责。

分析：

（1）根据现有法律法规的规定，该案中患有"乙型肝炎"的 2 位教师和是"乙型肝炎病毒携带者"的 3 位教师可不可以拿到健康合格证？为什么？

（2）这 5 位教师合同期内该不该被解聘？为什么？

（3）如果是按照现有法律法规的规定，这 5 位教师能不能取得教师资格证书？依据是什么？

9）幼儿园教师体罚幼儿被解聘案

【案情介绍】2016 年 8 月 16 日，李某进入某幼儿园担任幼儿园教师。当年 11 月 19 日，幼儿园以李某存在严重体罚幼儿情况为由，书面告知其自次日起解除劳动合同。当月 28 日，幼儿园再次向李某发出书面告知，称由于其违反了《幼儿园规章制度》，从当月 30 日起解除劳动合同。之后，李某向幼儿园所在区的劳动争议仲裁委员会申请仲裁，要求幼儿园恢复劳动关系，并要求返还 2016 年 9～11 月的考核奖 2 950 元。该仲裁委员会裁决支持了李某的请求后，幼儿园方面则起诉到法院，请求不承担上述义务。

由于一审中幼儿园未提供足够证据证明李某存在体罚幼儿的行为，故幼儿园败诉。二审中，幼儿园补充了一些证据材料，其中包括该园几名幼儿描述李某体罚幼儿的视频资料，同时申请 3 位教师作为证人出庭作证。法庭上，法官当庭播放了视频资料：数名李某班里的幼儿说，李某曾经对幼儿有打耳光等行为，并进行了模仿和演示。

中级人民法院认为，视频中幼儿的行为举止非常自然，发言内容也未超过该年龄段幼儿的一般认知范畴，故对其证明力予以认定。3 位教师所述证言与视频资料相互补充，幼儿园提供的证据形成证据链，足以证明李某在教学过程中存在体罚幼儿的行为。李某的行为严重违背了教师的职业准则，也违反了幼儿园制定的规章制度，并给幼儿园的声誉造成了负面影响，遂改判幼儿园胜诉。

分析：

（1）根据现有法律法规的规定，该案中李某该不该被解聘？依据是什么？

（2）如果你认为李某该被解聘，那么幼儿园该不该支付给她经济补偿金？依据是什么（认为李某不该被解聘的不必回答此问题）？

10）某市两名教师讨要保证金案

【案情介绍】2014 年 9 月，郭某和王某到某市东方幼儿园应聘担任幼儿教师。东方幼儿园和她们签订了培训协议，并分别收取了每人 2 000 元的保证金，同时约定培训人员在培训期间无故旷课、事假每月超过 3 日、考试不合格的，保证金不予退还。后来，东方幼儿园以郭某多请了 1 日假为由将其解聘，而王某也因病假被解聘。两人要求幼儿园退还保证金，但是，东方幼儿园以保证金抵培训费为由，不予退还。郭某和王某向该市劳动仲裁机构反映后，双方曾达成退还协议，但东方幼儿园又反悔了。无奈，郭某和王某向该市××区人民法院提起诉讼。

2015 年年初，该市××区人民法院作出一审判决，判决东方幼儿园分别退还郭某、王某 2 000 元保证金。一审判决之后，东方幼儿园向市中级人民法院提起了上诉。东方幼儿园认为，双方签订的是培训协议，保证金的性质为培训费，上诉人多次违反纪律，而且提前解除协议，给东方幼儿园造成了一定的经济损失，保证金不应退还。2015 年 7 月 9 日，经该市中级人民法院的终审判决，两名教师拿到了保证金。

分析：

（1）什么叫保证金？根据现有法律法规的规定，该案中东方幼儿园该不该退还保证金给两位教师？依据是什么？

（2）什么叫专项培训费用？保证金与专项培训费用可否互相抵消？依据是什么？

（3）东方幼儿园是否应承担法律责任？认为应该承担法律责任的还要回答：具体怎么承担责任？依据是什么？

11）张某被实行末位淘汰制的幼儿园解聘案

【案情介绍】某幼儿园与每位教师签订了《教师聘任合同》。为了配合该园聘任制的实施，幼儿园领导经研究于 2017 年初出台了《××幼儿园教师末位淘汰制度》（注：该制度的出台不是经过教代会通过的，也不是经教师工会通过的）。该制度规定，每一学年结束时，对每位教师的德、能、勤、绩等方面进行全面考核，考核结果排在最后一位的，给予解聘。这意味着该园 50 名教师中每一学年都要有 1 名教师被解聘。2017 年 7 月 5 日放暑假前，该幼儿园召开了一次全园期末教工总结大会，在大会即将结束时，园长宣布了实施该制度以来第一位被幼儿园解聘的教师张某，张某自 2017 年 9 月份起将另谋出路，幼儿园不再安排工作。

张某知道这一消息后，马上找到园长进行交涉。张某说，自己在该园已经工作了 6 年，其间勤勤恳恳、任劳任怨，只是在过去的一学年里因为生病、经常去医院才耽误了一些工作，但本职工作还是照样完成了，只是与别的教师相比，完成得没有那么出色而已，希望幼儿园考虑自己的具体情况不要解聘自己，她也将在暑假调整好自己，以便在下学期做好本职工作。

但园长依然主张按照规定解聘张某，但在解聘的同时，幼儿园给予 8 000 元的补偿金。以体现了制度的权威性和幼儿园的人道主义精神。2017 年 8 月底，关于张某被解聘的处理决定送达了张某本人。2017 年 9 月中旬，法院的一张传票也送到了幼儿园。传票要求幼儿园园长于 15 日后提交答辩状，并参与诉讼。原来，张某在与幼儿园协商未果之后，认为自己尽管工作不够出色，但存在客观原因，还不至于到被解聘的地步，于是在律师的帮助下，先向区劳动争议仲裁委员会申请仲裁，张某收到仲裁裁决书后，对仲裁裁决不服，于是在法定期限内向该区人民法院提起了诉讼。张某状告该幼儿园侵犯了自己的劳动权利，要求幼儿园继续履行《教师聘任合同》，并赔偿对自己所造成的经济和名誉上的损失，同时要求幼儿园承担诉讼费用。

分析：

（1）你是怎么看待末位淘汰制的？

（2）你认为该案中幼儿园是否有权解聘张某？请做具体分析。

2011～2019 年全国教师资格
考试真题及答案（涉及专题三）

专题四　幼儿园及其教师依法处理与幼儿的关系

我国拥有数量庞大的未成年人群体，是世界上未成年人人数最多的一个国家。幼儿是一个特殊群体，特殊之处就在于他们在社会中处于弱势地位，需要得到特殊的保护。所以，本专题侧重阐述幼儿园及其教师在保护幼儿方面有哪些法定义务，侵害幼儿合法权益应承担哪些法律责任，幼儿园及其教师应如何处理幼儿伤害事故等问题。

 幼儿园及其教师在保护幼儿方面的法定义务

2012年修正的《未成年人保护法》共7章72条，分为总则、家庭保护、学校保护、社会保护、司法保护、法律责任、附则。其明确规定了未成年人的法定权利，同时规定了学校与教师应履行的法定义务。需要说明的是，目前我国没有专门保护幼儿方面的法律，而是将对幼儿的保护一并由《未成年人保护法》来规范。专题四之"问题一"虽然旨在专门阐述幼儿园对幼儿的法律保护问题，但由于某些语境下用"未成年人"的字眼来表述比较适切，所以文中有时仍然以"未成年人"而不是以"幼儿"的字眼来表述。

幼儿园及其教师
在保护幼儿方面
的法定义务

《未成年人保护法》第三条第一款规定："未成年人享有生存权、发展权、受保护权、参与权等权利，国家根据未成年人身心发展特点给予特殊、优先保护，保障未成年人的合法权益不受侵犯。"第二款规定："未成年人享有受教育权，国家、社会、学校和家庭尊重和保障未成年人的受教育权。"规定未成年人享有生存权、发展权、受保护权和参与权这四项基本权利，是对《儿童权利公约》中儿童应享有的各种权利的高度概括，较好地体现了与国际公约接轨的立法思想。强调未成年人享有受教育权，国家、社会、学校和家庭应当尊重和保障未成年人的受教育权，体现了中国的实际国情，因为受教育权是公民的基本权利。

生存权是指未成年人享有其固有的生命权、健康权和获得基本生活保障的权利，具体包括：生命权、医疗保障权、国籍权、姓名权、获得足够食物、拥有一定住所及获得其他基本生活保障的权利。发展权是指未成年人享有充分发展其全部体能和智能的权利，具体包括有权接受正规或非正规的教育、有权享有促进其身体、心理、精神、道德等全面发展的生活条件。受保护权是指未成年人享有不受歧视、虐待和忽视的权利，具体包括有免受歧视、剥削、酷刑、暴力或疏忽照顾的权利，对失去家庭和处于特殊困境中的未成年人有受到特别保护的权利。参与权是指未成年人享有参与家庭和社会生活，并就影响他们生活的事项发表意见的权利。受教育权是指未成年人依法享有的进入学校或者

其他教育机构以适合于其身心发展的适当方式接受系统的学前教育、学校教育或者其他教育培训的权利。

　　未成年人依法享有这些法定的权利，意味着国家、社会、学校、家庭、司法机关应履行相应的义务。幼儿园是未成年人成长阶段的重要场所，也是保障未成年人权利和实施《未成年人保护法》的重要力量。综合《未成年人保护法》及其他法律法规中关于未成年人保护方面的规定，可以把幼儿园及其教师在保护幼儿方面的主要法律义务概括为以下几个方面：保护幼儿身心健康和生命安全的义务；保护幼儿受教育权的义务；保护幼儿人格尊严的义务；预防幼儿沉迷网络的义务。

一、幼儿园及其教师有保护幼儿身心健康和生命安全的义务

　　健康和生命对每个人来说都是最重要的，特别是处于成长初期的幼儿。幼儿园保障幼儿的任何权利都要以幼儿的健康和安全为前提。确保幼儿的身心健康和生命安全是幼儿园保护的核心思想。

　　生命权、健康权是人们生存和发展的基本权利，是人格权的重要组成部分，在人格权中居于首要地位。生命权是以生命安全为内容的、他人不得非法干涉的权利，侵害生命权是指非法剥夺他人生命的侵权行为，其表现为伤害他人身体致人死亡。健康权是以身体的内部机能和外部的完整性为主要内容的一种人格权。健康是生命的保障，包括其身体健康和心理健康。幼儿作为社会中的弱势群体和民族的未来，其生命和健康受到法律的特殊保护。

（一）幼儿园及其教师在保教工作中不能忽视幼儿的身体健康

　　要保护幼儿的身体健康权，幼儿园保教工作应注意以下几个方面。
　　（1）幼儿园及其教师不得加重幼儿的学习负担。
　　《未成年人保护法》第二十条规定："学校应当与未成年学生的父母或者其他监护人互相配合，保证未成年学生的睡眠、娱乐和体育锻炼时间，不得加重其学习负担。"这是我国首次将保证未成年学生睡眠时间列入法律，还提出了娱乐权的问题。目前有些幼儿园存在严重的小学化倾向，如给幼儿布置课外书写的家庭作业等，极不利于幼儿身体的健康成长。
　　（2）任何人不得在幼儿园的教室、寝室、活动室和其他幼儿集中活动的场所吸烟、饮酒。
　　《未成年人保护法》第三十七条第一款规定："禁止向未成年人出售烟酒，经营者应当在显著位置设置不向未成年人出售烟酒的标志；对难以判明是否已成年的，应当要求其出示身份证件。"第二款规定："任何人不得在中小学校、幼儿园、托儿所的教室、寝室、活动室和其他未成年人集中活动的场所吸烟、饮酒。"这是对社会每一个成年公民（包括教师）提出的法律上的要求。
　　（3）幼儿园及其教师在组织幼儿参加活动的过程中，要保护幼儿的身体健康。
　　《未成年人保护法》第二十二条第二款规定："学校、幼儿园、托儿所不得在危及未成年人人身安全、健康的校舍和其他设施、场所中进行教育教学活动。"第三款规定："学校、幼儿园安排未成年人参加集会、文化娱乐、社会实践等集体活动，应当有利于未成

年人的健康成长，防止发生人身安全事故。"

（4）幼儿园及其教师应对幼儿进行卫生和营养指导。

《未成年人保护法》第四十四条第一款规定："卫生部门和学校应当对未成年人进行卫生保健和营养指导，提供必要的卫生保健条件，做好疾病预防工作。"

（二）幼儿园及其教师有保护幼儿心理健康的义务

这里所说的"保护幼儿心理健康"有三层含义。第一，教师在保教活动中要考虑幼儿的心理特点，注重幼儿的心理感受，留意幼儿的心理变化，保教方式不得损害幼儿的心理健康。第二，教师要关注幼儿特殊时期的心理状况。第三，教师要注意多与家长沟通，以便准确把握幼儿的心理状况，及时帮助幼儿走出心理困境。为此，《未成年人保护法》第十九条规定："学校应当根据未成年学生身心发展的特点，对他们进行社会生活指导、心理健康辅导和青春期教育。"《幼儿园工作规程》第十九条第二款也相应规定："幼儿园应当关注幼儿心理健康，注重满足幼儿的发展需要，保持幼儿积极的情绪状态，让幼儿感受到尊重和接纳。"

随着社会的发展，心理健康问题应引起我们的重视。没有健康的心理难以形成完善的人格。当前我国未成年人最大的问题不是"身"的问题，而是"心"的问题。幼儿常见的心理问题有：口吃，吮吸手指，遗尿症，儿童孤独症，神经性尿频，睡眠障碍（含失眠、夜惊、梦魇、梦游），多动症等。

幼儿园应设置心理咨询机构，建立完善科学的教育辅导，由专家和心理医生对幼儿的心理状况进行专门、系统的评估，并研究控制不良心理的对策，可以对幼儿心理教育起到指导和帮助作用。

（三）幼儿园及其教师有保护幼儿生命安全的义务

（1）幼儿园应当建立安全制度，进行安全教育。

《未成年人保护法》第二十二条第一款规定："学校、幼儿园、托儿所应当建立安全制度，加强对未成年人的安全教育，采取措施保障未成年人的人身安全。"幼儿园应建立的安全制度包括门卫制度、教师课间值日护导制度、食堂卫生管理制度、宿舍管理制度、值班制度、消防安全制度、安全检查制度、危房报告制度、卫生保健制度、设备设施的管理维修制度、实验室安全管理制度、幼儿安全信息通报制度、车辆管理制度、幼儿接送的交接制度等。

（2）幼儿园及其教师负有及时救护和优先救护幼儿的义务。

《未成年人保护法》第二十四条规定："学校对未成年学生在校内或者本校组织的校外活动中发生人身伤害事故的，应当及时救护，妥善处理，并及时向有关主管部门报告。"第四十条规定："学校、幼儿园、托儿所和公共场所发生突发事件时，应当优先救护未成年人。"

这些规定体现了"优先保障未成年人合法权益"的基本原则。这一原则的含义是：当教师的人身利益与未成年人的人身利益发生冲突时，未成年人的人身利益应该优先得到考虑和保障。也就是说，在同等外力威胁的条件下，教师首先要努力消除未成年人的人身威胁，其次才是自己。

此外，教育部 2008 年修订的《中小学教师职业道德规范》第三条规定，学校要保护学生安全。2018 年教育部发布的《新时代幼儿园教师职业行为十项准则》第五条规定："加强安全防范。增强安全意识，加强安全教育，保护幼儿安全，防范事故风险；不得在保教活动中遇突发事件、面临危险时，不顾幼儿安危，擅离职守，自行逃离。"可见，不管是从"法"的角度，还是从"德"的角度，"保护幼儿安全"都是教师应尽的职责和义务，是教师职业必须遵守的精神底线，是教师职业区别于其他任何一种职业的特征。"保护幼儿安全"可以分为三个方面。第一，对于在园或参与幼儿园组织的活动中的幼儿，教师要保障他们的安全。第二，教师应当有生命意识。要对幼儿进行生命安全、生命价值的教育，引导幼儿认识生命、珍惜生命、尊重生命和热爱生命，提升幼儿对生命意义和境界的理解。第三，在危急时刻，教师应当能够挺身而出，保障幼儿的安全。当然，"保护幼儿安全"也并不意味着教师要承担无限的责任。

《未成年人保护法》第二十三条规定："教育行政等部门和学校、幼儿园、托儿所应当根据需要，制定应对各种灾害、传染性疾病、食物中毒、意外伤害等突发事件的预案，配备相应设施并进行必要的演练，增强未成年人的自我保护意识和能力。"这是我国首次关于学校安全预案的立法。

二、幼儿园及其教师有保护幼儿受教育权的义务

（一）受教育权概述

所谓受教育权，是指依照法律规定，公民在受教育方面可以作为或不作为，或要求他人为其受教育权而作为或不作为的能力或资格。

受教育权是法律赋予每个公民的一项基本而神圣的权利，受教育权的拥有是未成年人成长和发展的基础。幼儿园有义务保障所有幼儿享有受教育的权利。

受教育权在国际人权法上被作为一项基本人权（人本身应有的权利）受到保护。联合国大会 1948 年通过的《世界人权宣言》规定，人人都有受教育的权利；教育应当免费，至少在初级和基本阶段应如此；初级教育应属义务教育，技术和职业教育应普遍设立，高等教育应根据成绩而对一切人平等开放。我国将受教育权作为一项宪法性权利。《宪法》第四十六条第一款规定："中华人民共和国公民有受教育的权利和义务。"《教育法》第三十七条第一款规定："受教育者在入学、升学、就业等方面依法享有平等权利。"《未成年人保护法》第十八条规定："学校应当尊重未成年学生受教育的权利，关心、爱护学生，对品行有缺点、学习有困难的学生，应当耐心教育、帮助，不得歧视，不得违反法律和国家规定开除未成年学生。"第二十八条规定："各级人民政府应当保障未成年人受教育的权利，并采取措施保障家庭经济困难的、残疾的和流动人口中的未成年人等接受义务教育。"第五十七条第二款规定："羁押、服刑的未成年人没有完成义务教育的，应当对其进行义务教育。"第三款规定："解除羁押、服刑期满的未成年人的复学、升学、就业不受歧视。"

（二）受教育权的主要内容

受教育权的主要内容包括以下几个方面。

1．学习机会权

学习机会权是指未成年人有权通过学习获得生存与发展能力的可能性空间，是接受任何等级教育的起点、资格或身份。

该权利包括以下三项内容。

（1）入学机会权，正常的、残疾的、有问题的、家庭经济困难的、少数民族的未成年人等，都享有受教育的权利。

（2）受教育的选择权，是指受教育者有权根据自身发展的特点或其他情况选择学校、专业、教育形式。我国不同阶段的学生享有的受教育选择权是不同的：在我国学制系统内的幼儿教育阶段，幼儿的父母或其他监护人可代为选择幼儿园进行学习；小学和初中属于义务教育阶段，受教育者及其监护人没有选择的权利；完成义务教育阶段后的学生，可以享有比较充分的受教育选择权。例如有选择入普通高中还是职业高中的权利；有选择入不同高校不同专业的权利等。父母或者其他监护人可根据学生身心发展的特点、爱好、志向、学习成绩等帮助学生选择或尊重学生自己的选择。

（3）学生身份权（学籍权）。

2．学习条件权

学习条件权是指在受教育的过程中，在课程内容、师资水平、教学设施等方面得到同等的教育条件。

3．学习成功权

学习成功权是指在受教育的年限、学习成绩的提高、学业的完成等方面得到同等的实现机会。

（三）侵犯幼儿受教育权行为的基本特征

幼儿园侵犯幼儿受教育权的行为主要表现为：一是拒绝接受交不起费用的幼儿就学；二是拒绝接受有正常学习能力的残疾幼儿就学；三是对违纪幼儿停课；四是违法开除幼儿。

侵犯幼儿受教育权行为有以下基本特征。第一，侵犯幼儿受教育权的实施主体主要是各级教育行政主管部门、教育机构的管理人员、教师和部分家长。第二，被侵犯的对象主要有四类：家庭经济困难的幼儿、残疾幼儿、学习有困难的幼儿、品行有缺点的幼儿。第三，侵犯幼儿受教育权是一种故意实施的行为。第四，侵犯幼儿受教育权是一种违法行为。

（四）幼儿园不得歧视、不得开除品行有缺点、学习有困难的幼儿

《未成年人保护法》第十八条规定："学校应当尊重未成年学生受教育的权利，关心、爱护学生，对品行有缺点、学习有困难的学生，应当耐心教育、帮助，不得歧视，不得违反法律和国家规定开除未成年学生。"

三、幼儿园及其教师有保护幼儿人格尊严的义务

民事法律关系包括财产关系和人身关系。财产关系可进一步分为物权关系和债权关

系；人身关系可进一步分为人格权关系和身份权关系。知识产权关系和继承权关系则兼有财产关系和人身关系的双重属性。

民法上的人身权包括人格权和身份权。人格权又有广义与狭义之分，广义的人格权包括生命权、身体权、健康权、姓名权、肖像权、名誉权、荣誉权、隐私权、婚姻自主权等，狭义的人格权仅指名誉权。

《未成年人保护法》第五条规定了保护未成年人的工作应当遵循尊重未成年人的人格尊严的原则。该法第二十一条规定："学校、幼儿园、托儿所的教职员工应当尊重未成年人的人格尊严，不得对未成年人实施体罚、变相体罚或者其他侮辱人格尊严的行为。"《民法总则》第一百零九条规定："自然人的人身自由、人格尊严受法律保护。"

必须明确：幼儿的人格尊严与成年人是平等的。在人格关系上，师生之间是绝对平等的，即尽管师生所承担的社会角色和责任是不同的，但是他们作为人的存在却是相同的。因此，幼儿园及其教师要尊重幼儿的人格尊严。

人格权中的健康权和生命权前面已专门阐述，下面就幼儿比较容易受到侵害的隐私权、名誉权和荣誉权等人格权作具体阐述。

（一）幼儿园及其教师要尊重幼儿的隐私权

1. 什么叫隐私权

隐私是自然人的私人生活安宁和不愿为他人知晓的私密空间、私密活动、私密信息。隐私是人的精神世界里最薄弱的环节。隐私权是自然人享有的人格权，是指自然人对享有的私人生活安宁和不愿为他人知晓的私密空间、私密活动、私密信息等私生活安全利益自主进行支配和控制，不被他人侵扰的具体人格权。

2. 保护幼儿隐私权的法律依据

《儿童权利公约》第十六条第一款规定："儿童的隐私、家庭、住宅或通信不受任意或非法干涉，其荣誉和名誉不受非法攻击。"1985 年联合国大会通过的《联合国少年司法最低限度标准规则》（又称《北京规则》）规则 8 规定："应在各个阶段尊重少年犯享有隐私的权利，以避免由于不适当的宣传或加以点名而对其造成伤害。原则上不应公布可能会导致使人认出某一少年犯的资料。"

我国《未成年人保护法》第三十九条第一款规定："任何组织或者个人不得披露未成年人的个人隐私。"第二款规定："对未成年人的信件、日记、电子邮件，任何组织或者个人不得隐匿、毁弃；除因追查犯罪的需要，由公安机关或者人民检察院依法进行检查，或者对无行为能力的未成年人的信件、日记、电子邮件由其父母或者其他监护人代为开拆、查阅外，任何组织或者个人不得开拆、查阅。"第五十八条规定："对未成年人犯罪案件，新闻报道、影视节目、公开出版物、网络等不得披露该未成年人的姓名、住所、照片、图像以及可能推断出该未成年人的资料。"

3. 幼儿隐私的主要内容

相对于未成年人而言，其隐私主要包括以下内容。第一，个人身份资料与有关数据，如幼儿的生理特征与缺陷、健康状况；幼儿家庭成员及其关系密切的社会关系资料。第二，个人生活中的特殊经历，如个人身世、患病经历和痛苦往事等。第三，私人领域，如身体、私人物品和私人空间。第四，个人通信秘密（即通信隐私）。第五，幼儿档案信息与受教育资料。总之，尊重幼儿的隐私是幼儿园教师的基本素质之一。

值得注意的是，对于成年人而言，隐私一般指生活秘密，其涉及社会公共事务的，一般不能以保护隐私权为由要求保护，如涉及贪污、受贿等犯罪事件或横穿马路等违反社会秩序的行为，他人有进行评论或批评的权利，媒体有公开报道的权利。但对于未成年人的隐私，却不仅是生活秘密，也应该包括社会事件。即使未成年人违法犯罪或者违反公共秩序，他人也无权宣扬，媒体也无权披露其真实姓名、住址或足以推断其具体是谁的信息资料。法律依据有：

《未成年人保护法》第五十八条规定："对未成年人犯罪案件，新闻报道、影视节目、公开出版物、网络等不得披露该未成年人的姓名、住所、照片、图像以及可能推断出该未成年人的资料。"

2012 年修正的《中华人民共和国预防未成年人犯罪法》（简称《预防未成年人犯罪法》）第四十五条第三款也相应规定："对未成年人犯罪案件，新闻报道、影视节目、公开出版物不得披露该未成年人的姓名、住所、照片及可能推断出该未成年人的资料。"

（二）幼儿园及其教师要尊重幼儿的名誉权

名誉权是指权利主体对自己人格的社会评价享有利益而不受他人非法干涉的权利。它是重要的人格权。

名誉权的客体是名誉。所谓名誉，是指他人对特定人的人格属性所给予的社会评价，通俗地说就是指特定人在社会中的名声或者声誉。

幼儿园及其教师要尊重幼儿的名誉权。2009 年修正的《民法通则》第一百零一条规定："公民、法人享有名誉权，公民的人格尊严受法律保护，禁止用侮辱、诽谤等方式损害公民、法人的名誉。"此外，司法机关也要尊重幼儿的名誉权。《未成年人保护法》第五十六条第二款规定："公安机关、人民检察院、人民法院办理未成年人遭受性侵害的刑事案件，应当保护被害人的名誉。"

（三）幼儿园及其教师要尊重幼儿的荣誉权

《未成年人保护法》第四十六条规定："国家依法保护未成年人的智力成果和荣誉权不受侵犯。"

荣誉权是指民事主体对其获得的荣誉及其利益所享有的保持、支配的基本身份权。荣誉权既不能转让，也不能被非法剥夺。如果公民的荣誉权受到侵害，可依《民法通则》第一百二十条第一款的规定，向法院起诉，要求停止侵害、恢复名誉、消除影响、赔礼道歉或赔偿损失。

四、幼儿园及其教师有预防幼儿沉迷网络的义务

中国互联网网络中心 2019 年 6 月发布的《第 44 次中国互联网络发展状况统计报告》的统计数据表明，截至 2019 年 6 月，我国网民规模达 8.54 亿人，较 2018 年年底增长 2 598 万人，互联网普及率为 61.2%，其中，10～19 岁网民的比例占 16.9%，10

岁以下网民的比例占 4%。

网瘾正朝着低龄化的趋势发展，越来越多的低龄孩子有不同程度的网瘾。因此，《未成年人保护法》在创造良好网络环境和预防未成年人沉迷网络方面作了相关规定。

《未成年人保护法》第三十二条第一款规定："国家鼓励新闻、出版、信息产业、广播、电影、电视、文艺等单位和作家、艺术家、科学家以及其他公民，创作或者提供有利于未成年人健康成长的作品。出版、制作和传播专门以未成年人为对象的内容健康的图书、报刊、音像制品、电子出版物以及网络信息等，国家给予扶持。"第三十三条第一款规定："国家采取措施，预防未成年人沉迷网络。"第二款规定："国家鼓励研究开发有利于未成年人健康成长的网络产品，推广用于阻止未成年人沉迷网络的新技术。"

2011～2019 年
全国教师资格考
试真题及答案
（涉及专题四问
题一）

幼儿园及其教师应倡导幼儿多参加户外运动，引导幼儿有健康的兴趣爱好。必要时，建议家长提供给幼儿良好、有益的网络产品，并控制上网时间。

 **幼儿园及其教师侵害幼儿合法权益应承担的法律责任**

幼儿园及其教师违法应承担的法律责任，主要是指违反了《未成年人保护法》《教师法》，侵害了幼儿合法权益应承担的法律责任。

《未成年人保护法》第六十三条第一款规定："学校、幼儿园、托儿所侵害未成年人合法权益的，由教育行政部门或者其他有关部门责令改正；情节严重的，对直接负责的主管人员和其他直接责任人员依法给予处分。"

幼儿园及其教师
侵害幼儿合法权
益应承担的法律
责任

《未成年人保护法》第三章"学校保护"全面完整地规定了学校、幼儿园、托儿所对未成年人的保护责任，如果幼儿园及其教师违反了这些规定，出现了诸如危房伤人、拒收残疾幼儿入园、违法开除幼儿、对幼儿乱收费等侵害幼儿合法权益行为的，就应被责令改正或给予处分。

需要注意以下两点。

（1）该条款中的"责令改正"并不是一种行政处罚。因为《行政处罚法》没有将此作为行政处罚的方式之一。责令改正不应当是一种处罚，而是实施每一种行政处罚的一个前置条件，一个必经过程，即实施每一种行政处罚之前，都应当首先责令当事人改正违法行为，消除违法行为的后果，然后才是实施行政处罚，因为实施行政处罚的目的不是为罚而罚，而是为了纠正违法行为。

（2）该条款中的"处分"既包含行政处分，也包含其他纪律处分。被处分的对象如果属于国家公职人员，则为行政处分；如果不属于国家公职人员，则为其他纪律处分。

幼儿园及其教师侵害幼儿合法权益应承担的法律责任主要包括以下几种情形。

一、幼儿园及其教师体罚幼儿应承担的法律责任

（一）体罚与变相体罚的含义

体罚的概念目前尚无统一公认的表述，大体可以理解为：体罚是指教师以暴力的方法或以暴力相威胁，或以其他强制性的手段，侵害幼儿的身心健康的侵权行为。它还包括以教育为幌子实际上行体罚之目的的变相体罚。

理解体罚概念时要注意以下几点。

（1）实施体罚的主体。必须是在幼儿园工作、直接承担对幼儿的保育教育和管理职责的教师或其他人员，并且与所体罚的对象之间具有特定的教育关系。例如，父母打子女；教师打其教育对象以外的其他幼儿，都不是我们这里所说的体罚的含义，其行为只构成殴打（属于人身侵害），不构成体罚。要承担的法律责任是治安管理处罚，不是行政处分。

（2）体罚的行为特征。体罚是教育工作者在履行保育教育职责过程中，对受教育者实施的违法行为，即体罚属于教师违法行使职权的行为。违法行使职权的行为通常表现为：行使职权的行为缺乏法律依据或无事实根据；履行职权的方法或手段违法；履行职权的程序违法；超越职权或滥用职权；没有履行法定职责；等。教师体罚幼儿的行为属于违法行使职权行为表现中的以下情形：教师履行职权的方法或手段违法、教师滥用职权。从上述表述中可见，某人即使具有教师身份，但不是在履行职务过程中对自己的教育对象实施的人身侵害，可以构成殴打、侮辱，但不构成体罚。例如，某教师与某幼儿是邻居，两家在吵架时该教师打了该幼儿。该教师的行为不构成体罚，而构成殴打。

（3）体罚的后果特征。体罚的后果可能是同时造成了幼儿身体上和人格上的双重损害；也可能只是造成幼儿身体上的损害而未造成人格上的损害；或者身体上虽未受到直接的损害但行动上受到了限制。例如，教师用胶带粘住爱说话的幼儿的嘴巴，就是一种限制。

（4）体罚的主观特征。体罚可以是出于行为人的故意，也可以是出于行为人的过失。所谓故意，是指行为人明知自己所实施的体罚行为会给幼儿造成损害或限制的后果，而追求或放任这一后果的发生。所谓过失，是指行为人应该预见而未能预见到体罚所产生的后果或轻信某伤害后果可以避免。

（5）只要有造成损害或限制，不管体罚的次数是多还是少，也不管损害的程度是轻还是重，都称为体罚。区别只在于：体罚次数或程度不同，应承担的法律责任也不同。

（6）如果是教师让幼儿自己打自己，或让幼儿互相打，称为"指使体罚"。

（7）变相体罚具有体罚后果的实质要件，所以变相体罚视同体罚。

（二）目前幼儿园体罚的特点

（1）形式多样，可归为两类。一是以直接伤害幼儿身体为主，如打耳光、打手心、扯耳朵、揪鼻子、拧胳膊、用脚踹、教鞭抽等。二是变相体罚，如罚劳动、罚做几十甚至上百遍某种体育动作、用胶布粘嘴巴等。

（2）随意性大，性质恶劣。对犯错误的幼儿，教师要怎么罚全凭当时的情境和教师的心态行事，随意性大。有些体罚的性质还相当恶劣。

（三）教师体罚幼儿的原因

1. 教师方面的原因

教师方面的原因是体罚产生的内因、主要原因。具体体现在以下几个方面。

（1）一些教师受封建教育思想的影响，无视幼儿权利，是体罚现象产生的思想基础和思想根源之一。他们信奉"棉花不修，花不开，孩子不打，不成材""鞭子本姓竹，不打书不读""严师出高徒"等传统教育的信条，认为对幼儿严格要求，甚至打幼儿是对幼儿好，是负责任的表现。教师体罚幼儿的另一思想根源是教师无视幼儿的权利。中国有"师道尊严"的传统，"师为上，生为下；师为主，生为仆；师为尊，生为卑"，这种长幼尊卑的等级观念在一些教师心中依然根深蒂固，这种思想在很大程度上助长了教师单方面的"霸权"。

（2）部分教师素质低下。教师素质的低下主要包括业务素质低下及职业道德水准低下两个方面。业务素质不高的教师课上不好，说话幼儿不听，为了维持课堂秩序，只能以罚代教，有的甚至将体罚作为治理幼儿的"法宝"。从这个意义上说，体罚是教师无能的表现。从教师的职业道德水平上看，有的教师缺少事业心、责任心，缺乏从事教师这一职业最需要也是最起码的对幼儿的爱心。

（3）教师不知法、不懂法。教师体罚幼儿，有教师职业道德低下的问题，但又不仅是个道德问题，同时还是个法律问题，即教师不知法、不懂法，可谓"无法无天"。

（4）教师的心理不健康。例如，幼儿园教师用针扎幼儿，把幼儿扔进垃圾桶等。

2. 幼儿园方面的原因

主要表现为：一些幼儿园的领导对体罚没有正确的认识，存在包庇心理，这从某种意义上纵容了教师的行为。某些幼儿园的领导对体罚的危害性没有足够的认识，认为体罚固然不对，但管总比不管好；或者认为如果处理严管，甚至体罚幼儿的老师，会挫伤他们的工作积极性。在这种思想的指导下，一些"罚"教师还常常被评上"优秀班主任""先进教师"。还有一些领导考虑到幼儿园出了体罚的事总不太光彩，也怕承担责任，影响自身利益，抱着"家丑不外扬""大事化小、小事化了"的心态，与幼儿家长"私了"案件，企图让教师逃避法律制裁，瞒天过海，蒙混过关。领导的这种包庇心理，实际上纵容了教师的体罚行为。

3. 教育主管部门的原因

主要表现为：一是教育主管部门的一些干部自身的法律意识、法律修养不够，对法律规定的原意未能真正领会、理解，接到案件后不懂得处理或乱处理，他们自己就不懂法，何谈执法与监督？二是教育主管部门平时较少深入幼儿园调查研究与督促指导，一些问题未能及时发现，到了问题严重、纸包不住火时才出面解决，处处显得被动。三是因为出了事对政绩有影响，也怕承担责任，所以不愿管得太多，不愿让外界知晓实情，总想大事化小、小事化了，导致"违法难究"。教育主管部门的执法监督不力，对教师的体罚行为有推波助澜的作用。

4．家庭及幼儿方面的原因

主要表现为：家长宽容，幼儿幼弱，为教师体罚的实施提供了无拘无束的宽松环境。从家长方面看，对于教师体罚幼儿的行为，家长的心态是多种多样的。一些家长出于对教师的尊重与信任，即使是幼儿回家告诉家长被教师体罚了，家长常常会说："是你做错了事，老师才会打你。"他们总认为教师是为了幼儿好。有的家长甚至会主动与教师说："你可以大胆地管我的孩子，必要时打他几下也没关系。"家长对老师的信任与宽容，使教师体罚幼儿时心安理得、无拘无束。另一些家长虽不主张教师体罚幼儿，但不敢得罪教师，觉得孩子毕竟还在教师手中，只好忍气吞声，敢怒不敢言。还有一些家长虽对教师的体罚行为义愤填膺，但不知法、不懂法，不知道体罚行为是违法，甚至是犯罪的，不善于运用法律武器维护幼儿的合法权益。家长的种种宽容、忍耐、无知往往使教师的体罚行为屡屡得逞。从幼儿方面看，在师生这一对关系中，幼儿总是处于弱者、被动的地位。因为他们的年龄小，认知能力非常有限，心理也不成熟，更谈不上什么法律意识。他们对教师的体罚只能害怕、逆来顺受，既不敢，也无力反抗。这就使得教师的体罚得以淋漓尽致、肆无忌惮地实施。

（四）体罚的危害

体罚的危害是显而易见的。主要表现在以下几个方面。一是损害了幼儿的身体和心理健康。二是破坏了正常的师生关系。被体罚过的幼儿容易对教师产生惧怕、反感和憎恨的心理，给本应和谐一致的师生情感蒙上一层阴影。三是有损于幼儿园的声誉和形象，也有损于教师为人师表的形象，降低教师的人格魅力。四是容易引发教师与家长之间的矛盾，使家庭教育与幼儿园教育之间出现鸿沟。

（五）禁止体罚或变相体罚的法律法规依据

我国教育主管部门早在1952年4月就明令废止对幼儿实施体罚或变相体罚。应该明确，教师体罚幼儿绝不仅是教师的师德有问题（师德问题仅属于职业道德范畴），体罚行为已经是违法行为甚至是犯罪行为。

禁止体罚或变相体罚幼儿的法律法规依据有以下几种。

（1）《义务教育法》第二十九条第二款规定："教师应当尊重学生的人格，不得歧视学生，不得对学生实施体罚、变相体罚或者其他侮辱人格尊严的行为，不得侵犯学生合法权益。"

（2）《未成年人保护法》第二十一条规定："学校、幼儿园、托儿所的教职员工应当尊重未成年人的人格尊严，不得对未成年人实施体罚、变相体罚或者其他侮辱人格尊严的行为。"

（3）《预防未成年人犯罪法》第三十六条第二款规定，家庭、学校应当关心、爱护在工读学校就读的未成年人，尊重他们的人格尊严，不得体罚、虐待和歧视。

（4）《幼儿园管理条例》第十七条规定："严禁体罚和变相体罚幼儿。"

（5）《幼儿园工作规程》第六条规定："幼儿园教职工应当尊重、爱护幼儿，严禁虐待、歧视、体罚和变相体罚、侮辱幼儿人格等损害幼儿身心健康的行为。"

（六）实施体罚或变相体罚的责任主体应承担的法律责任

从法律层面看，涉及体罚或变相体罚幼儿应承担法律责任的法律规定有以下几条。

《教师法》第三十七条第一款规定："教师有下列情形之一的，由所在学校、其他教育机构或者教育行政部门给予行政处分或者解聘。（一）故意不完成教育教学任务给教育教学工作造成损失的；（二）体罚学生，经教育不改的；（三）品行不良、侮辱学生，影响恶劣的。"第二款规定："教师有前款第（二）项、第（三）项所列情形之一，情节严重，构成犯罪的，依法追究刑事责任。"《未成年人保护法》第六十三条第二款规定："学校、幼儿园、托儿所教职员工对未成年人实施体罚、变相体罚或者其他侮辱人格行为的，由其所在单位或者上级机关责令改正；情节严重的，依法给予处分。"

从教育行政法规的层面看，涉及体罚或变相体罚幼儿应承担法律责任的规定有：《幼儿园管理条例》第二十八条第一款规定："违反本条例，具有下列情形之一的单位或者个人，由教育行政部门对直接责任人员给予警告、罚款的行政处罚，或者由教育行政部门建议有关部门对责任人员给予行政处分：（一）体罚或变相体罚幼儿的；（二）使用有毒、有害物质制作教具、玩具的；（三）克扣、挪用幼儿园经费的；（四）侵占、破坏幼儿园园舍、设备的；（五）干扰幼儿园正常工作秩序的；（六）在幼儿园周围设置有危险、有污染或者影响幼儿园采光的建筑和设施的。"第二款规定："前款所列情形，情节严重，构成犯罪的，由司法机关依法追究刑事责任。"

这里所说的法律责任主体一般指实施体罚或变相体罚行为的教师本人。教师体罚或变相体罚幼儿的行为侵犯了幼儿的财产权或人格权（如健康权、生命权等），应承担相应的法律责任。根据情节不同，责任主体要承担的法律责任有以下几个方面。

（1）情节轻微的，给予批评教育。

（2）情节严重的，给予行政处分或解聘。所谓"情节严重"，是指体罚造成了人身伤害或死亡；多次体罚，屡教不改或对多人实施体罚；体罚手段特别恶劣等。

（3）情节严重构成犯罪的，由人民法院依法追究刑事责任。可能构成的罪名有"过失伤害罪""过失致人死亡罪""故意伤害罪""虐童罪"等。

（4）对幼儿造成损失的，应赔偿损失。此项赔偿先由体罚责任人所在的幼儿园承担，幼儿园赔偿损失后，应当依据不同情况责令责任人承担部分或全部赔偿费用，即幼儿园对教师有求偿权（或称追偿权）。

 案例 4-1

幼儿园教师虐童案

2015 年 11 月 26 日，多名在××市某幼儿园就读幼儿的身上发现了大量疑似被针扎的伤痕，幼儿的家长先后到警方报了案，涉案的幼儿园教师王某于 2015 年 12 月 3 日被刑拘。××市××区人民检察院对此案提起公诉，称王某在教室及卫生间多次用缝纫针等工具将多名幼儿头部、口腔内侧、四肢、臀部、腿部等处扎伤。经司法鉴定，幼儿体表皮肤损伤存在，其损伤特点符合具有尖端的客体扎、刺所致。

　　××市××区人民法院经审理后认为，王某身为幼儿园教师，多次用缝纫针等扎、刺、恐吓等手段虐待幼儿，情节恶劣，被告人的行为构成虐待被监护人、看护人罪。公诉机关指控被告人的犯罪事实有幼儿园监控录像、手机客户端摘取的视频、被害人家长证言、铁针、螺丝钉、钢钉等，各种证据相互印证，形成完整证据链。

　　2016 年 10 月 24 日，××区人民法院作出一审判决，以虐待被监护人、看护人罪判处王某 2 年 6 个月的有期徒刑。法院宣判后，被告人王某当庭表示上诉。

　　2017 年 1 月，××市中级人民法院裁定驳回上诉，维持原判。这可能是《中华人民共和国刑法修正案（九）》实施后我国第一起以虐待被监护人、看护人罪作出一审判决的案例。

【案例分析】

　　该案中，幼儿园及王某应该为体罚、虐待幼儿的行为承担相应的法律责任。第一，在行政责任方面，幼儿园该解聘王某。另外，由于王某有主观过错，幼儿园不需要给她支付任何金额的经济补偿金。幼儿园该解聘王某的法律依据是：《教师法》第三十七条第一款规定，教师体罚学生，经教育不改的，由所在学校、其他教育机构或者教育行政部门给予行政处分或者解聘；情节严重，构成犯罪的，依法追究刑事责任。第二，在民事责任方面，王某给受伤害的幼儿造成了损害后果，还应该承担赔偿的民事责任，这里所说的赔偿既包括物质损害赔偿，也包括精神损害赔偿。此外，由于王某体罚、虐待幼儿的行为是在履行保育教育职责的过程中发生的，是职务行为，所以赔偿主体首先是幼儿园，幼儿园先行赔偿后，再来追究王某的内部责任。第三，在刑事责任方面，2015 年 11 月 1 日起施行的《中华人民共和国刑法修正案（九）》第二百六十条之一规定："对未成年人、老年人、患病的人、残疾人等负有监护、看护职责的人虐待被监护、看护的人，情节恶劣的，处三年以下有期徒刑或者拘役。"王某多次用缝纫针等工具将多名幼儿头部、口腔内侧、四肢、臀部、腿部等处扎伤，符合虐待被监护、看护人罪的构成要件，应承担刑事责任。法院的判决是正确的。

二、幼儿园及其教师侵犯幼儿隐私权应承担的法律责任

　　《未成年人保护法》第六十九条规定："侵犯未成年人隐私，构成违反治安管理行为的，由公安机关依法给予行政处罚。"《治安管理处罚法》第四十二条规定："有下列行为之一的，处五日以下拘留或者五百元以下罚款；情节较重的，处五日以上十日以下拘留，可以并处五百元以下罚款：（一）写恐吓信或者以其他方法威胁他人人身安全的；（二）公然侮辱他人或者捏造事实诽谤他人的；（三）捏造事实诬告陷害他人，企图使他人受到刑事追究或者受到治安管理处罚的；（四）对证人及其近亲属进行威胁、侮辱、殴打或者打击报复的；（五）多次发送淫秽、侮辱、恐吓或者其他信息，干扰他人正常生活的；（六）偷窥、偷拍、窃听、散布他人隐私的。"

　　从上述法律规定中可以看出：

（1）承担侵犯幼儿隐私权的责任主体是任何组织或个人，包括幼儿园、教师或父母等。

（2）侵犯幼儿隐私权的责任主体应承担的法律责任。

① 受到行政处罚，即要被处以5日以下拘留或者500元以下罚款；情节较重的，要被处以5日以上10日以下拘留，可以并处500元以下罚款。

② 虽然《未成年人保护法》第六十九条只规定了行政处罚，但联系到本法第六十条有关综合性的法律责任的规定，对侵犯幼儿隐私权的违法行为，还应追究包括民事责任（如停止侵害、恢复名誉、消除影响、赔礼道歉、侵权损害赔偿等）、行政处罚和刑事责任（如《刑法》第二百五十二条规定的"侵犯公民通信自由罪"等）在内的三种法律责任。《未成年人保护法》第六十条是这样规定的："违反本法规定，侵害未成年人的合法权益，其他法律、法规已规定行政处罚的，从其规定；造成人身财产损失或者其他损害的，依法承担民事责任；构成犯罪的，依法追究刑事责任。"

三、教师故意不完成保育教育任务，给保育教育工作造成损失应承担的法律责任

《教师法》第三十七条规定，教师有故意不完成教育教学任务给教育教学工作造成损失情形的，由所在幼儿园、其他教育机构或者教育行政部门给予行政处分或者解聘。

所谓"故意不完成教育教学任务给教育教学工作造成损失"，是指教师明知自己的行为会给教育教学工作造成损失的后果，而追求或者放任这种后果的发生。构成这一行为应同时具备两个条件。一是有主观故意，即如果是因为教师的过失，或疏忽大意，或水平有限而未完成教育教学任务给教育教学工作造成损失的，不适用此条的处罚规定。二是客观上造成了损失的后果。

由于教师故意不完成教育教学任务，给教育教学工作造成了损失，侵犯了幼儿的受教育权，因此要承担相应的法律责任。应当承担的法律责任是，由所在幼儿园、其他教育机构或者教育行政部门给予行政处分或者解聘。

四、教师品行不良、侮辱幼儿、影响恶劣应承担的法律责任

1. 什么叫品行不良、侮辱幼儿、影响恶劣

这里所说的"品行不良、侮辱幼儿、影响恶劣"实际上包括两种行为：一是品行不良，影响恶劣的违法行为；二是侮辱幼儿，影响恶劣的违法行为。所谓"品行不良，影响恶劣"，是指教师的人品或行为严重违反社会公德和教师的职业道德，严重有损为人师表的形象和身份，在社会上和幼儿中产生恶劣影响的行为，如语言粗鲁、肮脏，趣味低下，思想意识不健康，当众贬低幼儿等。所谓"侮辱幼儿、影响恶劣"，是指教师公然贬低或侵害幼儿的人格，破坏幼儿名誉，在师生中造成恶劣影响的行为，如教师当众挖苦、奚落幼儿；构成该条款违法行为的，还必须是影响恶劣。

2. 法律依据

《教师法》第八条第（四）项规定，教师有关心、爱护全体学生，尊重学生人格，促进学生在品德、智力、体质等方面全面发展的义务。《义务教育法》第二十九条第二款规

定："教师应当尊重学生的人格，不得歧视学生，不得对学生实施体罚、变相体罚或者其他侮辱人格尊严的行为，不得侵犯学生合法权益。"《未成年人保护法》第二十一条规定："学校、幼儿园、托儿所的教职员工应当尊重未成年人的人格尊严，不得对未成年人实施体罚、变相体罚或者其他侮辱人格尊严的行为。"

3. 法律责任

教师品行不良、侮辱幼儿、影响恶劣的，侵犯了幼儿的人格权，应当承担相应的法律责任。《教师法》第三十七条规定，教师有品行不良、侮辱学生，影响恶劣情形的，由所在学校、其他教育机构或者教育行政部门给予行政处分或者解聘。情节严重、构成犯罪的，依法追究刑事责任。《未成年人保护法》第六十三条第二款规定，教师有对学生实施侮辱人格行为的，由其所在单位或者上级机关责令改正；情节严重的，依法给予处分。2013 年由最高人民法院、最高人民检察院、公安部、司法部联合颁布的《关于依法惩治性侵害未成年人犯罪的意见》第二十一条第一款规定："对幼女负有特殊职责的人员与幼女发生性关系的，以强奸罪论处。"第二款规定："对已满十四周岁的未成年女性负有特殊职责的人员，利用其优势地位或者被害人孤立无援的境地，迫使未成年被害人就范，而与其发生性关系的，以强奸罪定罪处罚。"第二十三条规定："在校园、游泳馆、儿童游乐场等公共场所对未成年人实施强奸、猥亵犯罪，只要有其他多人在场，不论在场人员是否实际看到，均可以依照刑法第二百三十六条第三款、第二百三十七条的规定，认定为在公共场所'当众'强奸妇女，强制猥亵、侮辱妇女，猥亵儿童。"

教师有"品行不良、侮辱幼儿、影响恶劣"情形要承担的法律责任有以下几种。一是受到行政处分或解聘。二是情节严重构成犯罪的，依法承担刑事责任。可能构成的罪名有：猥亵儿童罪、强奸罪或侮辱罪等。三是造成损失或损害的，依法承担诸如精神损害赔偿等相应的民事责任。

2011～2019 年全国教师资格考试真题及答案（涉及专题四问题二）

案例 4-2

幼儿园男教师猥亵幼女案

2018 年某日上午，幼儿园课间休息，幼儿们纷纷来到操场活动。此时，大班 6 岁女童小雨也跟着其他幼儿一起来到操场上玩，但是却被园内的男教师李某（22 岁）拉到二楼楼道拐角，以"老师给你好吃的、好玩的"为诱饵，抚摸小雨下体，对小雨实施了猥亵，造成小雨大腿内侧根部被手划伤，下体当场流血。

小雨将这件事情告诉了班主任，班主任找李某询问，李某当场否认，于是此事作罢。晚上，小雨回到家中，将此事告诉了奶奶，说在幼儿园被一个长胡子的教师摸了大腿内侧，家属听闻此事后立即带着小雨到幼儿园，向园方反映此事并报警。警方接到报警后对事发现场进行了仔细勘察，并提取了李某指甲上的残留血迹。李某指甲上的残留血迹与受害女童小雨的血液 DNA 吻合，在确凿的证据面前，李某不得不对自己的犯罪事实供认不讳。

【案例分析】

　　该案中李某的行为构成了猥亵儿童（幼女）罪，应承担相应的法律责任。

　　猥亵儿童（幼女）罪是修改后的刑法从原流氓罪中分解出来的新罪名。它是指猥亵不满 14 周岁儿童、幼女的行为。该罪的主要犯罪特征有：第一，行为人主观上具有猥亵的目的；第二，客观上实施了猥亵的行为；第三，被猥亵的对象是不满 14 周岁的儿童、幼女；第四，不论使用什么手段，也不论儿童、幼女是否同意，即不管犯罪分子是采用暴力威胁、引诱的手段，或者别的暴力手段，只要对儿童、幼女进行了猥亵，都构成犯罪。该案中李某的行为符合上述特征，已构成猥亵儿童（幼女）罪。

　　2017 年修正的《刑法》第二百三十七条第一款规定："以暴力、胁迫或者其他方法强制猥亵他人或者侮辱妇女的，处五年以下有期徒刑或者拘役。"第二款规定："聚众或者在公共场所当众犯前款罪的，或者有其他恶劣情节的，处五年以上有期徒刑。"第三款规定："猥亵儿童的，依照前两款的规定从重处罚。"该案中，李某的行为符合第二百三十七条第三款从重处罚的情形，应从重处罚。为此，李某应承担相应的刑事责任。

　　李某除了应承担刑事责任外，还应承担赔偿的民事责任。如果李某被判处了有期徒刑以上刑事处罚，还要承担终身丧失教师资格等行政责任。

幼儿园及其教师依法处理 幼儿伤害事故

　　校园安全关系千家万户，关系整个社会的和谐稳定。幼儿园及其教师要充分认识到做好安全工作的重要性，牢固树立以人为本、安全第一的思想，做到警钟长鸣，常抓不懈，确保幼儿安全，让家长放心，让社会满意。

幼儿园及其教师应依法处理幼儿伤害事故

　　下面就幼儿伤害事故发生的原因有哪些，幼儿园及其教师在幼儿安全方面有哪些法定责任，幼儿伤害事故处理涉及哪些法律问题及如何预防、减少与处理幼儿伤害事故等问题加以阐述。

一、幼儿伤害事故概述

（一）幼儿伤害事故的概念

　　所谓幼儿伤害事故，是指幼儿在依法设立的各类幼儿园管理职责范围内发生的，造成幼儿人身损害或死亡后果的各类事故。该概念有以下三层含义。

　　（1）幼儿伤害事故的主体是幼儿。这里所称的幼儿是指在依法举办的全日制公办和民办的幼儿园中就读的受教育者。非法举办的幼儿园的在园幼儿的伤害事故不属于其适用范围。

（2）特指在幼儿园管理职责范围内发生的伤害事故，这是判断是否属于幼儿伤害事故的基本标准。这里所说的"幼儿园管理职责范围内"既包括幼儿园范围内，也包括幼儿园范围外由幼儿园组织和管理活动中发生的人身伤害事故。有人简单地以事故是否在幼儿园内发生来区分是否属于幼儿伤害事故，这是非常片面的。

（3）所受到的是人身损害而不是财产损害。所谓人身损害，通常是指侵害他人生命权、健康权或身体权，并导致他人的人体正常生理机能受到损害的事实或侵权行为。它既包括对人的肢体、内脏、五官、大脑等各个部位发生的损害，如肢体残疾、组织器官功能障碍等；也包括损害程度的轻重，如轻微伤害、轻伤害、重伤害和死亡等。

（二）对"幼儿园管理职责范围"的理解

1. 属于幼儿园管理职责范围内的事故

2002年6月25日由教育部第12号令发布，2010年12月13日由教育部第30号令修正的《学生伤害事故处理办法》第二条规定："在学校实施的教育教学活动或者学校组织的校外活动中，以及在学校负有管理责任的校舍、场地、其他教育教学设施、生活设施内发生的，造成在校学生人身损害后果的事故的处理，适用本办法。"上述规定表明，适用《学生伤害事故处理办法》处理学生伤害事故的范围是：第一，在学校实施的教育教学活动中发生的人身伤害事故；第二，在学校组织的校外活动中发生的人身伤害事故；第三，在学校负有管理职责的有关设备设施中发生的人身伤害事故。

《学生伤害事故处理办法》第三十八条规定："幼儿园发生的幼儿伤害事故，应当根据幼儿为完全无行为能力人的特点，参照本办法处理。"幼儿园发生的伤害事故属于参照执行的范围。幼儿园发生的伤害事故之所以属于参照执行的范围，主要是因为：一方面，幼儿园与其他类型的学校一样，都是实施教育教学活动的教育机构，都应遵循共同的教育规律，而且，幼儿与中小学生都属于未成年人，所以，幼儿园在处理幼儿伤害事故上与其他学校有着很大的相关性和相似性。另一方面，还应考虑幼儿园的幼儿都是完全无民事行为能力人，而且是一个非常低龄的群体这一实际，因此幼儿园及其教师对幼儿保护的责任应更大，幼儿园的责任义务应更高，在幼儿伤害事故责任的认定上，应该充分考虑幼儿都是完全无民事行为能力人这一特殊性。因此，对幼儿的"保护"应该是全方位、全时段、全场合的，幼儿在园期间始终应该在幼儿园和教师的管控之下。

2. 属于幼儿园管理职责范围外的其他伤害事故

《学生伤害事故处理办法》第十三条规定："下列情形下发生的造成学生人身损害后果的事故，学校行为并无不当的，不承担事故责任；事故责任应当按有关法律法规或者其他有关规定认定：（一）在学生自行上学、放学、返校、离校途中发生的；（二）在学生自行外出或者擅自离校期间发生的；（三）在放学后、节假日或者假期等学校工作时间以外，学生自行滞留学校或者自行到校发生的;(四)其他在学校管理职责范围外发生的。"

（1）所谓"学生自行上学、放学"，是指学生自己选择交通工具或者徒步上学、放学回家的方式，一般指时间和距离都比较短的走读生的情况，学校校车接送或者通过学校组织、安排的其他交通方式上学、放学的除外。所谓"学生自行返校、离校"，一般指时间、距离都比较长的住宿生的情况。在幼儿园，无论是幼儿自行上学、放学，还是幼儿自行返校、离校的情况都基本不存在。

（2）所谓"学生自行外出"，是指在学校没有对学生的在校时间提出要求，或者学校虽有要求但得到学校允许的情况下，学生自己主动到学校之外的地方活动的情况。所谓"学生擅自离校"，通常是指学生违反学校的有关规定，在教育教学活动期间，学生应该在校，而没有向教师请假、不经教师允许、也非经学校安排，自作主张离开学校的行为。如果由学生的亲友带出校外，没有向教师请假、不经教师同意的，也视为学生"擅自离校"。应该注意的是，不满 8 周岁的无民事行为能力人，特别是幼儿园的幼儿一般不存在"擅自离校"的问题。而且可以说，幼儿能够"擅自离校"本身就足以说明幼儿园的失职，就构成了幼儿园的责任。

（3）在放学后、节假日或者假期等时间段，学校的教育教学活动已经结束，对学生管理和保护的职责也相应结束，因此，应当属于在学校管理职责的范围之外。学校在这段时间内要承担责任的理由只有一个，即学校行为有不当。那么，怎样判断学校行为有否不当呢？要判断学校在这段时间里行为是否有不当，可以看以下两个方面：第一，学生活动时使用的学校的设备设施本身是否存在安全问题，如操场是否平整，球架是否牢固，电器是否会漏电，危险的设施是否有警示标志等；第二，看学校的管理制度是否健全并得到切实的落实。例如，学校正在施工的工地是否采取封闭式的管理等。如果学校在以上两个方面都不存在问题，则说明"学校行为并无不当"，如果出了事故，学校不承担责任。

就幼儿园而言，在放学后这一时间段里，如果幼儿已经交到监护人手中，幼儿还滞留在幼儿园活动发生事故的，幼儿园在不存在上述两个方面不足的情况下，就不再承担管理和保护的责任。而如果留园时间已到，幼儿的监护人还没有来园接幼儿的，幼儿园对幼儿还有管理和保护的责任吗？教育部于 2002 年 10 月 31 日颁布的《关于坚决遏制中小学校楼梯间拥挤伤亡事故的紧急通知》规定："各中小学校应该做到，凡是有学生在学校，就应该有教师管理、保护他们；学生在校有多晚，教师就要到多晚。"可见，此段时间里幼儿园还是有管理和保护责任的。

（4）所谓"其他在学校管理职责范围外发生的事故"是一个概括性的规定，概括前三种情况下没有穷尽的其他在学校管理职责范围外的时间和空间中发生的学生伤害事故。

需要特别强调的是，有上述情形之一的，也只有在幼儿园行为并无不当的情况下，幼儿园才不承担事故责任。言下之意是，如果幼儿园行为有不当，仍然要承担法律责任。

（三）幼儿伤害事故的类型

根据事故发生的原因不同，幼儿伤害事故可以分为以下三类。

1. 责任事故

责任事故指责任主体由于故意或者过失，未尽相应职责而导致的事故。由于幼儿伤害事故中的责任主体各不相同，根据相关责任主体的行为与损害后果之间的因果关系，可以把责任事故分为幼儿园责任事故、幼儿责任事故、其他相关人员的责任事故和混合型责任事故四种。

（1）幼儿园责任事故。指幼儿园或者教师及其他工作人员由于故意或者过失，未尽到相应的保育教育、管理和保护的职责与义务而造成的幼儿伤害事故。可以说，幼儿园责任事故绝大部分属于过失责任事故。

（2）幼儿责任事故。指由于幼儿本人或幼儿的监护人的原因而导致的事故。

（3）其他相关人员的责任事故。指由于与幼儿园或幼儿有关的其他个人或组织的过错而导致的事故。

（4）混合型责任事故。指由多方当事人的共同过错导致的事故。

2．意外事故

意外事故指不是由于当事人的故意或过失，而是由于当事人意志以外的原因而偶然发生的事故。

意外事故应具备如下条件。第一，意外事故具有不可预见性。确定意外事故的不可预见性，适用主观标准，即应以当事人为标准，即当事人是否在当时的环境下，通过合理的注意能够预见。第二，意外事故具有不可避免性。意外事故是归因于行为人自身以外的原因，行为人已经尽到了他在当时应当尽到和可能尽到的注意，或者行为人采取合理措施仍不能避免事故的发生，从而表明损害是由意外事故而不是当事人的行为所致。第三，意外事故具有偶然性。意外事故不包括第三人的行为，因此其发生概率是很低的，当事人尽到通常的注意是不可预防的。

在意外事故中，一般是根据公平责任原则由当事人各方来分担责任。

3．不可抗力事故

《民法总则》第一百八十条指出，所谓"不可抗力"，是指不能预见、不能避免且不能克服的客观情况，即"不可抗力"是独立于人的行为之外，并不受当事人的意志所支配的现象。它包括地震、雷击、台风、洪水、海啸等自然因素或者战争等社会因素。不可抗力事故就是我们通常所说的"天灾人祸"。

它要求从主客观两方面的因素考虑何种现象为"不可抗力"：第一，不可预见。这是从人的主观认识能力上来考虑不可抗力因素的，它是根据现有的技术水平，一般人对事故的发生无法预料。不可预见的标准，必须以一般人的预见能力而不是以当事人的预见能力为标准。第二，不可避免并不能克服。这是指当事人已经尽到最大努力和采取一切可以采取的措施，仍然不能避免某种事故的发生并克服事故造成的损害后果。第三，"客观情况"指外在于人的行为的自然性。不可抗力作为独立于人的行为之外的事件，不包括单个人的行为。

"不可抗力"是各国立法通行的抗辩事由。

二、造成幼儿伤害事故的原因分析

（一）责任事故原因分析

1．幼儿园责任事故原因分析

幼儿园责任事故，幼儿园应承担法律责任。容易造成幼儿园责任事故的原因主要有以下几个方面。

1）幼儿园设备、设施有安全隐患

《学生伤害事故处理办法》第九条第（一）项规定，学校的校舍、场地、其他公共设施，以及学校提供给学生使用的学具、教育教学和生活设施、设备不符合国家规定的标准，或者有明显不安全因素，造成学生伤害事故的，学校应当依法承担相应的责任。2012年卫生部修订的《托儿所幼儿园卫生保健工作规范》规定："托幼机构的房屋、场地、家具、玩教具、生活设施等应当符合国家相关安全标准和规定。"

据调查，由于幼儿园设备设施方面的不安全因素导致的幼儿伤害事故，占全部幼儿园责任事故很大的比例。为此，应将设备、设施方面的不安全因素视为幼儿园首要的责任因素。

由于设备设施方面的原因导致伤害事故的主要情形有：一是设备设施陈旧老化，未及时修复或拆除，为事故的发生留下了隐患。二是幼儿园建筑物（包括办公室、教室、宿舍、厕所等）存在质量问题，为事故的发生留下了隐患。幼儿园建筑物存在的最大质量问题是幼儿园的危房。危房分为 A、B、C、D 四级，D 级是最严重的，应立即封闭停止使用；对于 C、B 级危房应立即组织幼儿园、设计、施工人员排除危险点，加固危险构件，保证房屋安全使用。三是幼儿园设备设施有其他不安全隐患。例如，幼儿园的井盖未盖好，幼儿不小心就会掉下去；幼儿园有幼儿容易够得着的铁钩，幼儿容易被扎伤；幼儿园的地板太滑，幼儿容易摔跤；幼儿园的台阶太高，幼儿跨不上去容易摔倒等。

 案例 4-3

幼儿张某滑滑梯时受伤案

一天，某幼儿园中班的幼儿正在操场开展户外体育活动，张某趁教师不注意，到活动场地旁边的滑梯玩，不慎从未固定好的滑梯上摔下，并被倾倒的滑梯压住，造成伤残。该滑梯是幼儿园新购设施，之前发现滑道和滑梯平台间出现断裂，园方已在滑梯周围的栏杆上和滑梯口出示"禁止攀玩"的警示牌，并已通知各班教师不能让幼儿玩滑梯。同时幼儿园已与玩具生产商取得联系，要求维修或更换，生产商答应一周内上门维修。但不幸的是，悲剧竟然就在此期间发生了。

事发后，张某的家长向幼儿园索赔。但幼儿园认为，滑梯在购置不到半年内就出现问题，尚在保修期内，园方报修后，厂家亦未上门维修，生产商和销售商提供不合格产品和不及时、不到位的服务是造成这起事故的主要原因，家长应向滑梯生产商、销售商索赔。至于园方，发现滑梯出现问题后已经采取了防范措施，应该没有责任。那么，幼儿园是否要对这起事故承担法律责任呢？

【案例分析】

该案中，幼儿园是否要对这起事故承担法律责任，应根据幼儿园在这起伤害事故中有无过错进行分析。

第一，该案中，幼儿园虽及时发现了滑梯出现问题，存在安全隐患，也采取了安全措施，但安全措施存在如下不得力之处：一是护栏摆放未能有效阻止幼儿进入危险区；二是警示牌用文字书写，不符合幼儿的认知发展能力，对幼儿根本起不到警示作用；三是在户外活动时教师疏于全面管理照料，没有发现幼儿离开了安全的活动范围。根据《学生伤害事故处理办法》第九条第（一）项的规定，幼儿园的设备设施有明显的不安全因素，幼儿园教师在管理上也有一定疏忽，所以幼儿园应承担一定的责任。

第二，滑梯在保修期内出现断裂是造成伤害的直接原因，生产商、销售商同样具有不可推卸的责任。《民法通则》第一百二十二条规定，因产品质量不合格造成他人财产、人身损害的，产品制造者、销售者应当依法承担民事责任。2018 年修正的《中华人民共和国产品质量法》（简称《产品质量法》）第四十三条规定："因产品存在缺陷造成人身、他人财产损害的，受害人可以向产品的生产者要求赔偿，也可以向产品的销售者要求赔偿。属于产品的生产者的责任，产品的销售者赔偿的，产品的销售者有权向产品的生产者追偿。属于产品的销售者的责任，产品的生产者赔偿的，产品的生产者有权向产品的销售者追偿。"第四十二条第一款规定："由于销售者的过错使产品存在缺陷，造成人身、他人财产损害的，销售者应当承担赔偿责任。"第二款规定："销售者不能指明缺陷产品的生产者也不能指明缺陷产品的供货者的，销售者应当承担赔偿责任。"所以本案中，幼儿家长可以选择向幼儿园、生产商、销售商中的任何一方索赔，也可一并提出。如果家长只向幼儿园索赔，幼儿园在承担损害赔偿后，可以再向生产商、销售商追讨赔偿。

2）幼儿园制度不严，管理不善

《学生伤害事故处理办法》第九条第（二）项规定，学校的安全保卫、消防、设施设备管理等安全管理制度有明显疏漏，或者管理混乱，存在重大安全隐患，而未及时采取措施，造成学生伤害事故的，学校应当依法承担责任。《幼儿园工作规程》第十二条规定："幼儿园应当严格执行国家和地方幼儿园安全管理的相关规定，建立健全门卫、房屋、设备、消防、交通、食品、药物、幼儿接送交接、活动组织和幼儿就寝值守等安全防护和检查制度，建立安全责任制和应急预案。"

根据有关法律法规的规定，幼儿园应建立健全并严格执行以下规章制度。

（1）门卫制度。建立健全门卫制度的内容包括以下几个方面。一是要配足配齐门卫值班人员，以防止出现"有门无卫"的现象。二是上岗人员需要符合岗位要求，懂得门卫管理的职责和要求，如对外来人员进校要严格把关，实行登记、预约等制度；要防止社会闲杂人员及其他无关人员进入园区；也要防止幼儿无故离开园区。

2006 年 6 月，教育部、公安部、司法部、建设部、交通部、文化部、卫生部、工商总局、质检总局、新闻出版总署等十部委联合颁布的《中小学幼儿园安全管理办法》第十七条第一款规定："学校应当健全门卫制度，建立校外人员入校的登记或者验证制度，禁止无关人员和校外机动车入内，禁止将非教学用易燃易爆物品、有毒物品、动物和管制器具等危险物品带入校园。"第二款规定："学校门卫应当由专职保安或者其他能够切实履行职责的人员担任。"

案例 4-4

某幼儿园凶杀案

2010 年 5 月 12 日，××省某幼儿园发生凶杀案。犯罪嫌疑人吴某因身患多种疾病，多次医治未见好转，对治疗失去信心，思想压力大，便产生了自杀和报复他人的念头。因怀疑是租住自己房子私办幼儿园的王某将出现在房内的蛇打死，并从中"施法捣鬼"，给自己带来病患，所以将怨恨指向王某，持菜刀闯入幼儿园砍杀，致使 7 名幼儿（5 男 2 女）和 2 名成人（教师王某及其母亲苏某）死亡，另有 11 名幼儿受伤，其中 2 名幼儿伤势严重，吴某行凶后返回家中自杀身亡。

事件发生后，××省公安厅、卫生厅、教育厅等相关部门人员迅速赶赴现场，做好案件的处置工作。

【案例分析】

犯罪嫌疑人吴某丧心病狂，应承担全部法律责任，这无可厚非。我们这里要探讨的是，幼儿园是否也有一定过错，也应承担一定的法律责任？幼儿园幼儿是民法中的无民事行为能力人，而且是特别低龄的无任何自我防护能力的无民事行为能力人。幼儿园建立健全门卫制度是保障幼儿安全的第一道防线。我们对该案提出这样一些疑问：犯罪嫌疑人吴某为什么能轻易进入幼儿园砍杀幼儿？幼儿园有没有建立健全门卫制度？幼儿园有没有配备门卫？如果有，门卫去哪里了？为何不履行自身职责？该案中幼儿园或者没有门卫，或者虽有门卫制度但没有真正履行职责。可见，该幼儿园制度不严、管理不善，存在安全隐患，幼儿园应承担一定的法律责任。

（2）教师课间值日护导制度。教师的课间值日护导制度是指幼儿园要在幼儿常规活动的关键部位、重要环节安排专人负责疏导、保护、管理幼儿。幼儿园一日活动中各个时间段人员岗位分配情况一般是这样的：早上晨间活动时，一位教师在指定的活动场所，另一位教师在班级接待幼儿；上课时，一位教师上课，保育员配合；下课后，每层楼要有一位值日教师，操场上、围墙边、拐角处也要安排 1～2 位教师巡回护导；离园时，2位教师都要在场。

（3）食堂卫生管理制度。《中小学幼儿园安全管理办法》第二十一条规定："学校应当严格执行《学校食堂与学生集体用餐卫生管理规定》、《餐饮业和学生集体用餐配送单位卫生规范》，严格遵守卫生操作规范。建立食堂物资定点采购和索证、登记制度与饭菜留验和记录制度，检查饮用水的卫生安全状况，保障师生饮食卫生安全。"2019 年国务院修订后的《中华人民共和国食品安全法实施条例》（简称《食品安全法实施条例》）第二十八条第一款规定："学校、托幼机构、养老机构、建筑工地等集中用餐单位的食堂应当执行原料控制、餐具饮具清洗消毒、食品留样等制度，并依照食品安全法第四十七条的规定定期开展食堂食品安全自查。"2019 年由教育部、国家市场监督管理总局、国家卫生健康委员会等部门联合颁布的《学校食品安全与营养健康管理规定》第二十六条规定："学校食堂应当建立健全并落实食品安全管理制度，按照规定制定并执行场所及设施设备清洗消毒、维修保养校验、原料采购至供餐全过程控制管理、餐具饮具清洗消毒、食品添加剂使用管理等食品安全管理制度。"第四十条第一款规定："中小学、幼儿园食堂应当对每餐次加工制作的每种食品成品进行留样，每个品种留样量应当满足检验需要，不得少于 125 克，并记录留样食品名称、留样量、留样时间、留样人员等。留样食品应当由专柜冷藏保存 48 小时以上。"

概括起来，幼儿园应建立的食堂卫生管理制度包括：食堂物资定点采购索证制度、登记制度、原料控制制度、饭菜留验和记录制度、环境卫生制度、冷库冰箱卫生制度、餐具饮具清洗消毒制度、销售卫生制度、调味品库卫生制度、配餐间管理制度、食品添加剂使用管理制度等。

（4）宿舍管理制度。《中小学幼儿园安全管理办法》第二十五条第一款规定："有寄宿生的学校应当建立住宿学生安全管理制度，配备专人负责住宿学生的生活管理和安全保卫工作。"第二款规定："学校应当对学生宿舍实行夜间巡查、值班制度，并针对女生宿舍安全工作的特点，加强对女生宿舍的安全管理。"第三款规定："学校应当采取有效措施，保证学生宿舍的消防安全。"2013 年教育部、公安部、共青团中央、全国妇联联合颁布的《关于做好预防少年儿童遭受性侵工作的意见》第四条明确指出："从严管理女生宿舍。各地教育部门和寄宿制学校要对所有女生宿舍实行'封闭式'管理，尚未实现'封闭式'管理的要抓紧时间改善宿舍条件。女生宿舍原则上应聘用女性管理人员。未经宿管人员许可，所有男性，包括老师和家长，一律不得进入女生宿舍。宿舍管理人员发现有可疑人员在女生宿舍周围游荡，要立即向学校报告并采取相应防范措施。学生临时有事离校回家必须向学校请假并电话告知家长，经宿舍管理人员同意并登记后方可离校。做好学生夜间点名工作，发现有无故夜不归宿者要及时报告。"

（5）值班制度。一般来说，在幼儿日常上课、节假日、集体活动时都应该有干部、教师值班、值勤。值班要有规定、有记录、有检查。值班人员除了管理幼儿的纪律以外，也应将幼儿的安全问题放在重要的位置。要特别注意的是，不能让幼儿代替教师值班，因为值班是带有一定危险性的工作，而幼儿本身就是被保护的对象。

（6）消防安全制度。《中小学幼儿园安全管理办法》第十九条规定："学校应当落实消防安全制度和消防工作责任制，对于政府保障配备的消防设施和器材加强日常维护，保证其能够有效使用，并设置消防安全标志，保证疏散通道、安全出口和消防车通道畅通。"

 案例 4-5

幼儿园火灾案

2001 年 6 月 5 日 0:15 许，某幼儿园发生火灾，造成了 13 名 3～5 岁的幼儿死亡，其中男孩 7 人，女孩 6 人，大部分为窒息死亡。

幼儿园有大、中、小、托儿四个年级，出事的小班共有 6 个班，只有 1 个班为日托，其余 5 个班为全托。全托班每班有 3 名教师，2 名保育员。

发生事故时，留宿在园里的包括 30 名教师、厨师、实习生及幼儿共有 304 人。发生火灾的是小（6）班宿舍，当晚这个班在该幼儿园住宿的有 17 名幼儿。

最早发现火灾的是紧临幼儿园的一幢居民楼内的居民们。被幼儿哭喊声惊醒的居民发现，该幼儿园南二楼窗外大火蹿出房顶，浓烟滚滚。有人连忙报警，约 10 分钟将大火扑灭。消防干警冲进小（6）班卧室时，发现其中 13 名幼儿已窒息死亡，另外 4 名幼儿和 1 名教师被送往医院抢救。

据事故调查组调查证实，6 月 4 日 21:10 左右，小（6）班的班主任杨某在宿舍内的过道上点了 3 盘蚊香，临走时，杨某将这一情况告诉了当晚值班的保育员吴某。23:00，担任当天总值班的保教主任倪某到小（6）班巡查，就蚊香是否会影响幼儿的健康进行了询问，但未对放置在过道上的蚊香作出处理。之后，吴某单独值班。23:30，吴某离开了寝室，约 45 分钟未到寝室查看。在此期间，床上的可燃物掉落在床边过道上点燃的蚊香上引起燃烧。消防部门事后认定，这起火灾正是由于床上的可燃物掉落在蚊香上引起燃烧而造成的。着火时没有值班教师和保育员在场。

幼儿宿舍的地板为木质结构，由于晚上睡觉的房间内有许多易燃的材料，幼儿园有明文规定不允许在房间内使用明火，因此平常为了驱蚊，都是使用电蚊香，而且是用管道送到房间内。但是，小（6）班的一位家长认为，电蚊香效果不好，于是从家里拿来了蚊香，要求教师点上。

面对这场无情的大火，人们不解和疑虑的是：幼儿园平时的管理水平到底如何？出事的时候值班保育员跑哪儿去了？幼儿园有没有安装什么消防设施，否则为什么等到起明火且大火已蹿出房顶，浓烟滚滚后才被别人发现？1999 年开园的时候，园方信誓旦旦地向所有家长保证："我们的保育员 24 小时跟幼儿在一起，晚上必须在幼儿的寝室，绝对不准睡觉。"

2002 年 9 月，××市中级人民法院以失火罪分别判处小（6）班班主任杨某、小（6）班值班保育员吴某有期徒刑 3 年和 5 年；以国有企业、事业单位人员失职罪判处幼儿园值班负责人倪某有期徒刑 3 年，园长刘某有期徒刑 3 年，缓刑 3 年。

【案例分析】

该案中应承担法律责任的主体包括：该幼儿园及其幼儿园的有关负责人刘某；有关的直接责任人员，包括幼儿园值班负责人倪某、小（6）班值班保育员吴某、小（6）班班主任杨某。下面具体分析以上主体各自的责任。

第一，该幼儿园及其幼儿园的有关负责人刘某的责任。该案反映出了幼儿园在管理上存在着严重的问题：一是出事的班级是小班，小班幼儿的年龄很小，一般只有 3 周岁左右，幼儿的生活自理能力极差，加上又是全托性质的，幼儿 24 小时都待在幼儿园里，园方保教责任就更重，所以园方才给全托班每班安排了 3 名教师，2 名保育员。可见，园方是知道自身重大职责的。为履行这些职责，园方制定了一系列管理制度，如明文规定不允许在房间内使用明火等，但这些管理制度却没有真正得到落实，这为事故的发生埋下了隐患。二是幼儿园有没有安装本该安装的消防设施，如烟雾报警器等呢？从案情上看，可能是没有安装，否则不会等到起明火且大火已蹿出房顶，浓烟滚滚后才被园外的人发现。这也反映出幼儿园在管理上存在的问题，也为事故的发生埋下了隐患。三是幼儿园园长刘某没有认真履行领导职责，擅自同意未经培训的吴某等人上岗担任保育员，这些人不明确自己的职责，就无法正确地履行自己的职责，这也为事故的发生创造了一定的条件。

园长刘某的行为已构成犯罪。应根据《国务院关于特大安全事故行政责任追究的规定》及《刑法》的有关规定，追究刘某的刑事责任。此外，幼儿园还应承担赔偿的民事法律责任。

第二，3名有关直接责任人员倪某、吴某、杨某应承担的责任。

值班负责人倪某的责任。作为值班负责人，顾名思义，其职责就是要检查当班人员有没有在岗，有没有尽职尽责；当发现当班人员没有在岗或没有尽职尽责时，应及时予以纠正。但该案中，当班的保育员吴某较长时间里都没有在岗，值班负责人倪某却没有发现，其行为已构成失职，应承担一定的法律责任。

保育员吴某的责任。吴某当班时未在岗，不管是去做了什么，都有不可推卸的责任。该案中，令人气愤之处在于：幼儿的哭声已经吵醒了周围的居民，值班保育员吴某却什么都不知道，可见这种失职的行为已达到极为严重的程度。在3名直接责任人员中，吴某的责任最重，应以失火罪承担刑事责任。《刑法》第一百一十五条第一款规定："放火、决水、爆炸以及投放毒害性、放射性、传染病病原体等物质或者以其他危险方法致人重伤、死亡或者使公私财产遭受重大损失的，处十年以上有期徒刑、无期徒刑或者死刑。"第二款规定："过失犯前款罪的，处三年以上七年以下有期徒刑；情节较轻的，处三年以下有期徒刑或者拘役。"

班主任杨某的责任。她点燃的三盘蚊香，是导致该案发生的直接导火线。作为一名幼儿园的教师，杨某明知幼儿园明确规定幼儿寝室里不能使用明火，却无视幼儿园的规章制度而点起了蚊香，而且作为一个正常的人，也应该预料到在小班幼儿的寝室里（木地板上）点燃明火可能导致的后果，但她却没有预料到，可见，杨某的行为有过失，应按失火罪承担刑事责任。

（7）安全检查制度和危房报告制度。幼儿园要定期检查园舍，一旦发现危房要立即采取措施或者向上汇报；要定期检查教学设备，对可能造成幼儿伤害的教学设备要及时更换；要定期检查易燃易爆物品，对一些化学危险品要保管好，实行"双人管理、双人领取、双人使用、双把锁、双本账"的管理制度，不能让危险品散落在幼儿手中；要定期检查消防设备，过期的、失效的要及时更换。

《中小学幼儿园安全管理办法》第十八条第一款规定："学校应当建立校内安全定期检查制度和危房报告制度，按照国家有关规定安排对学校建筑物、构筑物、设备、设施进行安全检查、检验；发现存在安全隐患的，应当停止使用，及时维修或者更换；维修、更换前应当采取必要的防护措施或者设置警示标志。学校无力解决或者无法排除的重大安全隐患，应当及时书面报告主管部门和其他相关部门。"第二款规定："学校应当在校内高地、水池、楼梯等易发生危险的地方设置警示标志或者采取防护设施。"

（8）卫生保健制度。《中小学幼儿园安全管理办法》第二十三条第一款规定："学校应当按照国家有关规定配备具有从业资格的专职医务（保健）人员或者兼职卫生保健教师，购置必需的急救器材和药品，保障对学生常见病的治疗，并负责学校传染病疫情及其他突发公共卫生事件的报告。有条件的学校，应当设立卫生（保健）室。"第二款规定："新生入学应当提交体检证明。托幼机构与小学在入托、入学时应当查验预防接种证。学校应当建立学生健康档案，组织学生定期体检。"

　　幼儿园在建立健全卫生保健制度时要注意以下几点。第一，幼儿园要配备符合要求的卫生保健人员。2010年卫生部部务会议审议通过，并经教育部同意的《托儿所幼儿园卫生保健管理办法》第十二条规定："托幼机构聘用卫生保健人员应当按照收托150名儿童至少设1名专职卫生保健人员的比例配备卫生保健人员。收托150名以下儿童的，应当配备专职或者兼职卫生保健人员。"第二，新生一入学，首先应为幼儿建立卫生档案卡，幼儿卫生档案卡主要应记载以下内容：每个幼儿的预防接种情况、健康情况、既往病史、药物过敏、血型、体质强弱、父母工作单位、家庭地址和电话号码或作为联系人的某一亲戚朋友的姓名、住址、电话号码等。在幼儿的卫生档案卡上，应特别注明幼儿是否有特殊体质，如果有，幼儿园应保证做到让班主任、卫生保健人员和任课教师都知道。

 案例4-6

某幼儿园喂错药案

　　2016年11月15日，因为不到3岁的托（2）班杨某感冒，奶奶送其上某幼儿园时，带去了盐酸丙卡特罗口服溶液，并委托教师喂药。保育员蒋某中午喂药时，错把剂量3.5毫升喂成了35毫升，导致幼儿药物中毒呕吐，随后入院进行洗胃。

　　蒋某喂错药的原因是：幼儿的奶奶拿药给幼儿园时，说要喂35毫升，当时蒋某就说是不是太多了，幼儿的奶奶回答说"孩子妈妈写了的"，并拿出了一张字条，字条上明确写了35毫升。随后，奶奶自己在受家长委托幼儿在园服药情况登记表上也写了35毫升，并有签字。蒋某在喂药时，还专门找了另外一名教师将字条和登记表进行对比，确认了就是35毫升。

　　那么，该案中幼儿园及保育员蒋某该不该为幼儿杨某的药物中毒承担法律责任呢？

　　【案例分析】

　　第一，该案主要承担责任者为幼儿家长。因为幼儿园已经让家长写"受家长委托幼儿在园服药情况登记表"，并有签字，程序是规范的。家长的过错是导致幼儿园喂错药的直接原因。第二，幼儿园也不是完全没有责任。首先，该案中的保育员蒋某虽然质疑剂量是不是太多，也专门找另一名教师将字条和登记表进行了对比，但她毕竟没有进一步采取有效措施；其次，该园这种将药品分到班级，然后由保育员分别喂药的管理方法不够规范，应由保健医生统一喂药才比较规范，毕竟保健医生才有专业知识。可见，幼儿园及保育员蒋某应承担一定的赔偿的民事责任。

　　（9）实验室安全管理制度。《中小学幼儿园安全管理办法》第二十二条第一款规定："学校应当建立实验室安全管理制度，并将安全管理制度和操作规程置于实验室显著位置。"第二款规定："学校应当严格建立危险化学品、放射物质的购买、保管、使用、登记、注销等制度，保证将危险化学品、放射物质存放在安全地点。"2013年国务院修正的《危险化学品安全管理条例》第二十五条第一款规定："储存危险化学品的单位应当建立危险化学品出入库核查、登记制度。"第二十六条第二款规定："储存危险化学品的单位应当对其危险化学品专用仓库的安全设施、设备定期进行检测、检验。"相对于中小学而言，幼儿园里有毒、有害、易燃、易爆或者其他危险品比较少，最多只有老鼠药、酒精、消毒水、杀虫剂、双氧水、机油等，管理难度比较小。

（10）幼儿安全信息通报制度。《中小学幼儿园安全管理办法》第二十四条第一款规定："学校应当建立学生安全信息通报制度，将学校规定的学生到校和放学时间、学生非正常缺席或者擅自离校情况及学生身体和心理的异常状况等关系学生安全的信息，及时告知其监护人。"第二款规定："对有特异体质、特定疾病或者其他生理、心理状况异常及有吸毒行为的学生，学校应当做好安全信息记录，妥善保管学生的健康与安全信息资料，依法保护学生的个人隐私。"

（11）车辆管理制度。《中小学幼儿园安全管理办法》第二十六条第一款规定："学校购买或者租用机动车专门用于接送学生的，应当建立车辆管理制度，并及时到公安机关交通管理部门备案。接送学生的车辆必须检验合格，并定期维护和检测。"第二款规定："接送学生专用校车应当粘贴统一标识。标识样式由省级公安机关交通管理部门和教育行政部门制定。"第三款规定："学校不得租用拼装车、报废车和个人机动车接送学生。"第四款规定："接送学生的机动车驾驶员应当身体健康，具备相应准驾车型 3年以上安全驾驶经历，最近 3 年内任一记分周期没有记满 12 分记录，无致人伤亡的交通责任事故。"2012 年国务院出台的《校车安全管理条例》第十条规定："配备校车的学校和校车服务提供者应当建立健全校车安全管理制度，配备安全管理人员，加强校车的安全维护，定期对校车驾驶人进行安全教育，组织校车驾驶人学习道路交通安全法律法规以及安全防范、应急处置和应急救援知识，保障学生乘坐校车安全。"第二十三条第二款规定："取得校车驾驶资格应当符合下列条件：（一）取得相应准驾车型驾驶证并具有 3 年以上驾驶经历，年龄在 25 周岁以上、不超过 60 周岁；（二）最近连续 3 个记分周期内没有被记满分记录；（三）无致人死亡或者重伤的交通事故责任记录；（四）无饮酒后驾驶或者醉酒驾驶机动车记录，最近 1 年内无驾驶客运车辆超员、超速等严重交通违法行为记录；（五）无犯罪记录；（六）身心健康，无传染性疾病，无癫痫、精神病等可能危及行车安全的疾病病史，无酗酒、吸毒行为记录。"第二十六条规定："校车驾驶人应当每年接受公安机关交通管理部门的审验。"第三十四条第一款规定："校车载人不得超过核定的人数，不得以任何理由超员。"第四十条第一款规定："校车的副驾驶座位不得安排学生乘坐。"

 案例 4-7

幼儿园校车事故致 21 人死亡案

2011 年 11 月 16 日上午 9:15 左右，某镇砖厂门口，一辆大翻斗运煤货车与某幼儿园（民办）接送幼儿的面包车迎面相撞，共致 21 人死亡，其中校车司机 1 名、教师 1名、幼儿 19 名，还有 43 人受伤。

经调查，该事故校车核载人数 9 人，实载 64 人，属严重超载；事发时，校车是左道超速逆行；为了多载一些人，幼儿园董事长李某还叫人将座位拆除，幼儿全部只能站在车内；校车超载现象久已存在，教育部门、交通管理部门之前已经知道，但没有采取任何措施。该幼儿园是当地唯一的一家幼儿园，每年招生规模近千人，学费每学期 680 元，其中包含校车接送费。上幼儿园的幼儿多为留守儿童，父母常年都不在身边。

涉及此次事故的某县县长刘某、教育局局长雷某、交警队队长苟某已被停职调查，翻斗车司机樊某已被刑事拘留，幼儿园董事长李某因私自改装车辆，指示他人严重超载驾驶，涉嫌交通肇事罪已被批准逮捕。政府部门拟对每一名遇难人员赔偿人身保险、优抚救助金共计人民币 43.6 万元。

【案例分析】

第一，该案涉及多个责任主体，他们应分别承担相应的法律责任。其中，幼儿园董事长李某、翻斗车司机、校车司机应承担刑事责任，校车司机因已死亡，所以无以追究。县长刘某、教育局局长雷某、交警队队长苟某应承担行政责任。幼儿园、翻斗车车主应承担赔偿的民事责任。

第二，这些责任主体需承担相应法律责任的理由分别是：幼儿园董事长李某私自改装车辆，指使他人严重超载驾驶，对事故负有直接领导责任，构成交通肇事罪；翻斗车司机没有采取紧急制动措施，构成交通肇事罪；校车司机严重超载，左道超速逆行，构成交通肇事罪。法律依据是：《刑法》第一百三十三条规定："违反交通运输管理法规，因而发生重大事故，致人重伤、死亡或者使公私财产遭受重大损失的，处三年以下有期徒刑或者拘役；交通运输肇事后逃逸或者有其他特别恶劣情节的，处三年以上七年以下有期徒刑；因逃逸致人死亡的，处七年以上有期徒刑。"县长刘某、教育局局长雷某、交警队队长苟某应承担管理不善的领导责任，应分别受到不同程度的行政处分。该案造成 21 人死亡，幼儿园作为校车的管理人、所有人，应承担赔偿的民事责任；翻斗货车车主应为司机行驶不当的职务行为承担赔偿的民事责任。

（12）幼儿接送的交接制度。《中小学幼儿园安全管理办法》第三十一条规定："小学、幼儿园应当建立低年级学生、幼儿上下学时接送的交接制度，不得将晚离学校的低年级学生、幼儿交与无关人员。"《幼儿园工作规程》第十三条第三款规定："入园幼儿应当由监护人或者其委托的成年人接送。"

总之，幼儿园应依法建立健全并贯彻实施上述十二项安全制度，如果因制度不严，管理不善出了事故，幼儿园及其相关责任人员应承担相应的法律责任。

3）幼儿园向幼儿提供的药品、食品、饮用水等不符合国家或行业的有关标准与要求

幼儿是餐饮服务的特殊对象，幼儿园一旦发生食品安全事故，其所产生的社会影响力远远超过其他领域。《学生伤害事故处理办法》第九条第（三）项规定，学校向学生提供的药品、食品、饮用水等不符合国家或者行业的有关标准、要求，造成学生伤害事故的，学校应当依法承担相应的责任。2019 年教育部等部门联合颁布的《学校食品安全与营养健康管理规定》第十三条规定："中小学、幼儿园应当建立集中用餐陪餐制度，每餐

均应当有学校相关负责人与学生共同用餐，做好陪餐记录，及时发现和解决集中用餐过程中存在的问题。有条件的中小学、幼儿园应当建立家长陪餐制度，健全相应工作机制，对陪餐家长在学校食品安全与营养健康等方面提出的意见建议及时进行研究反馈。"

幼儿园可能有以下几方面过失。第一，幼儿园在向药品、食品、饮用水的提供者采购并向幼儿提供时，没有尽到相应的注意义务。例如，幼儿园没有检查经营单位的"三证"（生产许可证、产品出厂合格证、质量保证书），没有到生产厂家实地考察；食堂为了贪便宜，向不具有生产食品资格的工厂购买食品。第二，幼儿园对食品、饮用水进行加工时没有尽到应有的注意义务。例如，幼儿园食堂在加工食品时不符合卫生要求；提供饮用水的器具不符合卫生要求；提供的药品不符合行业要求等。

必须注意的是，这里所说的药品、食品、饮用水是指幼儿园向幼儿提供的。如果是幼儿自行携带或家长自行购买而在幼儿园食用的，若出现事故，则不属于幼儿园责任事故的范畴，幼儿园不承担责任。

4）幼儿园对幼儿的安全教育不够充分，安全保护措施不力

《学生伤害事故处理办法》第九条第（四）项规定，学校组织学生参加教育教学活动或者校外活动，未对学生进行相应的安全教育，并未在可预见的范围内采取必要的安全措施，造成学生伤害事故的，学校应当依法承担相应的责任。

幼儿园在管理实践中安全保护措施不力的具体表现主要有：一是上体育课，没有教师在场指导，让幼儿自己乱扔乱投；二是让园外的车辆进入幼儿园教学区和其他幼儿活动区，撞到了幼儿；三是幼儿园组织的园外活动安排不周密，教师麻痹大意；四是幼儿园组织大规模的聚会，安全保护措施不力；五是教师教育方法不当，让幼儿在上课时间回家拿手绢等财物；六是幼儿园施工时，建筑工地没有与幼儿的活动区隔离。2019 年修正的《中华人民共和国建筑法》（简称《建筑法》）第三十九条第一款规定："建筑施工企业应当在施工现场采取维护安全、防范危险、预防火灾等措施；有条件的，应当对施工现场实行封闭管理。"

5）幼儿园对教职工的健康关注不够

《学生伤害事故处理办法》第九条第（五）项规定，学校知道教师或者其他工作人员患有不适宜担任教育教学工作的疾病，但未采取必要措施，造成学生伤害事故的，学校应当依法承担相应的责任。《中小学幼儿园安全管理办法》第三十五条第一款规定："学校教职工应当符合相应任职资格和条件要求。学校不得聘用因故意犯罪而受到刑事处罚的人，或者有精神病史的人担任教职工。"《幼儿园管理条例》第九条第二款规定："慢性传染病、精神病患者，不得在幼儿园工作。"《幼儿园工作规程》第三十九条第二款规定："幼儿园教职工患传染病期间暂停在幼儿园的工作。有犯罪、吸毒记录和精神病史者不得在幼儿园工作。"

教职工"不适宜担任教育教学工作的疾病"主要包括：一是可能通过接触扩大染病人群的慢性传染性疾病；二是可能使教师产生暴力倾向或者心理扭曲的精神性疾病；三是有精神病史的。此外，有犯罪记录和吸毒记录的，也不得在幼儿园工作。幼儿园发现教师有上述疾病时，应采取必要的措施。

幼儿园对教师身心疾病的注意义务应当以幼儿园发现但未采取措施为限。例如，某幼儿园教师精神病发作，从 3 楼将多个幼儿扔到楼下，导致幼儿受伤。该案中，如果该

教师的精神病是突发的，事先没有任何明显征兆，幼儿园难以预见，则幼儿园没有注意义务，不应承担责任；如果该教师以前已经有过多次这样的表现，幼儿园知道，但没有采取有效措施，则幼儿园在管理上存在疏忽，幼儿园应承担相应的法律责任。

 案例 4-8

精神病患者杀人案

2004 年 8 月 4 日上午，某幼儿园 15 名幼儿和 3 名教师在幼儿园被人砍成重度切割伤，其中 1 名重伤幼儿经抢救无效死亡。

犯罪嫌疑人是该幼儿园 52 岁的门卫徐某，行凶凶器为一把菜刀。徐某系男性，1952 年 9 月 20 日出生，1995 年 5 月 11 日～9 月 24 日期间，徐某因病在某医院住院治疗。经与医院核实，医生当时诊断徐某患有偏执型精神分裂症。2002 年，经在医院上班的妻子介绍，徐某到某幼儿园传达室做临时工。

【案例分析】

第一，犯罪嫌疑人徐某应承担的责任。根据司法精神病鉴定结论，如果他是在正常的精神状态下行凶的，应承担刑事责任；受害人可以对其提起刑事附带民事诉讼。如果他是在尚未完全丧失辨认或者控制自己行为能力的状态下行凶的，应当负刑事责任，但是可以从轻或者减轻处罚，这同样不能排除他的民事赔偿责任。如果确认其行凶时是在精神病理的支配下进行的，就不能追究其刑事责任，只能责令他的家属或者监护人严加看管和医疗，必要时由政府强制医疗，在经济上可以对其单独提起民事诉讼，请求民事赔偿，而这种民事赔偿的实现程度直接受制于精神病人的赔偿能力。第二，幼儿园应承担的责任。徐某于 1995 年 5 月 11 日～9 月 24 日期间因患有精神分裂症曾经住院治疗，幼儿园聘任他时应该有知道的义务，但幼儿园不去了解反而聘任了他，幼儿园有失察行为，应承担赔偿的民事责任。幼儿园负责人有管理不善的行为，应承担一定的行政法律责任。

6）幼儿园组织幼儿参加不适合幼儿参加的活动

《学生伤害事故处理办法》第九条第（六）项规定，学校违反有关规定，组织或者安排未成年学生从事不宜未成年人参加的劳动、体育运动或者其他活动，造成学生伤害事故的，学校应当依法承担相应的责任。此外，《中小学幼儿园安全管理办法》第三十三条更详尽地规定："学校不得组织学生参加抢险等应当由专业人员或者成人从事的活动，不得组织学生参与制作烟花爆竹、有毒化学品等具有危险性的活动，不得组织学生参加商业性活动。"

概括起来，常见未成年人不宜参加的劳动、体育运动或者其他活动有：

（1）组织未成年人参与山林救火。未成年人不应该参与山林救火是有明确法律依据的，如 2008 年国务院修订的《草原防火条例》第三十一条第一款规定："扑救草原火灾应当组织和动员专业扑火队和受过专业培训的群众扑火队；接到扑救命令的单位和个人，必须迅速赶赴指定地点，投入扑救工作。"第二款规定："扑救草原火灾，不得动员残疾人、孕妇、未成年人和老年人参加。"总之，未成年人遇到这类危险时，首先应该想到的是如何躲避而不是迎着危险上。如果学校或教师组织未成年人参与山林救火，造成事故的，要承担相应的法律责任。

（2）组织未成年人参与抗洪抢险。

（3）组织未成年人参与各种商业庆典活动。例如，幼儿园组织幼儿手持氢气球参与一些单位的庆典活动。应该明确，氢气球是危险品、易燃易爆物品，国家明令禁止未成年人参与这样的活动。

（4）组织未成年人参与制作烟花爆竹、有毒化学品等具有危险性的活动。

（5）让未成年人擦高层楼的窗户、挂高层楼的窗帘。

7）幼儿园对幼儿的特异体质关注不够

《学生伤害事故处理办法》第九条第（七）项规定，学生有特异体质或者特定疾病，不宜参加某种教育教学活动，学校知道或者应当知道，但未予以必要的注意，造成学生伤害事故的，学校应当依法承担相应的责任。此外，《中小学幼儿园安全管理办法》第三十七条第二款规定："学校对已知的有特异体质、特定疾病或者异常心理状况的学生，应当给予适当关注和照顾。生理、心理状况异常不宜在校学习的学生，应当休学，由监护人安排治疗、休养。"幼儿常见的特异体质有先天性心脏病、白血病、癫痫病、先天性哮喘病、先天性脑畸形、对青霉素针剂过敏、高热惊厥（抽筋）、脾肿大、血友病、全身无汗腺、对服碘油丸过敏等。

这里所说的"知道"与"应该知道"都是一种法律上的术语。所谓"知道"，是指客观事实已经存在，而且当事人在主观上也已经知道。例如，幼儿园通过体检或幼儿家长的告知，已经知道了幼儿的特殊体质或者已经掌握了幼儿病情，并对在这种情况下幼儿不应参加的活动有了清楚的了解。所谓"应当知道"，是指客观事实已经存在，不管当事人在主观上是否知道，从法律上都推定当事人已经知道。例如，幼儿园组织幼儿体检，体检完毕后，医院将检查结果以书面形式告知幼儿园，其中有一份检查结果单上注明某一幼儿有特殊体质，幼儿园收到后未加注意就收档了，结果幼儿园在组织活动中没有照顾到该幼儿的这一特殊体质而发生了伤害事故。从主观上看，幼儿园对这个幼儿的这一特殊体质可能真的不知情，但从法律上则推定幼儿园"应当知道"，因为只要医院将体检结果告知了幼儿园，幼儿园就有义务知道每个幼儿的体格情况，幼儿园从主观上不去了解就是一种失职行为，由此造成的伤害事故，幼儿园可能要承担一定的法律责任。

当然，幼儿园的注意义务是指"必要的注意"，如果已经尽到了必要注意，但仍有不良后果发生的，则幼儿园没有责任。例如，某幼儿有先天性心脏病，幼儿园没有让该幼儿参加任何体育活动，只是让幼儿在教室里坐着安静地听课，但该幼儿还是心脏病突发，突然晕倒了，在这样的情况下，幼儿园已经尽到了必要的注意义务，幼儿园没有过错，不承担责任。而如果幼儿的体检结果已经证明幼儿有先天性心脏病，幼儿园已经告知了教师，但教师忘记了这件事，还是让该幼儿参加剧烈运动，该幼儿突然心肌梗塞，死亡，则说明教师没有尽到必要的注意义务，不能说忘了幼儿的病情就不承担责任。

8）幼儿园对幼儿救护不力

《学生伤害事故处理办法》第九条第（八）项规定，学生在校期间突发疾病或者受到伤害，学校发现，但未根据实际情况及时采取相应措施，导致不良后果加重，造成学生伤害事故的，学校应当依法承担相应的责任。《未成年人保护法》第二十四条规定："学校对未成年学生在校内或者本校组织的校外活动中发生人身伤害事故的，应当及时救护，妥善处理，并及时向有关主管部门报告。"第四十条规定："学校、幼儿园、托儿所和公共场所发生突发事件时，应当优先救护未成年人。"《幼儿园工作规程》第十五条第一款规定："幼儿园教职工必须具有安全意识，掌握基本急救常识和防范、避险、逃生、自救的基本方法，在紧急情况下应当优先保护幼儿的人身安全。"2012 年卫生部修订的《托儿所幼儿园卫生保健工作规范》规定："保教人员应当定期接受预防儿童伤害相关知识和急救技能的培训，做好儿童安全工作，消除安全隐患，预防跌落、溺水、交通事故、烧（烫）伤、中毒、动物致伤等伤害的发生。"

当幼儿在园内突发疾病或受到突发伤害时，其处理流程一般是这样的：第一发现人应立即告诉幼儿园的卫生保健人员，由卫生保健人员对伤害情况作出初步判断，并根据伤势轻重、疾病的性质作出简单的处理或送医院，并立即告诉幼儿园领导妥善处理有关事宜。

何谓"及时采取相应措施"呢？所谓"及时"是一个模糊的概念，有时只差几分钟，也可能不"及时"，造成延误，有时却拖了几小时也没有延误，还属于"及时"的范围，所以关键是要看发生事故或者突发疾病的具体情形及在当时的条件下有没有延误。一般而言，所谓"及时"是指以教师的职业素质看到或者应当看到幼儿发生伤害事故或者突发疾病，根据当时的条件和可能，在最短的时间内毫不迟延地进行有效处理。

幼儿园履行救护义务的原因应该是无条件的，即只要伤害事故已经发生，无论是由于幼儿园原因造成的事故，还是与幼儿园无关的原因导致的事故，或是幼儿突发的疾病，幼儿园发现后，都应该无条件地负起及时救护的义务。例如，有的教师发现幼儿可能受到的伤害较严重时，不是马上把幼儿送往医院，而是通知家长，等家长来了才让家长将幼儿送到医院，结果延误了最佳救治时间，导致不良后果加重，在这种情况下，教师可能要承担一定的责任。当然，幼儿园履行这种救护义务的对象、范围、程度等会受到幼儿园具体条件和能力的限制。如有的幼儿园地处边远农村，幼儿园发现幼儿的伤病后，所选择的医院和交通方式就会受到很大的限制，一般只能送到就近的卫生院，不能要求幼儿园将受伤幼儿送到条件优越的省级医院，送去的交通工具也可能只能是摩托、汽车，而没有条件用"120"急救车。

幼儿园要注意：第一，要配备符合要求的幼儿园医务人员及一般伤病事故的医疗用品，如绷带、纱布、棉花球、碘酒、消毒水、消炎药等，尤其是外伤性消毒、清洁、止血及食物中毒性消炎药品应配齐配全；第二，在幼儿园判断不清幼儿病情程度的情况下，应尽可能及时地将幼儿送往附近医院救治或打"120"救护电话。尤其是脑部、眼部受伤，还有高处坠落、胸腹部受重击等情况下，往往当时不一定能显现征兆，幼儿园判断病情不能以教师观察和幼儿自我感觉为准，应以医院诊断和治疗为准，切忌听到幼儿讲没什么事，就不送幼儿到医院。

当然，如果幼儿园没有尽到应该履行的及时救护责任的，也只能对因此给幼儿加重了的（或者称为扩大了的）损失负责。如果幼儿园延迟救护对幼儿的伤病后果不会产生实质性影响的，则幼儿园没有责任。

9）幼儿园未及时履行告知义务

《学生伤害事故处理办法》第九条第（十一）项规定，对未成年学生擅自离校等与学生人身安全直接相关的信息，学校发现或者知道，但未及时告知未成年学生的监护人，导致未成年学生因脱离监护人的保护而发生伤害，造成学生伤害事故的，学校应当依法承担相应的责任。理解幼儿园该"及时告知义务"时要注意以下几点。

第一，什么叫幼儿园已经履行了"及时告知义务"？幼儿园的及时告知义务是指幼儿园的告知行为已经做出即可，并不一定要求幼儿园实际上已经通知到了被告知人。也就是说，"告知"是行为而不是结果。如果幼儿园按监护人所留的联系方式（如固定电话、手机、电子邮件等）无法与监护人取得联系，或找不到监护人本人时，要求其他人如监护人的共同居住成员或者同事转告，应视为幼儿园已尽到了告知义务。如果监护人没有快捷联系方式，而需要幼儿园派人到幼儿家里或者监护人单位告知的，只要幼儿园及时派人去告知了，即使幼儿园告知人员到达监护人单位或家里之前损害已经发生了，也视为幼儿园已尽到了告知义务。

第二，幼儿园需要告知家长的信息应当是与幼儿人身安全直接相关的。其中，幼儿擅自离园、旷课等信息就是带有典型性的与幼儿人身安全直接相关的信息。对此，《预防未成年人犯罪法》第十六条第一款明确规定："中小学生旷课的，学校应当及时与其父母或者其他监护人取得联系。"

第三，幼儿园未履行告知义务要不要承担法律责任还要与所产生的后果联系起来。幼儿园的未告知行为必须与伤害后果有因果关系，幼儿园才有过错，才可能要承担法律责任；如果幼儿园的未告知行为与伤害后果没有因果关系，则幼儿园没有过错，不要承担法律责任。需要强调的是，无论如何，幼儿园未履行告知义务只能是事故发生的间接原因，间接原因是否要承担法律责任要视具体情况而定。

第四，幼儿园的告知义务以幼儿园已经发现或者已经知道，但怠于履行职责为特征，并以告知为限度，如果幼儿园已经告知家长而家长怠于履行职责，则事故的责任就要由家长来承担。

那么，与幼儿人身安全直接相关的信息有哪些呢？这些信息主要有以下几种。

第一，幼儿园要告知幼儿及其家长，幼儿园的校门何时开，何时关，家长才不会过早地把幼儿送到幼儿园，或太迟来接孩子。如果幼儿园要提前放学，应通知家长（不仅要告知幼儿本人），以免出现监护空档。幼儿园可以在开学时就给每个家长发通知书，告诉家长幼儿园的作息时间表。

第二，幼儿园制定的规章制度，特别是与幼儿人身安全相关的规章制度要告知幼儿及其家长。

第三，幼儿园组织的活动特别是校外活动应该事先告知幼儿家长，让家长了解此项活动的性质、内容，安全的可靠性等。例如，幼儿园组织幼儿打预防针，必须事先书面通知家长，并收取家长同意或者不同意的回条。如果幼儿刚好患有某些不宜打预防针的疾病，家长与幼儿园就能及时取得沟通，以免导致不良后果。

案例 4-9

幼儿陈某被大货车撞死案

陈某是就读于一所幼儿园的 6 岁幼儿。该园幼儿是来自居住较为分散的民工子女。为方便幼儿上学，园方投资购买了几辆客车，每天早晨到指定接送点接幼儿到幼儿园，下午放学后，再用园车送幼儿到指定接送点，由家长把孩子接回家。因为国庆节即将来临，幼儿园决定 9 月 30 日 14:30 放学。9 月 27 日，幼儿园将临时变动放学时间的通知口头告诉了在园的幼儿，让幼儿向家长转告。9 月 30 日 14:30，园车把幼儿送到了指定接送点，幼儿陆续下车后，家长们一一将自己的孩子领走。但陈某忘记将幼儿园提前放学的通知告诉家长，该幼儿家长不知变故，因而没有提前到指定接送点接孩子。活泼的陈某从园车中跑出来后，急急忙忙跑向马路，准备自己回家。在路中央，被一辆疾驶而来的大货车撞倒并将其拖了十几米，陈某当场死亡。

公安交通部门对事故开展了调查并作出了损害赔偿调解书：车辆肇事者承担主要责任（70%），死者本人承担次要责任（30%）。该幼儿家长无法接受此结果。他们认为，这 30%的责任应当由所在幼儿园承担。但园方认为，事故的发生与幼儿园没有关系，因为幼儿园早就将幼儿安全送到指定接送点，关于提前放学的决定也已提前两日口头告诉了所有在园幼儿，幼儿应当告诉家长提前来接。

【案例分析】

本案的关键在于幼儿园是否履行了法律意义上的告知义务。因为幼儿园是用园车每天到指定接送点接送幼儿的，幼儿园变更放学的时间，关系到家长能否与幼儿园履行交接幼儿的大事，幼儿园应当及时通知家长，以便家长尽到保护幼儿安全的职责。而通知和联系的方式应当考虑到它的有效性。这所幼儿园是民工子弟幼儿园，幼儿居住分散，家长又都是民工，流动性大，因此，给家长发通知，必须考虑到能否准确无误、及时地让家长知晓。本案中，幼儿园将提前放学的通知口头告诉幼儿，让幼儿转告家长，这是不适当的方式，因为幼儿园的幼儿都是无民事行为能力人，而且是特别低龄的无民事行为能力人，他们的年龄和认知能力决定了兴趣容易转移，注意力不集中，幼儿园口头告诉幼儿的"重要"通知，这些幼儿可能听后很快就忘了，更不用说让他们准确无误地转告家长了。幼儿园本应以书面形式通知家长，或者通过电话联系，让每一位家长都知晓提前放学的事，但幼儿园由于过于自信，轻信幼儿园可以以口头方式告诉即可让家长知晓，导致了事故后果。可见，本案中幼儿园告知方式的有效性值得怀疑。最终，由于幼儿园过于自信的过失，酿成了幼儿被车撞死的悲剧。因此，幼儿园对这起人身伤亡事故负有未尽告知义务的责任，应当承担相应的法律责任。

当然，这是一起交通事故，公安交通部门是按照交通法规认定责任的，违反交通规则的人也应承担主要责任。

10）幼儿园搞不当创收活动

幼儿园经费有限，希望通过创收活动改善幼儿园办学条件，改善教师待遇是可以理解的，也符合法律规定，即《教育法》第五十九条规定："国家采取优惠措施，鼓励和扶持学校在不影响正常教育教学的前提下开展勤工俭学和社会服务，兴办校办产业。"但幼儿园一定要注意：影响正常教育教学工作的、不安全的活动一定不能搞，否则要承担相应的法律责任。2001年《国务院关于特大安全事故行政责任追究的规定》第十条第一款规定，严禁以任何形式、名义组织学生从事接触易燃、易爆、有毒、有害等危险品的劳动或者其他危险性劳动。严禁将学校场地出租作为从事易燃、易爆、有毒、有害等危险品的生产、经营场所。《中小学幼儿园安全管理办法》第三十四条第一款规定："学校不得将场地出租给他人从事易燃、易爆、有毒、有害等危险品的生产、经营活动。"第二款规定："学校不得出租校园内场地停放校外机动车辆；不得利用学校用地建设对社会开放的停车场。"

 案例 4-10

幼儿园出租仓库爆炸案

某公立幼儿园，场地非常宽阔。为了追求经济利益搞创收，园领导经研究决定把操场西边的一块近3 000平方米的空地租给一化工厂使用。一天，幼儿园大（2）班正在操场上上体育课。突然"轰"的一声巨响，化工厂租用的一间仓库发生爆炸，当场炸伤3名幼儿。经查，造成此次事故的直接原因是化工厂仓管员违规堆放易燃原料。但幼儿园的租赁行为有无过错、是否要为受伤的幼儿承担责任呢？

【案例分析】

本案中化工厂违规操作，引发爆炸事故，对3名幼儿的受伤负有不可推卸的赔偿责任。但幼儿园在此案中也负有责任。

《中小学幼儿园安全管理办法》第三十四条第一款规定："幼儿园不得将场地出租给他人从事易燃、易爆、有毒、有害等危险品的生产、经营活动。"《幼儿园管理条例》第二十五条规定："任何单位和个人，不得侵占和破坏幼儿园园舍和设施，不得在幼儿园周围设置有危险、有污染或影响幼儿园采光的建筑和设施，不得干扰幼儿园正常的工作秩序。"可见，幼儿园将园内操场边的空地租给属高危险行业、产品多属易燃易爆品的化工厂，无疑给幼儿园的园舍、场地带来了明显的不安全因素，给幼儿园的幼儿带来了潜在的危险。其租赁行为有过错，违反了法律规定，园方应对3名幼儿所受伤害承担一定的责任。

11）教师或其他工作人员对幼儿的危险行为未履行管理、告诫、制止义务

《学生伤害事故处理办法》第九条第（十）项规定，学校教师或者其他工作人员在负有组织、管理未成年学生的职责期间，发现学生行为具有危险性，但未进行必要的管理、告诫或者制止，造成学生伤害事故的，学校应当依法承担相应的责任。《中小学幼儿园安全管理办法》第三十五条第二款规定："学校教师应当遵守职业道德规范和工作纪律，不得侮辱、殴打、体罚或者变相体罚学生；发现学生行为具有危险性的，应当及时告诫、制止，并与学生监护人沟通。"理解时要注意以下几个方面。

第一，教师履行此义务应限于其负有组织、管理幼儿的职责期间。在此期间，教师

履行的是法定职责，承担的是法定义务；在此范围之外，教师所负的是道义责任而非法律责任。

第二，教师构成此项不作为义务的要件之一是教师已经发现了幼儿的危险性行为，但没有加以管理、告诫、制止的情况。如果幼儿在实施危险行为时故意不让教师发现，或者幼儿实施的危险行为本身具有很大的隐蔽性，教师难以发现，则不能认为教师的行为是不作为。此外，如果教师发现幼儿的危险行为后已经采取了必要措施，但因能力有限或者其他客观原因导致事故还是不可避免地发生了，也不能认为教师的行为是不作为。

12）幼儿园教师或其他工作人员违反法定规范

《学生伤害事故处理办法》第九条第（九）项规定，学校教师或者其他工作人员在履行职责过程中违反工作要求、操作规程、职业道德或者其他有关规定，造成学生伤害事故的，学校应当依法承担相应的责任。

这里所说的"违反工作要求"是指幼儿园或教师在教育教学活动中违反了专业规范，包括对特定岗位、工作期间的工作要求。例如，幼儿园需要安装氢气球等易燃易爆物品用于庆祝活动时，如果幼儿园没有安排人员专门看守直至回收，就是一种违反工作要求的行为。这里所说的"违反操作规程"是指幼儿园或教师在特定教育教学活动中违反了应遵循的操作规程。例如，体育教师应先让幼儿做准备运动、热身运动后再正式运动，如果教师没有这样做，就是一种违反操作规程的行为。2013 年国务院修正的《危险化学品安全管理条例》第二十四条第一款规定："危险化学品应当储存在专用仓库、专用场地或者专用储存室（以下统称专用仓库）内，并由专人负责管理；剧毒化学品以及储存数量构成重大危险源的其他危险化学品，应当在专用仓库内单独存放，并实行双人收发、双人保管制度。"

13）教师或其他工作人员体罚或者变相体罚幼儿

《学生伤害事故处理办法》第九条第（九）项规定，学校教师或者其他工作人员体罚或者变相体罚学生，造成学生伤害事故的，学校应当依法承担相应的责任。关于体罚或者变相体罚的问题已于本专题的问题二有详细阐述，此略。

14）教师教育方法简单粗暴，语言不当

例如，教师使用一些侮辱性的语言导致伤害事故的，教师应承担相应的法律责任。

总之，幼儿园或幼儿园教师有上述 14 种情形之一的，说明幼儿园或幼儿园教师有过错。幼儿园或幼儿园教师有过错，就要承担相应的法律责任。

2．幼儿及其监护人责任事故原因分析

属于幼儿及其监护人责任事故的，幼儿的监护人应承担法律责任。容易造成幼儿及其监护人责任事故的原因主要如下。

（1）幼儿实施违法违纪行为。

《学生伤害事故处理办法》第十条第（一）项规定，学生违反法律法规的规定，违反社会公共行为准则、学校的规章制度或者纪律，实施按其年龄和认知能力应当知道具有危险或者可能危及他人的行为，造成学生伤害事故的，学生或者未成年学生监护人应依法承担相应的责任。由于幼儿园幼儿年龄特别小，认知能力非常有限，所以即使幼儿实施了违法违纪行为，幼儿园往往也存在管理不善，也要承担一定的责任。

（2）幼儿执意实施危险行为。

《学生伤害事故处理办法》第十条第（二）项规定，学生行为具有危险性，学校、教师已经告诫、纠正，但学生不听劝阻、拒不改正，造成学生伤害事故的，学生或者未成年学生监护人应依法承担相应的责任。同样，由于幼儿园幼儿年龄特别小，认知能力非常有限，所以即使幼儿执意实施了危险行为，幼儿园往往也存在管理不善，也要承担一定的责任。

（3）幼儿或其监护人未及时将特异体质等必要信息告知幼儿园。

《学生伤害事故处理办法》第十条第（三）项规定，学生或者其他监护人知道学生有特异体质，或者患有特定疾病，但未告知学校，造成学生伤害事故的，学生或未成年学生监护人应当承担相应的责任。

幼儿园有了解幼儿特殊体质的职责，但其了解的能力也是有限的，幼儿的许多疾病，特别是先天性疾病，幼儿园一般难以知道。在这样的情况下，幼儿及其家长就有将有关信息告知幼儿园的义务，以便幼儿园更好地采取措施实施对幼儿的有效保护。一些家长出自种种考虑，不愿意将实情告诉幼儿园与教师，在这种情况下，如果幼儿园的生活、活动安排没有不妥之处，幼儿园一般不承担法律责任。

案例 4-11

幼儿陈某呕吐后突然死亡案

2018 年 3 月 5 日，某幼儿园的幼儿陈某午饭后突然呕吐，随即口吐白沫、四肢僵硬，倒地不起。教师立即报告园领导和保健医生，大家一起把陈某送往当地医院抢救，同时通知家长。但在送往医院途中，陈某突然死亡。

家长随即将幼儿园告上法庭，要求园方对陈某的死亡承担责任。医生检查发现，陈某是由于自身先天性疾病突发而死的，陈某所犯的这一疾病，体检查不出来，连家长也不知情。园方认为幼儿园没有责任。原因为：第一，陈某是死于自身的疾病；第二，之前园方从未听陈某的家长说过陈某有这样的病史，事发前也没有发现该幼儿有任何异常表现；第三，园方及时发现情况并将幼儿送往医院。

【案例分析】

该案中，幼儿园不应承担法律责任，其理由如下所述。第一，陈某是死于自身的先天性疾病，该疾病体检查不出来，连家长也不知情，因而幼儿园也无从可知该幼儿患有此疾病。第二，园方对事故的处理及时、妥当，没有耽误该幼儿的救治时间，反映出他们对幼儿高度的责任心。根据《学生伤害事故处理办法》第十二条第（三）项的规定，学生有特异体质、特定疾病，学校不知道或者难于知道的情况下所发生的学生伤害事故，学校已履行相应职责，行为并无不当的，不必承担法律责任。

由于陈某的死完全是个人疾病的原因造成的，因此应由其监护人自行承担相应责任。

（4）监护人不履行对幼儿人身安全的监护职责。

《学生伤害事故处理办法》第十条第（四）项规定，未成年学生的身体状况、行为、情绪等有异常情况，监护人知道或者已被学校告知，但未履行相应监护职责造成学生伤害事故的，监护人应当承担相应的责任。

3．其他有关人员责任事故原因分析

（1）有关经营者或活动组织者存有过错。

《学生伤害事故处理办法》第十一条规定："学校安排学生参加活动，因提供场地、设备、交通工具、食品及其他消费与服务的经营者，或者学校以外的活动组织者的过错造成的学生伤害事故，有过错的当事人应当依法承担相应的责任。"

在这类事故中，幼儿园可能以以下三种不同的身份出现。

第一，幼儿园只是幼儿消费行为的统一组织者。例如，幼儿园组织幼儿去春游、秋游时，为幼儿统一购买门票；统一组织到防疫站打预防针等。此时，幼儿是商品或者服务的直接消费者。幼儿园是这种行为的相关当事人，可以帮助幼儿维护权利。

第二，幼儿园是产品或服务的购买者。例如，幼儿园购买教育教学设施等。此时，幼儿园是商品或者服务的直接使用者，如果购买的产品存在质量问题造成幼儿人身损害后果的，可以依据《产品质量法》的规定代表受害者向产品的生产者、经营者要求赔偿。

第三，幼儿园是活动的参加者，又承担部分的组织责任。例如，幼儿园参加大型集体庆祝活动，幼儿园只是众多参加的单位之一，在组织本园幼儿参加活动没有过错的前提下，如果因大型活动的整个组织不周密造成事故，应由活动的组织者承担责任。

 案例 4-12

幼儿园电视机爆炸伤人案

某新成立的幼儿园，为了对幼儿进行艺术熏陶，每天下午都组织幼儿在从正规商家买回来的电视机前观看幼儿舞蹈。一天下午，幼儿园教师像往常一样又组织在园幼儿坐在电视机前看电视，突然"轰"的一声巨响，电视机发生爆炸，幼儿都被吓得面如土色，好久才哭出声来。坐在前排的幼儿王某和李某则被爆炸的电视机碎片击中面部，一个眼睛失明，另一个脸部严重受伤。事后，两名幼儿的家长要求幼儿园赔偿医疗费、护理费、精神损失费等共计 10 万余元。经有关部门鉴定，电视机爆炸是由于显像管质量低劣造成的。

【案例分析】

幼儿园作为教学活动的举办者，有义务为幼儿提供符合国家安全标准的园舍、场地、其他教育教学设施和生活设施。但该案中两名幼儿受伤的真正原因是电视机显像管质量低劣，不符合国家产品质量标准造成的，所以依据《民法通则》和《产品质量法》的有关规定，应追究电视机生产者或销售者的责任，幼儿园可以代表受害者向产品的生产者、经营者索赔，也可以由家长作为受害人的法定代理人直接向产品的生产者、经营者索赔。

《民法通则》第一百二十二条规定："因产品质量不合格造成他人财产、人身损害的，产品制造者、销售者应当依法承担民事责任。运输者、仓储者对此负有责任的，产品制造者、销售者有权要求赔偿损失。"《产品质量法》第四十一条第一款规定："因产品存在缺陷造成人身、缺陷产品以外的其他财产（以下简称他人财产）损害的，生产者应当承担赔偿责任。"

（2）教师的个人行为存有过错。

《学生伤害事故处理办法》第十四条规定："因学校教师或者其他工作人员与其职务无关的个人行为，或者因学生、教师及其他个人故意实施的违法犯罪行为，造成学生人身损害的，由致害人依法承担相应的责任。"

教师具有双重身份，第一重身份是普通公民。当教师以一个普通公民的身份出现时，教师所实施的行为属于个人行为。所谓教师的"与其职务无关的个人行为"，是指教师不是基于所在幼儿园赋予的职责要求，而纯系个人需求出发，由本人意志决定，从事与自身利益相关的活动。教师的第二重身份是履行教育教学职责的专业人员，当教师以专业人员的身份出现时，教师所实施的行为属于职务行为。

认定教师的行为是否属于职务行为有以下几个要素。一是时间要素，教师在工作时间实施的行为通常被认为是职务行为。二是岗位要素，教师在其工作岗位上实施的行为通常被认为是职务行为。三是职责要素，教师非在工作时间和工作场所实施的行为，如果与其职责有关，通常可认为是职务行为。例如，教师组织幼儿春游秋游、教师家访等，虽然行为发生在幼儿园园外，但都应该视为职务行为。四是命令要素，教师依照幼儿园的指示或者接受幼儿园的委托而实施的行为通常被认为是职务行为。

与教师职务有关的行为后果由教师所在的幼儿园承担，出现诉讼时，被告应该是幼儿园而不是教师本人。而与职务行为无关的个人行为的后果由教师个人承担，出现诉讼时，被告应该是该教师本人而不是幼儿园。

（二）意外事故原因分析

（1）来自幼儿园外部的突发性、偶发性侵害。

《学生伤害事故处理办法》第十二条第（二）项规定，来自学校外部的突发性、偶发性侵害造成的学生伤害事故，学校行为并无不当的，不承担法律责任。因为学校在这类事故中事先无法预见，无法防范。"学校行为并无不当"，要求学校在教育、教学、管理等各个方面、各个环节都做到没有明显缺陷或疏漏。

（2）幼儿有特异体质或特定疾病，幼儿园不知道或者难于知道。

《学生伤害事故处理办法》第十二条第（三）项规定，学生有特异体质、特定疾病，学校不知道或者难于知道造成的学生伤害事故，学校行为并无不当的，不承担法律责任。因为这也属于学校不能预见的意外因素。

（3）幼儿有异常心理状态，幼儿园不知道或者难于知道。

《学生伤害事故处理办法》第十二条第（三）项规定，学生有异常心理状态，学校不知道或者难于知道造成的学生伤害事故，学校行为并无不当的，不承担法律责任。

在日常对幼儿的保育教育中，幼儿园、教师对幼儿进行一些批评或表扬都是必不可少的教育手段。在教师的批评行为并无不当的情况下，教师无法预测其批评行为会导致什么后果，此时造成的事故纯属意外，幼儿园与教师不必承担法律责任。

（4）幼儿实施自伤行为。

《学生伤害事故处理办法》第十二条第（四）项规定，学生自杀、自伤，学校行为并无不当的，学校不承担法律责任，学生应自己承担责任。

对于幼儿园幼儿的自伤行为，幼儿园要不要承担责任，要看幼儿园行为有无不当，幼儿园行为有不当时才可能要承担法律责任。认定幼儿园行为有无不当主要看两个方面：首先，幼儿的自伤行为是否直接因幼儿园的教职员的教育、管理不当引起的；其次，当幼儿有明显的自伤倾向时，幼儿园发现后有没有及时采取有效措施予以制止。排除了以上两种情况，就属于"行为并无不当"。

在幼儿园行为并无不当的前提下，由于自伤是行为人的自主选择，行为人主观上存在直接故意，因此行为人要自负其责。即使幼儿园行为有不当之处，也并不一定必然造成幼儿自伤，所以在幼儿园行为有不当的情况下，幼儿园是否承担责任、承担多大的责任还要具体问题具体分析。

但由于幼儿年龄特别小，自我意识能力低，自伤的现象在现实中还是极少出现的。

（5）对抗性或者具有风险性的体育竞赛活动。

《学生伤害事故处理办法》第十二条第（五）项规定，在对抗性或者具有风险性的体育竞赛活动中发生的意外伤害，学校行为并无不当的，不承担法律责任。

在对抗性或者具有风险性的体育竞赛活动中，教师要加强对幼儿的安全教育：要教育幼儿不使用错误的推、拉、撞等粗野动作、危险动作；要教育幼儿树立"宁失一分，勿伤一人"的思想。但这些对抗性或者具有风险性的体育竞赛活动本身就具有难以控制的意外风险，幼儿在参加这些活动时，本身就包含有自愿承担损害后果或甘冒风险的明示或默示的意思表示。如果幼儿园在组织这些活动时没有不当之处，则幼儿园不承担法律责任。

 案例 4-13

幼儿在游戏中受伤案

某幼儿园体育游戏课上，幼儿在教师的指导下在操场上玩"老狼老狼几点钟"的追逐游戏。活动前，教师已经带领幼儿做好了相关的准备工作，包括检查清理了场地，检查整理了幼儿的服装，游戏前安排了适当的准备活动，对游戏玩法和注意事项做了详细说明等。活动中，教师一直在旁看护。幼儿王某被扮演老狼角色的李某定为追逐目标，不料在一次转身奔跑躲闪中，王某突然一下子失去平衡，摔倒在地，造成骨折。在场教师立即与保健医生为王某实施了折肢固定，并送医院治疗。但事后，王某的家长还是向幼儿园和李某的家长提出了损害赔偿的要求。

幼儿园认为这是体育活动中的意外伤害，不应负法律责任；李某的家长认为李某追逐王某是正常教学活动中的合理行为，是王某自己失去平衡跌倒的，李某并无过错，也不应承担责任。那么，谁该为王某的伤承担责任呢？

【案例分析】

本案中，幼儿园在做游戏前准备活动充分，教师对体育游戏组织合理，所选活动内容符合幼儿身心发展的年龄特点，没有超出幼儿的现有运动水平，游戏进行时教师一直在旁看护，运动场地也合乎规格。而李某也并无违反体育游戏规则，没有故意伤害王某。在这起事故中，造成幼儿伤害的因素是幼儿王某动作突然失去平衡，这对幼儿园及教师来说主观上不能预见，也不能避免。可见，王某的跌倒纯属意外。

　　该案中，幼儿园、王某及李某三方都没有过错，但如果后果只由受伤的王某一方来承担又有失公平。《民法通则》第一百三十二条规定："当事人对造成损害都没有过错的，可以根据实际情况，由当事人分担民事责任。"《中华人民共和国侵权责任法》（简称《侵权责任法》）第二十四条也规定："受害人和行为人对损害的发生都没有过错的，可以根据实际情况，由双方分担损失。"该起意外事故适用于上述公平责任原则来归责，即应由当事人王某、李某及幼儿园三方共同分担相应的责任。

（三）不可抗力事故原因分析

　　不可抗力是指人们不能预见、不能避免并不能克服的客观因素，就是通常所说的"天灾人祸"。不可抗力事故具体又分为以下几类。

　　（1）地震、雷击、台风、洪水等自然方面的不可抗力。

　　《学生伤害事故处理办法》第十二条第（一）项规定，地震、雷击、台风、洪水等不可抗的自然因素造成的学生伤害事故，学校行为没有不当的，不承担法律责任。

　　（2）战争等社会方面的不可抗力。

　　《侵权责任法》第二十九条规定："因不可抗力造成他人损害的，不承担责任。法律另有规定的，依照其规定。"可见，由不可抗力造成的幼儿伤害事故，幼儿园不承担法律责任。

三、相关法律关系主体在幼儿安全方面的法定责任

　　幼儿伤害事故中涉及的法律关系主体有很多，如幼儿园的举办者、教育主管部门、幼儿园、教师、幼儿、幼儿的监护人等。下面着重阐述幼儿园、教师、幼儿、幼儿的监护人在幼儿安全方面的法定责任。

（一）幼儿园及其教师在保障幼儿安全方面的法定责任

　　幼儿园及其教师在幼儿安全方面的法定责任可概括为教育、管理、保护三个方面，具体阐述如下。

1．教育的责任

　　教育幼儿是幼儿园及其教师的首要功能和职责。《学生伤害事故处理办法》第五条第一款规定，学校应当对在校学生进行必要的安全教育和自护自救教育。具体地说，幼儿园的教育责任包括以下几个方面。

　　（1）幼儿园要对幼儿进行必要的安全教育，提高幼儿的安全意识。

　　《中小学幼儿园安全管理办法》在第五章整章专门阐述了安全教育问题。第三十八条规定："学校应当按照国家课程标准和地方课程设置要求，将安全教育纳入教学内容，对学生开展安全教育，培养学生的安全意识，提高学生的自我防护能力。"第三十九条规定："学校应当在开学初、放假前，有针对性地对学生集中开展安全教育。新生入校后，学校应当帮助学生及时了解相关的学校安全制度和安全规定。"第四十条第一款规定："学

校应当针对不同课程实验课的特点与要求，对学生进行实验用品的防毒、防爆、防辐射、防污染等的安全防护教育。"第二款规定："学校应当对学生进行用水、用电的安全教育，对寄宿学生进行防火、防盗和人身防护等方面的安全教育。"第四十一条第一款规定："学校应当对学生开展安全防范教育，使学生掌握基本的自我保护技能，应对不法侵害。"第二款规定："学校应当对学生开展交通安全教育，使学生掌握基本的交通规则和行为规范。"第三款规定："学校应当对学生开展消防安全教育，有条件的可以组织学生到当地消防站参观和体验，使学生掌握基本的消防安全知识，提高防火意识和逃生自救的能力。"第四款规定："学校应当根据当地实际情况，有针对性地对学生开展到江河湖海、水库等地方戏水、游泳的安全卫生教育。"第四十二条第一款规定："学校可根据当地实际情况，组织师生开展多种形式的事故预防演练。"第二款规定："学校应当每学期至少开展一次针对洪水、地震、火灾等灾害事故的紧急疏散演练，使师生掌握避险、逃生、自救的方法。"教育部于 2013 年印发的《中小学校岗位安全工作指南》指出，要进行放学前一分钟、每周一节课、每月一次专题讲座的安全教育。

所谓"必要的安全教育"，是指幼儿园组织某一项保育教育活动时，针对这项活动进行的必不可少的安全教育，而不仅是一般意义上的安全教育。例如，幼儿园组织幼儿春游前进行诸如要服从集体领导、不要擅自到危险地带去活动等有针对性的安全教育。

我国一贯重视对学生的安全教育工作。自 1996 年起，每年 3 月最后一个星期一是"全国安全教育日"，每年确定一个"安全教育日"主题，如 2019 年安全教育日的主题是"珍爱生命，安全伴我行"。一些省份对学生的安全教育提出了更高的要求，如 2012 年福建省人大常委会通过的地方法规《福建省学校安全管理条例》第八条规定："每年三月最后一周为学生安全教育活动周。"即对学生进行集中安全教育的时间由一日增加到了数日。

为了增强师生安全意识，提高师生的逃生自救能力，教育部于 2014 年印发了《中小学幼儿园应急疏散演练指南》，该文件对如何开展地震、火灾、校车事故等的应急疏散演练进行了详细、具体的指导。

（2）对幼儿进行自救自护知识的教育。

《未成年人保护法》第六条第三款规定："国家、社会、学校和家庭应当教育和帮助未成年人维护自己的合法权益，增强自我保护的意识和能力，增强社会责任感。"

① 进行自救自护知识教育的必要性。

第一，依据幼儿园园内违法犯罪侵害的特点，提醒幼儿懂得自救自护。研究表明，幼儿园园内的违法犯罪侵害有两个特点。一是幼儿园园内的违法犯罪侵害绝大部分是幼儿园暴力，如虐待、打骂、威胁等。二是幼儿被侵害的隐蔽性很大。这些特点使得警察与司法机关很难及时介入。这样，幼儿的"自救自护"就成为预防违法犯罪的最有效武器。

第二，依据违法犯罪的规律，提醒幼儿懂得自救自护。公安实践证明，在违法犯罪侵害到来时，99%的现场是没有警察的，只有幼儿自救与互救。长期以来，虽然公安机关的快速出警能力得到了大幅度的改善，但通常城市警察到达案发现场的时间需 10 分钟之后，农村警察到达现场的时间则会更长。这样，绝大部分违法犯罪分子都可能脱离现场，逃避打击。

从小培养幼儿的自救自护意识与能力，幼儿会终身受益。

② 幼儿园应如何对幼儿实施自救自护知识的教育？

第一，帮助幼儿树立自救自护的观念。

预防犯罪与预防犯罪侵害的有效途径是软技术防范。软技术防范是针对"技术防范"而提出的。"技术防范"是以科技为主，以器材为主；而"软技术防范"则是以观念防范为主，提高防范意识。

从技术防范到观念防范是预防犯罪的趋势所在。那么，应教育幼儿树立哪些观念呢？

a. 不要和陌生人说话。国外有些国家的警察上街巡逻时会带有玩具小熊，分发给幼儿，小熊身上的缎带上会写着"与陌生人说不"，教育幼儿提高警惕，远离犯罪分子。从听话的好孩子到敢于说不，这种观念上的更新是时代发展的必然产物。

b. 生命第一，财产第二。在传统的社会中，人们忽视个人的生命价值而宣传集体、社会的利益高于一切。在现代社会，应教育幼儿要重视个人有生命与生存的权利。例如，教育幼儿在被抢劫时，在敌强我弱的情况下，可以放弃财产从而保全自己的生命，这不但不会被大人批评，反而值得肯定。

我们要树立这样的观念：幼儿是未成年人，面对危险，最重要的义务首先是保护自己。

c. 不要简单地将人分为好人和坏人。传统道德中，往往会教育幼儿把人分为好人和坏人，对好人服从，对坏人拒绝。但在现代社会中，违法犯罪分子总是以朋友、长辈的面目出现的，因此，我们应转变教育方式，教育幼儿不要把人分为好人和坏人，而应提高警惕，即使是最亲近的人，也要注意防范。

研究表明，幼儿受到的侵害主要来自幼儿园内部而不是外部，而教师与幼儿是侵害的主体。教师与幼儿恰恰是被害人的亲近人群。因此，可以告诉幼儿这样一个警惕性公式：警惕性＝1/信任程度×熟悉程度，即警惕性与信任程度和熟悉程度成反比，信任程度越高，熟悉程度越高，警惕性就越低。还要幼儿记住一句警语："也许危险就在身边""花园里也有大灰狼"。

d. 勇于打破常规。传统教育强调纪律和秩序，即所谓的没有规矩，不成方圆。但在防范违法犯罪时，幼儿应该见机行事，甚至可以打破常规，保全自己的生命。例如，在与违法犯罪分子周旋和斗争中，可以欺骗、说谎，甚至可以毁坏财物。

e. 个人的身体神圣不可侵犯。要教育幼儿"背心和裤衩覆盖的部分是神圣不可侵犯的，不许别人触摸"，用这种方式防范幼儿被性侵犯和性虐待。

f. 斗智和斗勇相结合。传统教育中，面对违法犯罪分子，成年人往往鼓励幼儿勇于斗争，舍生忘死。实践证明，在敌强我弱的情况下，斗勇会导致无谓的牺牲。因此，幼儿应根据实际情况，审时度势，冷静分析，采取斗智和斗勇相结合的方式与坏人周旋。

第二，在《3～6岁儿童学习与发展指南》指导下实施保教活动，让幼儿掌握自救自护的知识与方法，增强自救自护的意识与能力。

针对3～6岁幼儿的身心发展特点，《指南》提出了健康领域的目标之一是培养幼儿"具备基本的安全知识和自我保护能力"。具体而言，3～4岁的具体目标是：①不吃陌生人给的东西，不跟陌生人走；②在提醒下能注意安全，不做危险的事；③在公共场所走失时，能向警察或有关人员说出自己和家长的名字、电话号码等简单信息。4～5 岁的具体目标是：①知道在公共场合不远离成人的视线单独活动；②认识常见的安全标志，能遵守安全规则；③运动时能主动躲避危险；④知道简单的求助方式。5～6 岁的具体目标是：①未经大人允许不给陌生人开门；②能自觉遵守基本的安全规则和交通规则；③运动时能注意安全，不给他人造成危险；④知道一些基本的防灾知识。

那么，应如何培养幼儿"具备基本的安全知识和自我保护能力"呢？《指南》建议以下几点。①创设安全的生活环境，提供必要的保护措施。这些保护措施包括：把热水瓶、药品、火柴、刀具等物品放到幼儿够不到的地方；阳台或窗台要有安全保护措施；要使用安全的电源插座等。在公共场所注意照看好幼儿；幼儿乘车、乘电梯时要有成人陪伴；不把幼儿单独留在家里或汽车里。②结合生活实际对幼儿进行安全教育，具体包括：外出时，提醒幼儿要紧跟成人，不远离成人的视线，不跟陌生人走，不吃陌生人给的东西；不在河边和马路边玩耍；遵守交通规则等。帮助幼儿了解周围环境中不安全的事物，不做危险的事。例如，不动热水壶，不玩火柴或打火机，不摸电源插座，不攀爬窗户或阳台等。帮助幼儿认识常见的安全标志：小心触电、小心有毒、禁止下河游泳、紧急出口等。告诉幼儿不允许别人触摸自己的隐私部位。③告诉幼儿简单的自救和求救的方法。这些方法包括：记住自己家庭的住址、电话号码、父母的姓名和单位，一旦走失时知道向成人求助，并能提供必要信息；遇到火灾或其他紧急情况时，知道要拨打 110、120、119 等求救电话。可利用图书、音像等形式对幼儿进行逃生和求救方面的教育，并运用游戏方式模拟练习。幼儿园应定期进行火灾、地震等自然灾害的逃生演习。

（3）对幼儿进行遵守幼儿园规章制度的教育。

要让幼儿意识到，幼儿园的规章制度和纪律是保护幼儿人身安全的重要屏障。例如，规定不准幼儿带剪刀、治安管制刀具与弹弓、喷射枪等可能造成幼儿伤害的物品进幼儿园，不准带小动物进幼儿园，不做危险动作，午睡时不玩扣子、发夹、拉链等物品，不要碰电插座板，不将手指放在门或窗开关处以防夹伤，进厕所不许推挤，不玩火、肥皂、消毒物品等，其目的是为了保障幼儿的安全。幼儿应该严格遵守幼儿园的这些规定。

总之，如果幼儿园已经以合适的方式尽到了上述教育的义务，则说明幼儿园已经履行了其自身的职责。有时，进行安全教育不一定有立竿见影的效果，因此教育效果的有无不应成为认定幼儿园有无过错、要不要承担法律责任的理由。

2．管理的责任

《关于做好预防少年儿童遭受性侵工作的意见》规定："各地教育部门要坚持'谁主管、谁负责，谁开办、谁负责'的原则，落实中小学校长作为校园内部安全管理和学生保护第一责任人的责任。"《学生伤害事故处理办法》第五条第一款规定，学校应当按照规定，建立健全安全制度，采取相应的管理措施，预防和消除教育教学环境中存在的安全隐患。《中小学校岗位安全工作指南》对校长、副校长、书记、工会主席、保卫主任、办公室主任、德育主任、教务主任、总务主任、少先队辅导员、团委（支部）书记、教科（研）室主任、教研组长、年级组长、班主任、各科任课教师、财务人员、实验室管理员、食堂管理员、宿舍管理员、校医、门卫、保卫人员、学校保安、学生安全员、校车管理员、校车随车照管人员等 39 个岗位的工作人员提出了安全工作职责要求。《中小学校岗位安全工作指南》虽然是针对中小学校编写的，但对幼儿园的安全工作也具有指导意义，幼儿园可以根据自身特点和实际情况参考使用。

那么，应该怎样判断幼儿园是否管理不当？应该说，要判断幼儿园是否尽到管理职责的标准主要看幼儿园应尽怎样的"注意义务"。注意义务有客观的标准，国外民法一般确立了三种不同的注意标准。一是普通人的注意。它是指在正常情况下，只要用轻微的注意即可预见的情形。这种注意义务是以一般人在通常情况下能够注意到作为标准。如果在通常情况下一般人难以注意到，那么就尽到了注意义务，不能认为行为人有过错，当然，如果一般人在一般情况下应该注意到但行为人却没有注意到，就是过失。二是应与处理自己事务为同一注意。所谓自己事务，包括法律上、经济上、身份上一切属于自己利益范围的事务。与处理自己事务为同一注意，应以行为人平时处理自己事务所用的注意为标准，判断这种注意义务，应以行为人主观上是否尽到了注意的义务为标准，即主观标准。三是善良管理人的注意，它以具有相当知识经验的人，对于一定事件所用的注意作为标准，这种注意的标准是一种客观标准。这三种注意义务，从程度上分为三个层次，以普通人的注意为最低，以与处理自己事务同一注意为中，以善良管理人的注意义务为最高。幼儿园、教师应尽到的是善良管理人的注意义务，即如果幼儿园尽到了善良管理人的"相当注意义务"，幼儿园就不存在管理不善；而根据善良管理人的预见水平和能力应该能预见到潜在危险或认识到危险结果而没有注意或没有采取避免危害结果的措施，就是未尽善良管理人的注意。

幼儿园所应承担的"善良管理人的注意义务"的标准就是我国已经颁布的，对幼儿园、教师、幼儿具有普遍约束力的法律、法规、规章，包括教师职业道德规范、校园环境秩序管理规范、班主任工作规范、幼儿园卫生保健工作规范、体育课规范、劳动课规范等。

总之，幼儿园、教师应尽"善良管理人的注意义务"，但又不能将幼儿园的管理职责的范围任意扩大，甚至以监护职责来代替管理职责。如果这样，幼儿园就要承担无限的责任，这是过于苛求幼儿园了，事实上，幼儿园也不可能做到。

此外，幼儿园、教师在对幼儿的直接管理与间接管理中负有不同的责任。

（1）幼儿园、教师在对幼儿直接管理中的责任。

所谓直接管理，是指幼儿园教师亲临保育教育现场，直接指挥或控制幼儿的各项活动。上课期间就属于幼儿园直接管理的范畴。一般来说，在直接管理之下，幼儿园、教师要承担的责任会更大一些。如果因为教师上课时接电话、出去买东西、聊天等行为导致幼儿伤害事故的，幼儿园或教师一般要承担法律责任。幼儿园可以这样要求教师：上课期间教师不能以任何理由离开教室，教师上课前一定要把准备工作做充足。

（2）幼儿园、教师在对幼儿间接管理中的责任。

所谓间接管理，是指幼儿园只是通过园规园纪约束幼儿，没有派教师亲临现场指挥或控制幼儿开展各项活动。在间接管理的情况下，幼儿园要承担的责任会轻一些，因为幼儿也有遵守园规园纪的义务。但由于幼儿是特别低龄的无民事行为能力人，所以幼儿园和教师在间接管理中的责任还有别于一般的中小学，如课后自由活动期间发生的事故对中小学来说可能没有责任，但对幼儿园来说，可能依然负有责任。

 案例 4-14

幼儿朱某闷死校车案

2011 年 8 月 2 日 8:00，某幼儿园法定代表人兼驾驶员杨某与随车教师汪某负责接送幼儿，幼儿们下车时，因一幼儿哭闹，汪某将其送到班级上，先行离开，没有再返回清点幼儿人数。而随后到车门旁接幼儿的教师宣某，也未对车内进行查看便将车门关上，致 3 岁幼儿朱某被遗漏在车内。16:30 放学时，园方才发现朱某被闷死在车内。因涉嫌过失致人死亡，犯罪嫌疑人杨某、汪某已被刑事拘留。

【案例分析】

该案中，幼儿园法定代表人兼驾驶员杨某和幼儿园随车教师汪某应承担刑事法律责任，幼儿园应承担赔偿的民事责任。

幼儿园法定代表表人兼驾驶员杨某和幼儿园随车教师汪某疏忽大意，工作极不负责任，造成恶劣后果，所以应以过失致人死亡罪承担相应的刑事法律责任。幼儿园管理不善，应承担赔偿的民事责任。体现在：幼儿园是否有建立健全相应的校车管理的规章制度？如果有，是否有严格执行？案情中虽然没有具体阐述，但可以肯定的是，即使有规章制度，至少没有严格执行。此外，当日幼儿朱某所在班上上课的教师，不管是上午的还是下午的，都没有发现朱某没来幼儿园，也没有采取诸如告知家长或告知幼儿园的相应措施，可见幼儿园管理上的缺失与混乱。幼儿园先行承担赔偿的民事责任后，有权追究相关责任教师的内部责任，即幼儿园对相关责任教师有内部追偿权。

3. 保护的责任

保护幼儿的身心健康和生命安全，使幼儿不受非法侵害是幼儿园的重要职责。因为幼儿的生长发育十分迅速，但远未完善；幼儿的可塑性很强，但知识经验匮乏；幼儿的活动欲望强烈，但自我保护意识薄弱；幼儿的心灵稚嫩纯洁，但特别容易遭到伤害。

从宪法到教育、民事、刑事法律法规，都在学校对未成年人的保护职责问题上作出了明确规定。例如，《教育法》第三十条第（三）项规定，学校应当维护受教育者、教师及其他职工的合法权益。第四十五条规定："教育、体育、卫生行政部门和学校及其他教育机构应当完善体育、卫生保健设施，保护学生的身心健康。"《教师法》第八条关于教师义务的规定也谈到了教师有制止有害于学生的行为或者其他侵犯学生合法权益的行为、批评和抵制有害于学生健康成长的现象的义务。《未成年人保护法》第二十二条规定了学校有采取措施保障未成年人的人身安全的义务，学校不得在危及未成年人人身安全、健康的校舍和其他设施、场所中进行教育教学活动，学校安排未成年人参加集会、文化娱乐、社会实践等集体活动，应当有利于未成年人的健康成长，防止发生人身安全事故。第二十三条规定了学校应当根据需要，制定应对各种灾害、传染性疾病、食物中毒、意外伤害等突发事件的预案，配备相应设施并进行必要的演练，增强未成年人的自我保护意识和能力。第二十四条规定了学校对未成年学生在校内或者本校组织的校外活动中发生人身伤害事故的，应当及时救护，妥善处理，并及时向有关主管部门报告。《幼儿园教育指导纲要（试行）》规定："幼儿园必须把保护幼儿的生命和促进幼儿的健康放在工作的首位。"《托儿所幼儿园卫生保健工作规范》规定："托幼机构应当建立重大自然灾害、食物中毒、踩踏、火灾、暴力等突发事件的应急预案，如果发生重大伤害时应当立即采取有效措施，并及时向上级有关部门报告。""托幼机构的各项活动应当以儿童安全为前提，建立定期全园（所）安全排查制度，落实预防儿童伤害的各项措施。"《中小学教师职业道德规范》的第三条首次写入"保护学生安全"的字眼。《新时代幼儿园教师职业行为十项准则》第五条规定："增强安全意识，加强安全教育，保护幼儿安全，防范事故风险；不得在保教活动中遇突发事件、面临危险时，不顾幼儿安危，擅离职守，自行逃离。"教育部于2018年印发的《幼儿园教师违反职业道德行为处理办法》第四条规定，教师有在保教活动中遇突发事件、面临危险时，不顾幼儿安危，擅离职守，自行逃离行为的，将受到处分和其他处理。第三条规定了"处分"包括警告、记过、降低岗位等级或撤职、开除；是中国共产党党员的，同时给予党纪处分。"其他处理"包括给予批评教育、诫勉谈话、责令检查、通报批评，以及取消在评奖评优、职务晋升、职称评定、岗位聘任、工资晋级、申报人才计划等方面的资格。教师涉嫌违法犯罪的，应及时移送司法机关依法处理。

总之，不管是从法律法规的角度还是从师德的角度，我国对保护未成年人的身心健康和生命安全的规定都是全面的、完整的。

必须明确的是，幼儿园所实施的对幼儿的保护是一种在特定场合（幼儿园）和特定活动（保教活动）中所实施的保护，其保护责任是基于《教育法》《未成年人保护法》等有关法律法规规定而形成的一种公法范畴的职责与义务，这种保护不等于监护。因为监护是基于私法（民法）所确定的监护权，在监护人与被监护人之间形成的私法范畴的权利和义务关系。

简而言之，幼儿园、教师在保障幼儿安全方面的法定职责是六个字：教育、管理、保护，即如果幼儿园和教师违反上述法定职责，侵害幼儿合法权益，造成幼儿伤害事故的，应依法承担法律责任；如果幼儿园和教师依法履行了自己应尽的职责，只是因为其他原因造成事故的，则不承担法律责任。

（二）幼儿自身在安全方面的法定义务

1. 幼儿应当遵守幼儿园的规章制度和纪律

《学生伤害事故处理办法》第六条规定，学生有遵守学校的规章制度和纪律的法定义务。《教育法》第四十四条第（四）项规定，受教育者有遵守所在学校或者其他教育机构的管理制度的义务。《中小学幼儿园安全管理办法》第三十六条规定："学生在校学习和生活期间，应当遵守学校纪律和规章制度，服从学校的安全教育和管理，不得从事危及自身或者他人安全的活动。"遵守国家的法律法规是所有公民的基本义务，而遵守幼儿园管理制度是保障幼儿自身人身安全的客观需要。

2. 幼儿有避免和消除相应危险的义务

《学生伤害事故处理办法》第六条规定，学生应当遵守学校的规章制度和纪律；在不同的受教育阶段，应当根据自身的年龄、认知能力和法律行为能力，避免和消除相应的危险。

法律行为能力是指公民的民事权利能力和民事行为能力。民事权利要靠民事行为能力来实现，而公民的民事行为能力是受公民自身的年龄和精神健康状况等因素限制的，并不是每个公民都能对自己的行为承担相应的法律责任。设定行为能力的目的是要确定哪些人可以做哪些行为，哪些人不可以做哪些行为，从而确定人们的行为准则和法律后果。我国《民法总则》规定：不满 8 周岁的人是无民事行为能力人，8 周岁以上 18 周岁以下的人是限制民事行为能力人，18 周岁以上的人是完全民事行为能力人。

为此，作为成年人的大学生和作为未成年人的中小学生、幼儿园幼儿，其避免和消除危险的能力与义务是不同的：大学生是成年人，属于完全民事行为能力人，他们有较强的辨别危险和消除危险的能力，应当知道自己行为的后果，应对自己的行为承担责任。但幼儿园幼儿则几乎没有什么"避免和消除危险"的意识和能力，其义务应当完全由幼儿园承担。例如，幼儿园叫幼儿去搬午睡时的被子，若幼儿被压在棉被下窒息而死，此时幼儿园就应该对该事故承担全部的责任，因为幼儿还不具备避免和消除被棉被压死的危险的能力，幼儿园教师要求幼儿自己去搬被子，且未进行一定的监督和管理，也未及时发现，因而幼儿园未尽应尽的注意义务。反之，如果该事故发生在大学，由于学生具备了相应的能力，则可能是一种在特殊情况下发生的意外事故，大学一般不承担责任。

（三）幼儿的父母或其他监护人在保障幼儿安全方面的法定职责

《学生伤害事故处理办法》第七条第一款明确规定了学生的父母或者其他监护人有依法履行监护职责，配合学校对学生进行安全教育、管理和保护工作的义务。《中小学幼儿园安全管理办法》第四十六条第一款规定："学生监护人应当与学校互相配合，在日常生活中加强对被监护人的各项安全教育。"《教育法》第五十条第二款规定："未成年人的父母或者其他监护人应当配合学校及其他教育机构，对其未成年子女或者其他被监护人进行教育。"2001 年修正的《中华人民共和国婚姻法》（简称《婚姻法》）第二十三条规定："父母有保护和教育未成年子女的权利和义务。在未成年子女对国家、集体或他人造成损害时，父母有承担民事责任的义务。"

一些家长认为，只要幼儿进入幼儿园，出了事故就应该由幼儿园承担责任。这种观点是片面的。实际上，幼儿园对幼儿履行的教育、管理和保护职责并不能免除和代替家长的法定监护职责。此外，一些家长在一味追究幼儿园责任的时候，却很少思考自己应该怎样去对幼儿进行安全教育。

幼儿的父母或者其他监护人配合幼儿园对幼儿进行教育、管理和保护工作应做好以下几个方面的工作。一是教育被监护人遵守幼儿园规章制度。二是配合幼儿园制止、纠正被监护人可能引发人身伤害的想法、做法和习惯。三是及时向幼儿园或教师通报被监护人有不安全行为的倾向。《中小学幼儿园安全管理办法》第三十七条第一款规定："监护人发现被监护人有特异体质、特定疾病或者异常心理状况的，应当及时告知学校。"四是教给被监护人避免危险和逃生的方法。

总之，监护人只有配合幼儿园对幼儿进行教育、管理和保护，才能使被监护人的安全得到更好的保障，才能更好地预防幼儿伤害事故的发生。

四、幼儿伤害事故处理涉及的民事法律问题

幼儿伤害事故发生后，如何妥善地处理事故，成为十分敏感而有争议的问题。在幼儿伤害事故的处理中，涉及民事法律的主要问题如下。

（一）监护问题

关于幼儿园及其教师是不是幼儿的监护人问题，学者持有不同观点。本书的观点是：幼儿园及其教师不是幼儿任何形式的监护人，幼儿园与幼儿之间形成的关系本质上是一种教育法律关系。理由如下。

（1）从监护人的设定方式看，幼儿园及其教师不是幼儿的监护人。

什么是监护？监护是指由特定的自然人或法人对无民事行为能力人和限制民事行为能力人的人身、财产、其他合法权益等方面依法实行的监督和保护。其中，所设定的监督保护人叫监护人；被监督、被保护人叫被监护人。对无民事行为能力人和限制民事行为能力人设立监护人。

目前我国设定监护人主要采取了以下四种方式。

① 法定监护。所谓法定监护，是指监护人由法律直接规定的监护。《民法总则》第二十七条第一款规定："父母是未成年子女的监护人。"第二款规定："未成年人的父母已经死亡或者没有监护能力的，由下列有监护能力的人按顺序担任监护人：（一）祖父母、外祖父母；（二）兄、姐；（三）其他愿意担任监护人的个人或者组织，但是须经未成年人住所地的居民委员会、村民委员会或者民政部门同意。"

父母（监护人）和未成年子女（被监护人）有血缘关系，具有抚养、教育和保护未成年子女的法定义务，与未成年子女的关系最为密切，对未成年子女的健康成长至关重要。基于此，父母无条件成为未成年子女的法定监护人。只有父母已经死亡或者没有监护能力的，才可以由其他个人或者有关组织担任监护人。

随着我国公益事业的发展，有监护意愿和能力的社会组织不断增多，由社会组织担任监护人是家庭监护的有益补充。这里所说的"其他愿意担任监护人"的组织就是指这类社会组织。"其他愿意担任监护人"的组织要具有良好的信誉，有一定的财产和工作人员等，这些条件都需要在实践中严格掌握，由未成年人住所地的居民委员会、村民委员会或者民政部门根据实际情况作出判断。

监护不同于简单的生活照顾，还要对被监护人的财产进行管理和保护，代理被监护人实施民事法律行为，对被监护人的侵权行为承担责任等。幼儿园与教师一般不具有监护能力，难以胜任这些监护职责。

可见，从法定监护角度看，现有法律并没有规定幼儿园是幼儿的监护人。

② 指定监护。《民法总则》第三十一条第一款规定："对监护人的确定有争议的，由被监护人住所地的居民委员会、村民委员会或者民政部门指定监护人，有关当事人对指定不服的，可以向人民法院申请指定监护人；有关当事人也可以直接向人民法院申请指定监护人。"第二款规定："居民委员会、村民委员会、民政部门或者人民法院应当尊重被监护人的真实意愿，按照最有利于被监护人的原则在依法具有监护资格的人中指定监护人。"

幼儿园不属于具有监护资格的人，所以幼儿园不在幼儿指定监护人的范围之内。

③ 委托监护。最高人民法院《关于贯彻执行〈中华人民共和国民法通则〉若干问题的意见（试行）》第二十二条规定："监护人可以将监护职责部分或者全部委托给他人。因被监护人的侵权行为需要承担民事责任的，应当由监护人承担，但另有约定的除外；被委托人确有过错的，负连带责任。"可见，家长把子女送到幼儿园，即使是把监护职责委托给了幼儿园，家长仍是子女的监护人，幼儿园也只是被委托人而不是幼儿的监护人。也就是说，监护人的监护职责可以委托给他人履行，但监护人的身份是不能随便委托和转移的。

可见，从委托监护角度看幼儿园也不是幼儿的委托监护人。

④ 遗嘱监护。《民法总则》第二十九条规定："被监护人的父母担任监护人的，可以通过遗嘱指定监护人。"父母与子女之间血缘关系最近，情感最深厚，父母最关心子女的健康成长与权益保护，应当允许父母选择自己最信任的、对于保护子女最有利的人担任监护人。根据该条款规定，父母可以通过立遗嘱的形式为被监护人指定监护人，当然，前提是父母正在担任着监护人。虽然一般来说遗嘱指定监护优于法定监护，但是，遗嘱指定的监护人应当具有监护能力，能够履行监护职责。由于幼儿园及其教师一般不具有监护能力，也难以胜任监护职责，所以一般不会被被监护人的父母通过遗嘱指定为监护人。

总之，从监护人的设定方式上看，不论是法定监护、指定监护，还是委托监护、遗嘱监护，幼儿园与教师都不是幼儿的监护人。

（2）从监护人的监护职责看，幼儿园及其教师不是幼儿的监护人。

所谓监护职责，是指监护人依法必须履行的义务，它是一种法定的亲权职责。这种亲权职责一旦被依法认可，就具有承担人的唯一性和无条件性。因此监护人的监护职责不能自由推卸，也不能任意转移，但可依法撤销。

《民法总则》第三十四条第一款规定："监护人的职责是代理被监护人实施民事法律行为，保护被监护人的人身权利、财产权利以及其他合法权益等。"最高人民法院《关于贯彻执行〈中华人民共和国民法通则〉若干问题的意见（试行）》第十条规定了监护人的监护职责包括以下几个方面：第一，保护被监护人的身体健康；第二，照顾被监护人的生活；第三，管理和保护被监护人的财产；第四，代理被监护人进行民事活动；第五，对被监护人进行管理和教育；第六，在被监护人合法权益受到侵害或者与人发生争议时，代理其进行诉讼。

从上述监护人监护职责的范围看，幼儿园在很多情况下不具备，也无法去履行这些职责。例如，照顾被监护人的生活、管理和保护被监护人的财产、代理被监护人进行民事活动、代理被监护人进行诉讼等，都是幼儿园难以履行的职责。

所以，从监护人的监护职责角度看，幼儿园及其教师不是幼儿的监护人。

（3）从监护人的监护能力角度看，幼儿园及其教师不是幼儿的监护人。

《民法通则》规定，无监护能力的人不能担任监护人。那么，幼儿园对在园幼儿有没有监护能力呢？最高人民法院《关于贯彻执行〈中华人民共和国民法通则〉若干问题的意见（试行）》第十一条规定："认定监护人的监护能力，应当根据监护人的身体健康状况、经济条件，以及与被监护人在生活上的联系状况等因素确定。"可见，考虑一个组织或者个人有没有监护能力，至少看以下几个因素：第一，监护人与被监护人之间有没有血缘关系或者亲戚关系；第二，监护人的身体健康状况；第三，监护人的工作繁忙程度；第四，监护人有没有独立收入；第五，被监护人是否愿意等因素。对以上因素都持否定或者部分否定的态度，就认定为无监护能力。

在幼儿园，幼儿园与幼儿之间一般没有血缘关系或者亲戚关系（除非幼儿的父母就是该幼儿园的教师）；教师的工作繁忙程度众所周知，一名教师要面对的是众多的幼儿：国家规定幼儿园小班的班生额为 25 人、中班为 30 人、大班为 35 人。所以，要幼儿园与教师切实承担起监护人所应承担的各项责任，幼儿园与教师实际上没有能力做到，也就是说，幼儿园不具备法律意义上的监护能力。

（4）家长的监护权与监护职责来源于民法的规定；幼儿园的权利与职责来源于《教育法》《教师法》《未成年人保护法》等法律法规的规定。两者的区别在于《教育法》等是公法，民法是私法。为此，家长的监护权是私权、亲权，幼儿园的权利是公权、教育权。可见，幼儿园是幼儿监护人的观点不符合法理，也是没有法律依据的。

综上所述，无论是从监护人的设定方式、监护人的监护职责角度，还是从监护人的监护能力角度，幼儿园都不是幼儿的监护人。不能以事故发生的地点是否在幼儿园来判断幼儿园有没有责任。

表 4-1 列举了教育管理关系与监护关系的主要区别。

表 4-1　教育管理关系与监护关系的主要区别

主要区别	教育管理关系	监护关系
法律依据不同	依据《教育法》《教师法》《未成年人保护法》等	依据《民法通则》《民法总则》等
法律关系的性质不同	属公法范畴	属私法范畴
所依附的基础不同	学籍	亲权关系
内容不同	教育管理权	人身权、财产权、诉讼权
承担责任的方式不同	民事责任、行政责任、刑事责任	民事（财产）责任
对象不同	众多的幼儿	个别的子女、亲属或者其他有亲密关系的人

关于幼儿园及其教师不是幼儿的监护人，不承担监护责任的法律法规依据有以下几个方面。

一是 1988 年最高人民法院《关于贯彻执行〈中华人民共和国民法通则〉若干问题的意见（试行）》第一百六十条规定："在幼儿园、学校生活、学习的无民事行为能力人或者在精神病院治疗的精神病人，受到伤害或者给他人造成损害，单位有过错的，可以责令这些单位适当给予赔偿。"

二是2003年最高人民法院《关于审理人身损害赔偿案件适用法律若干问题的解释》第七条第一款规定:"对未成年人依法负有教育、管理、保护义务的学校、幼儿园或者其他教育机构,未尽职责范围内的相关义务致使未成年人遭受人身损害,或者未成年人致他人人身损害的,应当承担与其过错相应的赔偿责任。"第二款规定:"第三人侵权致未成年人遭受人身损害的,应当承担赔偿责任。学校、幼儿园等教育机构有过错的,应当承担相应的补充赔偿责任。"

三是2009年《侵权责任法》第三十八条规定:"无民事行为能力人在幼儿园、学校或者其他教育机构学习、生活期间受到人身损害的,幼儿园、学校或者其他教育机构应当承担责任,但能够证明尽到教育、管理职责的,不承担责任。"第三十九条规定:"限制民事行为能力人在学校或者其他教育机构学习、生活期间受到人身损害,学校或者其他教育机构未尽到教育、管理职责的,应当承担责任。"第四十条规定:"无民事行为能力人或者限制民事行为能力人在幼儿园、学校或者其他教育机构学习、生活期间,受到幼儿园、学校或者其他教育机构以外的人员人身损害的,由侵权人承担侵权责任;幼儿园、学校或者其他教育机构未尽到管理职责的,承担相应的补充责任。"

四是2010年修正的《学生伤害事故处理办法》第七条第二款规定:"学校对未成年学生不承担监护职责,但法律有规定的或者学校依法接受委托承担相应监护职责的情形除外。"

(二)幼儿伤害事故的赔偿问题

幼儿伤害事故的处理,焦点是赔偿问题。赔偿问题又主要涉及三个方面:一是要不要赔偿?二是谁来赔偿?三是赔偿多少或者怎么赔?

1. 幼儿伤害事故赔偿的归责原则

所谓归责,是指依据某种事实状态确定责任的归属,也即责任归谁。所谓归责原则,是指司法机关确定侵权行为人侵权损害赔偿责任的一般准则。归责原则不同,行为人承担侵权责任的依据也就不同。

归责原则一般来说有四个,即过错责任原则、过错推定责任原则、无过错责任原则和公平责任原则。过错责任原则适用于一般民事侵权;过错推定责任原则、无过错责任原则、公平责任原则适用于特殊民事侵权。

所谓一般民事侵权,是指行为人侵犯了他人、国家或集体的财产所有权、知识产权或人身权。所谓特殊民事侵权,是指责任人为他人的侵权行为,或为自己管理下的物体致人损害的侵权行为负赔偿的特殊民事责任。例如,雇佣关系、监护与被监护关系等侵权行为,就属于特殊侵权行为。

特殊民事侵权与一般民事侵权的区别表现为以下几方面。第一,责任形式不同。一般侵权行为的责任承担形式是直接责任,特殊侵权行为的责任形式是间接责任,这是两者之间最显著的区别。在一般民事侵权责任中,责任人与行为人是同一人,责任人为自己的行为负赔偿责任。在特殊民事侵权责任中,责任人与行为人是分离的,责任人要替代行为人,或是为自己管理下的物体对他人造成的损害负赔偿责任,法律上称之为转承责任或替代责任，就责任人而言，他并无致害的意图和侵权的行为，只是因为他与行为人或管辖物有特定的法律关系，因此法律规定他为赔偿责任的义务主体。第二，行为方式不同。一般侵权行为的行为方式是直接行为，特殊侵权行为的行为方式是间接行为。第三，侵权责任构成要件不同。一般侵权行为的侵权责任构成要件是违法行为、损害事实、因果关系、主观过错四个，而每一种特殊侵权行为的侵权责任构成要件各不相同。第四，归责原则不同。第五，举证责任不同。"谁主张，谁举证"是一般民事侵权案件的法定原则，即要求赔偿的一方负有举证责任，举证不成则主张无效，其赔偿的要求就得不到法院的支持。在特殊民事侵权中，实行的是"举证责任倒置"原则，即受害人一方除对损害事实和因果关系举证外，其他都要由加害人一方负责举证。

1）过错责任原则

所谓过错责任原则，是指以过错作为价值判断标准，判断行为人对其造成的损害是否应承担侵权责任的归责原则。

《民法通则》第一百零六条第二款规定："公民、法人由于过错侵害国家的、集体的财产，侵害他人财产、人身的，应当承担民事责任。"《侵权责任法》第六条第一款规定："行为人因过错侵害他人民事权益，应当承担侵权责任。"这些规定使过错责任原则以法律的形式固定了下来。

（1）过错责任原则的内涵。

其一，过错责任原则的性质是主观归责原则。它是以行为人的主观意思状态而不是以行为的客观损害事实来确定侵权行为人的责任，即它坚决地以行为人在主观上有无过错作为归责的绝对标准。

其二，它以过错作为人身损害赔偿责任的必备的构成要件。

（2）在实践中适用过错责任原则时要注意以下几个方面。

其一，责任构成。适用过错责任原则确定赔偿责任，其责任构成要件是四个，即违法行为、损害事实、因果关系和主观过错。

其二，适用范围。它适用于一般的民事侵权行为。

其三，举证责任。过错责任原则遵循"谁主张，谁举证"的民事诉讼原则，即举证责任由提出损害赔偿主张的受害人承担，加害人不承担举证责任。

其四，第三人的过错对责任的影响。行为人只对自己行为的过错负责，不对第三人的过错所致损害承担责任。由于第三人的过错而致受害人损害，只要行为人没有过错，行为人就不承担责任。

其五，过错对责任范围的影响。过错程度与赔偿责任的轻重没有必然的联系，即除了在确定精神损害的数额时需要考虑致害人过错程度的大小外，过错只是确定人身伤害赔偿责任的标准，只要行为人有过错，无论其过错程度是轻还是重，都应赔偿受害人的全部损失，赔偿数额并不因为过错程度而有所不同。因此，赔偿数额是根据受害人的实际损失来确定的，不是根据过错程度的大小来确定。

2）过错推定责任原则

它既是一个独立的归责原则，又是过错责任原则的一个具有一定特殊性的组成部分。所谓过错推定责任原则，是指在适用过错责任原则的前提下，在某些特殊的场合，从损害事实的本身推定加害人有过错，并据此确定过错行为人赔偿责任的归责原则。《侵权责任法》第六条第二款规定："根据法律规定推定行为人有过错，行为人不能证明自己没有过错的，应当承担侵权责任。"

所谓"推定"，是指法律或法官从已知的事实对未知的事实进行推断和认定。过错推定，也叫过失推定，指受害人在诉讼中，能够证明损害事实、违法行为和因果关系的情况下，如果加害人不能证明损害的发生自己没有过错，那么，就从损害事实的本身推定加害人在致人损害的行为中有过错，并为此承担赔偿责任。

（1）过错推定责任原则的适用范围。

其一，地下工作物致人损害。《侵权责任法》第九十一条第一款规定："在公共场所或者道路上挖坑、修缮安装地下设施等，没有设置明显标志和采取安全措施造成他人损害的，施工人应当承担侵权责任。"第二款规定："窨井等地下设施造成他人损害，管理人不能证明尽到管理职责的，应当承担侵权责任。"

其二，建筑物及其他地上物致人损害。《侵权责任法》第八十五条："建筑物、构筑物或者其他设施及其搁置物、悬挂物发生脱落、坠落造成他人损害，所有人、管理人或者使用人不能证明自己没有过错的，应当承担侵权责任。所有人、管理人或者使用人赔偿后，有其他责任人的，有权向其他责任人追偿。"

其三，无民事行为能力人或限制民事行为能力人致人损害，其法定代理人的责任确定，也称法定代理人的侵权责任。《侵权责任法》第三十二条第一款规定："无民事行为能力人、限制民事行为能力人造成他人损害的，由监护人承担侵权责任。监护人尽到监护责任的，可以减轻其侵权责任。"即从无民事行为能力人或限制民事行为能力人致人损害的事实中推定其监护人有过错，并承担民事责任。换句话说，当未成年人致人损害的事件发生时，作为监护人，不能以侵权行为发生时自己不在现场或自己未实施侵权行为为由而提出免责，即使监护人证明自己已尽了监护责任，即监护人无过错，也只能再适用公平责任原则进行责任调整，适当减轻他的民事责任，仍然不能完全免责，这主要是从维护无辜受害人利益的角度考虑的。

监护人可以减轻责任的条件主要有以下几种。一是监护人尽了监护责任，这里所说的"监护人尽了监护责任"是指监护人已经尽了必要的努力，履行了对被监护人进行监督、教育和管束的义务，或者在发生损害时，尽了必要的努力来减少损失。二是受害人有过错。三是被监护人的合法行为导致的损害，如紧急避险、正当防卫等。

其四，无民事行为能力在教育机构受侵害时，教育机构的过错推定责任。《侵权责任法》第三十八条规定："无民事行为能力人在幼儿园、学校或者其他教育机构学习、生活期间受到人身损害的，幼儿园、学校或者其他教育机构应当承担责任，但能够证明尽到教育、管理职责的，不承担责任。"该条款是为保护无民事行为能力人在教育机构学习、生活期间的人身权、健康权而制定的。

其五，医疗机构的过错推定责任。《侵权责任法》第五十八条规定："患者有损害，因下列情形之一的，推定医疗机构有过错：（一）违反法律、行政法规、规章以及其他有关诊疗规范的规定；（二）隐匿或者拒绝提供与纠纷有关的病历资料；（三）伪造、篡改或者销毁病历资料。"

其六，非法占有高度危险物中所有人、管理人的过错推定责任。《侵权责任法》第七十五条规定："非法占有高度危险物造成他人损害的，由非法占有人承担侵权责任。所有人、管理人不能证明对防止他人非法占有尽到高度注意义务的，与非法占有人承担连带责任。"

其七，动物园的动物侵权的过错推定责任。《侵权责任法》第八十一条规定："动物园的动物造成他人损害的，动物园应当承担侵权责任，但能够证明尽到管理职责的，不承担责任。"即相对于普通的为了满足生活需要的饲养动物来说，动物园的许多动物的野生属性更多，其危险性更大，因此，属于动物园所管理的动物，必须在动物园所控制范围内，因动物园没尽到管理职责，造成他人伤害的，应适用本条的规定。

（2）适用过错推定责任原则时应注意以下几个方面。

其一，责任构成。适用过错推定责任原则确定赔偿责任，其责任构成要件仍然是四个，即违法行为、损害事实、因果关系和主观过错。

其二，适用范围。过错推定责任原则主要在特殊侵权行为中适用。

其三，举证责任。该原则的一个重要特征是"举证责任倒置"。所谓举证责任倒置，是指不承担民事责任应由致害人（如幼儿园）证明，不能证明的，即推定由其承担民事责任。因为在如建筑物、悬挂物等致人伤害的案件中，受害人对损害的发生根本无法预见也无法避免，他根本无法判断致害人有无过错，甚至连谁是致害人都有可能搞不清楚，因此适用一般的过错责任原则明显不公平。

其四，实行过错推定责任原则的要旨，是使受害人（原告）在诉讼中处于优越的地位，加害人（被告）实际上是处于较为不利的地位。

3）无过错责任原则

所谓无过错责任原则，是指在法律有特别规定的情况下，以已经发生的损害结果为价值判断标准，与该损害结果有因果关系的行为人，无论其有无过错，都要承担侵权赔偿责任的归责原则，即无过错责任原则归责的价值判断标准，是已经发生的损害结果而不是出于过错和公平考虑。在这样的归责标准下，确定责任的有无，不是过错，也不是公平，只是损害事实，有损害则有责任，无损害则无责任。

《侵权责任法》第七条规定："行为人损害他人民事权益，不论行为人有无过错，法律规定应当承担侵权责任的，依照其规定。"这是该原则的法律依据，是对该原则的法律化、条文化。

（1）无过错责任原则的适用范围。

其一，工伤事故责任。关于工伤事故的损害赔偿责任，可分为两个部分。一是工伤责任保险，适用无过错责任原则。按照《工伤保险条例》的规定，凡是职工投保的，造成工伤事故，不问过错，由保险公司予以赔偿。二是在没有工伤保险的情况下，也应当实行无过错责任，这是基于法律的公平和同情弱者的考虑。

其二，因产品质量不合格致人损害的侵权责任。《侵权责任法》第四十一条规定："因产品存在缺陷造成他人损害的，生产者应当承担侵权责任。"第四十二条第一款规定："因销售者的过错使产品存在缺陷，造成他人损害的，销售者应当承担侵权责任。"第二款规定："销售者不能指明缺陷产品的生产者也不能指明缺陷产品的供货者的，销售者应当承担侵权责任。"

其三，从事高度危险作业造成他人损害的侵权责任。《侵权责任法》第六十九条规定："从事高度危险作业造成他人损害的，应当承担侵权责任。"这里所说的"高度危险作业造成他人损害"，包括民用核设施发生核事故，民用航空器造成他人损害，占有或者使用易燃、易爆、剧毒、放射性等高度危险物造成他人损害，从事高空、高压、地下挖掘活动或者使用高速轨道运输工具造成他人损害，遗失、抛弃高度危险物造成他人损害等行为。

其四，污染环境造成他人损害的侵权责任。《侵权责任法》第六十五条规定："因污染环境造成损害的，污染者应当承担侵权责任。"第六十六条规定："因污染环境发生纠纷，污染者应当就法律规定的不承担责任或者减轻责任的情形及其行为与损害之间不存在因果关系承担举证责任。"

其五，饲养的动物致人损害的侵权责任。《侵权责任法》第七十八条规定："饲养的动物造成他人损害的，动物饲养人或者管理人应当承担侵权责任，但能够证明损害是因被侵权人故意或者重大过失造成的，可以不承担或者减轻责任。"这里所说的"饲养的动物"包括一切为人所饲养的家禽、家兽、宠物或驯养的野兽等，其逃逸、迷失期间仍视为饲养，已返回野生状态的除外。

（2）适用该原则时应注意以下几个方面。

其一，责任构成。适用无过错责任原则确定赔偿责任，其责任构成要件是三个，即违法行为、损害事实、因果关系。其中，因果关系是决定责任构成的基本要件。

其二，它是在法律规定的某些特殊范围内适用的一项归责原则，即只有在法律有特别规定的时候，才能适用无过错责任原则归责。

其三，举证责任。适用无过错责任原则的举证责任也是由被告承担，实行举证责任倒置。受害人（原告）应当证明违法行为、损害事实和因果关系。在原告证明上述责任构成后，加害人（被告）如果主张免责，应当承担举证责任，所要证明的不是自己没有过错，而是原告的故意或者重大过失是致害的原因，这也是无过错责任原则与过错推定责任原则的一个重要区别。

其四，确定该原则的根本目的是切实保护人民群众生命、财产的安全，更好地保护公民、法人的合法权益，促使产品的制造者和销售者、从事高度危险作业和危险行为的人及动物的饲养人、管理人等行为人，对自己的工作给予高度负责，谨慎小心，提高工作质量，不断改进技术安全措施，尽力保障周围人员、环境的安全。一旦造成损害，能迅速赔偿损害，维护社会的安定和正常秩序。

4）公平责任原则

所谓公平责任原则，是指加害人和受害人都没有过错，在损害事实已经发生的情况下，以公平考虑作为价值判断标准，根据实际情况和可能，由双方当事人公平地分担损失的归责原则，即它不从行为人的过错状况，而是在受害人、加害人都没有过错的前提下，根据公平和团结的原则及社会共同生活规则的要求，公平地在双方当事人之间分担损失，即加害人没有赔偿义务，是基于人道主义和公平精神对受害人进行适当补偿。

这里所说的"当事人"是指与法律事实有直接关系的人，包括公民、法人或者其他组织。幼儿伤害事故中所说的"当事人"是指与伤害事故有直接关系的人，可以是幼儿园、幼儿双方，也可以是多方。

确定该原则的法律基础是《民法通则》第四条的规定，即："民事活动应当遵循自愿、公平、等价有偿、诚实信用的原则。"

（1）公平责任原则的适用范围。适用范围有两大类。

第一类：当事人的公平责任。《侵权责任法》第二十四条规定："受害人和行为人对损害的发生都没有过错的，可以根据实际情况，由双方分担损失。"

第二类：受益人的公平责任。有以下三种情况。

第一种情况是为对方利益或共同利益进行的活动中受益人的公平责任。最高人民法院《关于贯彻执行〈中华人民共和国民法通则〉若干问题的意见（试行）》第一百五十七条规定："当事人对造成损害均无过错，但一方是在为对方的利益或者共同的利益进行活动的过程中受到损害的，可以责令对方或受益人给予一定的经济补偿。"对该条款应有正确的认识：该规定不是对公平责任原则适用条件所作的司法解释，即不是规定只有在这种情况下才适用该原则。况且，条文讲的是给予一定的经济补偿，不是"分担民事责任"。应该说，该条款只是对公平责任原则适用的一种具体情况的解释。

第二种情况是紧急避险中的公平责任。所谓紧急避险，是指为了社会利益、自身或他人合法利益免受更大损失，在不得已情况下而采取的造成他人较小损失的紧急措施。《侵权责任法》第三十一条规定："因紧急避险造成损害的，由引起险情发生的人承担责任。如果危险是由自然原因引起的，紧急避险人不承担责任或者给予适当补偿。紧急避险采取措施不当或者超过必要的限度，造成不应有的损害的，紧急避险人应当承担适当的责任。"最高人民法院《关于贯彻执行〈中华人民共和国民法通则〉若干问题的意见（试行）》第一百五十六条也相应规定："因紧急避险造成他人损失的，如果险情是由自然原因引起，行为人采取的措施又无不当，则行为人不承担民事责任。受害人要求补偿的，可以责令受益人适当补偿。"

这里所说的紧急避险人承担的"适当的民事责任"，就是一种公平责任。

第三种情况是见义勇为行为中受益人的公平责任。最高人民法院《关于贯彻执行〈中华人民共和国民法通则〉若干问题的意见（试行）》第一百四十二条规定："为维护国家、集体或他人合法权益而使自己受到损害，在侵害人无力赔偿或者没有侵害人的情况下，如果受害人提出请求的，人民法院可以根据受益人受益的多少及其经济状况，责令受益人给予适当补偿。"《侵权责任法》第二十三条规定："因防止、制止他人民事权益被侵害而使自己受到损害的，由侵权人承担责任。侵权人逃逸或者无力承担责任，被侵权人请求补偿的，受益人应当给予适当补偿。"这就是见义勇为行为中受益人的公平责任。

幼儿园在适用公平责任原则时，很重要的一点是要明确公平责任原则中的"当事人""受益人"应如何确定。公平责任原则中的"当事人"是指"加害人"和"受害人"。公平责任原则中的"受益人"是指上面所列举的三种受益人。如果幼儿园不是案件中的"加害人"或者"受害人"，则不宜予以分担责任或者予以补偿。

（2）适用公平责任原则时应注意以下几个方面。

其一，责任构成。适用公平责任原则确定幼儿伤害事故赔偿责任，侵权责任构成只须具备损害事实、双方当事人均无过错这两个要件即可。

其二，适用范围。该原则的适用范围应当限制在当事人双方均无过错，且不属于无过错责任原则调整的那一部分侵权损害赔偿法律关系。

其三，公平考虑的因素。"公平"所应考虑的因素是"根据实际情况"。这里所说的"实际情况"包括两个方面：受害人的损害程度；当事人的经济状况即实际的经济负担能力。此外还需考虑社会的舆论和同情等因素。

其四，分担责任的原则。双方当事人的经济状况相似或相近的，可以平均分担；一方情况好而另一方情况差的，可以一方负担大部分另一方负担小部分；如果双方的实际情况相差非常悬殊的，也可以由一方承担责任。可见，公平责任原则也不是我们通常理解的各打五十大板。在这样的基础上，再适当考虑社会的舆论和同情等因素，做适当的、小的调整，使责任的分担更为公平、合理。

其五，因为公平责任本身只是一种分担损失的救济性责任，故精神损害赔偿不能适用于公平责任。

总之，发生幼儿伤害事故时，上述四个归责原则都有可能适用到。其中，以过错推定责任原则为主。

归责原则与责任构成要件是相辅相成、缺一不可的。归责原则是责任构成要件的前提和基础，责任构成要件是归责原则的具体体现，其目的在于实现归责原则的价值和功能。所以下面我们谈谈责任构成要件的有关问题。

2. 侵权行为民事责任的构成要件

所谓侵权行为民事责任的构成要件，是指侵权行为人承担侵权行为责任的条件。侵权行为民事责任的构成要件包括一般侵权行为民事责任的构成要件、共同侵权行为民事责任的构成要件和混合过错行为民事责任的构成要件等三种情况。由于篇幅限制，本书只阐述一般侵权行为民事责任的构成要件。

一般侵权行为民事责任的构成要件有四个。

1）有损害事实的存在

没有损害事实就没有赔偿责任。构成民事赔偿责任的人身伤害行为不存在既遂、未遂之分。在确定民事赔偿责任时，只需要判断损害事实是否存在，是否是由伤害行为引起的即可。

幼儿伤害事故中的人身损害具有以下特征。第一，必须在量上达到一定程度的损害才能被视为法律上可补救的损害。第二，这种损害应当具有补偿的可能性，对不具有补偿可能性的损害不属于法律上的损害，如有的家长因幼儿的脸部受到伤害留下疤痕，认为以后的就业选择将受到限制，因此提出要幼儿园补偿其"机遇损失"等，这在法律上不认为具有可补偿性。第三，具有确定性，即损害必须是已经发生的、在客观上能够认定的事实。对未来利益的损害或者尚未发生的损害，或者当事人凭主观上的感觉或者臆想而得出的损害，就不具有确定性和真实性，因而不能称之为损害。例如，认为幼儿受到伤害可能智商会受到影响，会妨碍其考取大学，就是尚未发生的损害，不具有真实性和确定性，不能称为法律上所说的损害。

2）加害行为的违法性

这是行为人承担民事责任的先决条件。幼儿园的违法行为是指幼儿园没有严格按照有关法律法规的要求履行自己的职责，违反了有关法律法规的基本要求。例如，教师体罚幼儿，私拆幼儿信件等都属于违法行为，由此导致的事故，幼儿园就要承担赔偿的民事责任。

在现实生活中，导致人身伤害的原因多种多样，并非所有导致他人人身伤害的行为都是违法行为。以下行为虽然都给当事人造成了损害，但都是在法律允许的范围内行使职权或履行职责，都不是违法行为，行为人不要承担赔偿责任。这些行为主要有：一是职务行为，如公安机关开枪击伤了拒捕的犯罪嫌疑人；二是正当防卫行为；三是紧急避险行为，如消防队员为防止火势蔓延而拆除与着火的建筑毗邻的房子以建立隔离带；四是业务行为，如医生给病人开刀；五是履行法定义务的行为，如法警枪毙死刑罪犯。

3）违法行为与损害事实之间有因果关系

所谓"因果关系"，是指侵害人的侵害行为与受害人的人身损害事实之间有前因后果的联系。

关于因果关系的学说有多种，本书认为幼儿伤害事故中比较适合采用"相当因果关系说"。该学说认为：造成损害的所有条件都具有同等价值，如果缺少任何一个条件，损害都不会发生，因此各种条件都是法律上的原因。为此，只要行为人的行为对损害结果构成适当条件，行为人就应当负责，而不要求行为与结果之间具有直接因果关系。该观点认为判断因果关系的标准是"可能性"，其可能性取决于社会的一般见解，按照当时社会所达到的知识、经验，只要一般人认为在同样情况下有发生同样结果的可能性，而且在实际上该行为又确实引起了该损害结果，则该行为与结果之间就有因果关系。

为此，幼儿伤害事故中的因果关系表现为三个方面。第一，这种因果关系必须是客观存在的，即幼儿园未尽其教育、管理、保护的责任是损害事实发生的原因，该损害事实确实是幼儿园教育、管理、保护不力造成的。第二，判断这种因果关系以相当因果关系为判决标准，不宜争取严格的必然因果关系标准。第三，幼儿园对于损害事实的发生，一般只具有间接的因果关系。

幼儿伤害事故中，纠纷较多的是幼儿得了精神病与幼儿园之间是否有因果关系的确认问题。应该注意，精神病的形成原因比较复杂，往往与遗传等因素有关。幼儿在园期间由于某种原因而诱发精神病，如果其诱发因素明显与幼儿园过错有关，幼儿园可以承担相应的责任；如果幼儿园的行为没有过错，即使是幼儿园行为诱发了幼儿的精神病，幼儿园也不承担责任。

幼儿伤害事故中，那种以"诱因"致人死亡的案件也经常遇见，怎样分析其因果关系呢？应该说，在以"诱因"致人死亡的案件中，侵权人的违法行为不是受害人生命丧失的主要原因，受害人原存在的某些疾病才是主要原因，违法行为所起的只是催化、引发的作用，加速了死亡到来的时间。所以，我们在承认这种因果关系的前提下，应明白违法行为只是次要原因，病因才是主要原因。

4）违法行为人主观上有过错

过错是一种心理状态，包括故意和过失。故意分为直接故意和间接故意两种。直接故意是指行为人明知自己的行为会产生人身伤害的后果，并且希望这种结果发生的心理状态；间接故意是指行为人明知自己的行为会产生人身伤害的后果，并且放任这种结果发生的心理状态。应注意的是，与刑法不同，在人身伤害赔偿诉讼案中，无须确定加害人在实施加害行为时主观上是直接故意还是间接故意，只需确定其是否出于故意，即可确定其民事赔偿责任。

过失分为疏忽大意的过失和过于自信的过失两种。疏忽大意的过失是指行为人应当预见自己的行为可能发生危害社会的结果，由于疏忽大意而没有预见的心理状态；过于自信的过失是指行为人已经预见到自己的行为可能发生危害社会的结果，但却轻信能够避免的心理状态。

故意与过失作为两种不同的主观心理状态，在刑法上对于定罪量刑具有重要意义，而在民法上一般情况下对于确定行为人的民事责任并无实际意义，因为民事责任的承担完全是根据损害事实来决定的，行为人是故意造成他人伤害还是过失造成他人伤害在民事责任的承担上是完全一致的。当然，这一说法是就法律的一般规定而言的，但在法律有特别规定、共同过错、混合过错及第三人过错的情况下，过错程度的轻重对于决定人身损害赔偿责任还是具有决定作用的。

3.　关于责任主体问题

可能成为幼儿伤害事故的赔偿责任主体有以下几个。

1）幼儿园

幼儿园可能成为承担侵权行为民事责任的责任主体。如果是由于教师未履行法定职责而引起的事故，幼儿园应该承担责任。因为教师在教学中代表的不是自己而是幼儿园，其行为不是个人行为而是职务行为，所以其职务行为产生的后果应由幼儿园承担。即首先应该由幼儿园（而不是教师）作为赔偿主体，教师只能以无独立请求权的第三人的身份出现。《侵权责任法》第三十四条第一款规定："用人单位的工作人员因执行工作任务造成他人损害的，由用人单位承担侵权责任。"

民事诉讼中的第三人有两种：一种是有独立请求权的第三人，即对当事人争议的诉讼标的，不论是部分还是全部，以独立实体权利人的资格，提出诉讼请求，因而参加诉讼的人；另一种是无独立请求权的第三人，即对当事人争议的诉讼标的，没有独立的实体权利，但案件的处理结果与他有法律上的利害关系，因而参加到当事人的一方进行诉讼，以维护自己利益的人。有独立请求权的第三人和无独立请求权的第三人在诉讼中的地位是不同的：前者在诉讼中的地位相当于原告，即以本诉讼中的原告和被告作为被告，因为他既不同意本诉讼中原告的主张，也不同意被告的主张，他认为不论是原告胜诉还是被告胜诉，都将损害他的民事权利，实际上他是提起了一个新的诉讼，因此他享有原告的诉讼权利，承担原告的诉讼义务。后者在诉讼中的地位既不是原告，也不是被告，而是独立的诉讼参加人，因为案件的处理结果必然关系到他的利益，所以他在诉讼中为了保护自己的民事权利必然是支持一方的主张，反对另一方的主张，为其所支持的一方提供证据并参加辩论。

幼儿园向受伤害的幼儿支付赔偿金后，可以行使其追偿权，根据不同情况责令违法履行职责的教师个人承担部分或者全部的赔偿费用，即教师承担的是内部责任。《学生伤害事故处理办法》第二十七条规定："因学校教师或者其他工作人员在履行职务中的故意或者重大过失造成的学生伤害事故，学校予以赔偿后，可以向有关责任人员追偿。"

幼儿园在行使其追偿权时应注意：第一，追偿的金额以幼儿园支付的损害赔偿金额为限，幼儿园支付的诉讼费用不应列入追偿的范围；第二，追偿金额的多少要与教师的过错程度相适应，而且要考虑被追偿者的工资收入。追偿具有惩戒的性质，惩戒是针对过错，所以追偿要根据过错程度来确定，过错大的多追偿，过错小的少追偿。追偿金数额也要与被追偿者的工资和津贴收入相适应，追偿金的执行只能针对教师个人的工资和津贴，不能涉及其他个人财产和其家庭财产及收入。

2）幼儿的监护人

《侵权责任法》第三十二条第一款规定："无民事行为能力人、限制民事行为能力人造成他人损害的，由监护人承担侵权责任。监护人尽到监护责任的，可以减轻其侵权责任。"《婚姻法》第二十三条规定："父母有保护和教育未成年子女的权利和义务。在未成年子女对国家、集体或他人造成损害时，父母有承担民事责任的义务。"《学生伤害事故处理办法》第二十八条第一款规定："未成年学生对学生伤害事故负有责任的，由其监护人依法承担相应的赔偿责任。"

此外，成年的学生本人也可能成为学生伤害事故的赔偿主体。法律依据有：最高人民法院《关于贯彻执行〈中华人民共和国民法通则〉若干问题的意见（试行）》第一百六十一条第一款规定："侵权行为发生时行为人不满十八周岁，在诉讼时已满十八周岁，并有经济能力的，应当承担民事责任；行为人没有经济能力的，应当由原监护人承担民事责任。"第二款规定："行为人致人损害时年满十八周岁的，应当由本人承担民事责任；没有经济收入的，由抚养人垫付，垫付有困难的，也可以判决或者调解延期给付。"

3）保险公司

保险公司承担赔偿责任的依据与理由和上述两个责任主体承担责任的依据与理由是不同的，幼儿园、监护人责任的承担一般是以过错责任原则和过错推定责任原则为依据，而保险公司要不要承担赔偿责任的依据与理由是保险公司与投保人所签订的保险合同中的具体条款，根据不同的险种、险别分别承担不同的赔偿责任。

除了以上法律规定的几个赔偿主体外，如儿童基金会等其他社会组织、社会团体或个人愿意对受伤害的幼儿进行无偿帮助的，也可以对幼儿提供帮助。不过，他们不是承担法律上的责任，而是一种无偿的帮助。

4．关于责任分担问题

对侵权行为的民事责任，受害人有请求赔偿的权利，加害人负有赔偿的义务。那么，应该如何分担赔偿责任呢？这里主要谈幼儿园作为责任主体时承担责任的情况。

1）幼儿园承担赔偿责任的原则

幼儿园赔偿的基本原则是：幼儿园只承担适当赔偿责任而不是全部赔偿责任。《学生伤害事故处理办法》第二十六条第一款规定："学校对学生伤害事故负有责任的，根据责任大小，适当予以经济赔偿，但不承担解决户口、住房、就业等与救助受伤害学生、赔偿相应经济损失无直接关系的其他事项。"理解该条款时要注意以下几点：首先，幼儿园是根据对事故所负的责任大小予以适当的经济赔偿，所谓适当就是有限；其次，幼儿园在幼儿伤害事故的赔偿中，只能依法承担经济赔偿责任，即用货币表现的财产责任，而不采用其他赔偿方式，即幼儿园不承担与救助受伤害幼儿、赔偿相应经济损失无直接关系的其他责任。例如，幼儿园不承担解决幼儿户口，换父母住房，保证让幼儿上重点中小学，赡养受害幼儿的祖父母，在幼儿园举行葬礼，让园长、教师为死亡的幼儿披麻带孝等无理要求。这是因为，幼儿园是从事保育教育活动的专门机构，没有能力、也没有义务承担与保育教育活动无关的其他不合理的责任。

《学生伤害事故处理办法》第二十六条第二款还规定："学校无责任的，如果有条件，可以根据实际情况，本着自愿和可能的原则，对受伤害学生给予适当的帮助。"这种幼儿园自愿给予的经济帮助，其性质属于人道主义的补偿，不是法律上的赔偿责任，补偿与赔偿的性质不同，不能混淆。

2）幼儿园承担赔偿责任的几种具体情况

《学生伤害事故处理办法》第八条规定："发生学生伤害事故，造成学生人身损害的，学校应当按照《中华人民共和国侵权责任法》及相关法律、法规的规定，承担相应的事故责任。"《侵权责任法》第六条第一款规定："行为人因过错侵害他人民事权益，应当承担侵权责任。"第二款规定："根据法律规定推定行为人有过错，行为人不能证明自己没有过错的，应当承担侵权责任。"第七条规定："行为人损害他人民事权益，不论行为人有无过错，法律规定应当承担侵权责任的，依照其规定。"第二十四条规定："受害人和行为人对损害的发生都没有过错的，可以根据实际情况，由双方分担损失。"

具体地说，幼儿园承担赔偿责任的情况分为以下几种情况。

（1）如果完全是幼儿园的责任，全部由幼儿园赔偿。换句话说，如果幼儿园的过错是导致幼儿伤害的唯一原因，那么幼儿园应负全部的法律责任。例如，幼儿园教师擅离职守或虐待幼儿造成幼儿伤害，就完全是幼儿园的责任，应由幼儿园承担全部赔偿。

（2）如果幼儿园有部分责任（包括主要责任和次要责任），幼儿园承担部分赔偿。

（3）以下几种情况下幼儿园可以免除责任，也不承担赔偿。一是由于第三人的过错造成的事故，就由负有责任的第三人承担相应的责任；二是由于不可抗力导致的事故；三是由于意外事故导致的事故，在这种情况下，如果幼儿园不是事故中的当事人，就不必根据公平责任原则分担责任。

5. 幼儿伤害事故中人身损害赔偿的项目、范围及标准

《学生伤害事故处理办法》没有具体规定学生伤害事故中的赔偿项目、范围及标准，只是在第二十四条第一款规定："学生伤害事故赔偿的范围与标准，按照有关行政法规、地方性法规或者最高人民法院司法解释中的有关规定确定。"

我国现有的法律法规中对于人身损害赔偿的项目、范围及标准的规定主要有以下几种。

《民法通则》第一百一十九条规定："侵害公民身体造成伤害的，应当赔偿医疗费、因误工减少的收入、残废者生活补助费等费用；造成死亡的，并应当支付丧葬费、死者生前扶养的人必要的生活费等费用。"《侵权责任法》第十六条规定："侵害他人造成人身损害的，应当赔偿医疗费、护理费、交通费等为治疗和康复支出的合理费用，以及因误工减少的收入。造成残疾的，还应当赔偿残疾生活辅助具费和残疾赔偿金。造成死亡的，还应当赔偿丧葬费和死亡赔偿金。"

人身损害赔偿不仅包括人身的物质性损害赔偿，还包括精神上的损害赔偿。下面我们就从这两个方面来谈人身损害的赔偿。

1）人身损害赔偿中的物质性损害赔偿

人身损害赔偿中的物质性损害赔偿包括直接损害赔偿和间接损害赔偿。具体的赔偿项目包括以下几种。

（1）物质性损害赔偿中的直接损害赔偿。直接损害是指受害人受到人身伤害后，由于进行抢救、治疗、诉讼等，先行支付了一笔费用，因此导致自己现有财产的减少。根据伤害状况的不同，人身损害分为一般伤害、人身残疾和致人死亡三种情况。物质性损害赔偿中的直接损害赔偿项目如下。

① 一般伤害赔偿。一般伤害是指经过治疗可以恢复健康，不会造成残疾或死亡的人身伤害。一般伤害赔偿包括：医疗费、营养费、伙食补助费、与医疗有关的住宿费、与医疗有关的交通费。

② 残疾赔偿。人身残疾是指受害人的身体遭受重伤，无法再恢复到原来的状态，从而导致丧失部分或全部劳动能力的伤害。残疾赔偿除上述五项赔偿外，还可以要求残疾用具费赔偿。

③ 死亡赔偿。除要求一般伤害的五项赔偿外，还可以要求丧葬补助费赔偿。

（2）物质性损害赔偿中的间接损害赔偿。间接损害是指受害人在人身受到伤害后所遭受的直接损害之外的其他损害。间接损害赔偿主要包括：误工费、残疾生活补助费、残疾护理补助费、死亡补助费。

2）人身损害赔偿中的精神抚慰金赔偿

所谓"精神损害"，是指对民事主体精神活动的损害，其最终表现形式，一是民事主体精神痛苦；二是精神利益的丧失或减损。精神痛苦包括受害人因生理损害所造成的精神痛苦及因心理损害所造成的精神痛苦；精神利益的丧失或减损，是指人格利益和身份利益受到损害。

精神损害赔偿是指民事主体因其人身权利受到不法侵害，使其人格利益和身份利益受到损害或遭受精神痛苦，要求侵权人通过财产赔偿等方法进行救济和保护的民事法律制度。它是以金钱等为手段在一定程度上弥补受害人所受到的心灵伤害，尽最大的可能恢复受害人的精神健康，或使受害人心灵得到抚慰，尽快摆脱精神痛苦，并对侵权人给予一定的威慑和惩罚的一种有效方法。《侵权责任法》第二十二条规定："侵害他人人身权益，造成他人严重精神损害的，被侵权人可以请求精神损害赔偿。"

如何进行精神损害赔偿呢？2001年最高人民法院通过的《关于确定民事侵权精神损害赔偿责任若干问题的解释》（简称《解释》）作出了明确的规定。

（1）精神损害赔偿的范围。我国对精神损害赔偿的范围采用限制原则，即以法律明文规定为限，不能随意扩大。《解释》规定的精神损害赔偿的范围包括：一是自然人人格权受到侵害可以请求精神损害赔偿，不仅包括身体权、健康权、生命权、姓名权、肖像权、名誉权、荣誉权等具体人格权，而且包括人格尊严权和人身自由权等一般人格权，《解释》将对人格权的司法保护从具体人格权发展到一般人格权，完善了对自然人人格权的司法保护体系。二是侵犯特定身份权（以侵犯监护权的情形较为典型和普遍），监护人可以请求精神损害赔偿。如未成年子女被绑架时，父母监护权被侵害所受到的精神上的痛苦；婴儿在医院分娩后的护理期间被医生错抱，亲生父母监护权被侵害所造成的痛苦。

三是对违反社会公共利益或社会公德，侵害他人合法人格利益的（如隐私），也构成侵权，可以请求精神损害赔偿。以前是将对隐私的侵害作为侵犯名誉权的一种类型，保护不够充分，现在是将之作为一种独立的侵权类型，保护较为充分。四是确认侵害死者姓名、肖像、名誉、荣誉、隐私、遗体遗骨等构成侵权的，死者近亲属可以请求精神损害赔偿。五是对具有人格象征意义的特定纪念物品，如某人将在地震中丧生的父母的唯一的一张遗照拿去照相馆冲洗，照相馆却给弄丢了；照相馆将人家举行婚礼的录像拍坏了等，这些特定的纪念物品因遭受侵权行为而永久灭失或毁损时，物品所有人可以请求精神损害赔偿。

（2）精神损害赔偿的方式。在侵权人符合以下两个条件的前提下，侵权人应当赔偿精神损害抚慰金：一是受害人提出赔偿精神损害的请求；二是造成严重后果。即《解释》第八条第一款明确规定："因侵权致人精神损害，但未造成严重后果，受害人请求赔偿精神损害的，一般不予支持，人民法院可以根据情形判令侵权人停止侵害、恢复名誉、消除影响、赔礼道歉。"第二款规定："因侵权致人精神损害，造成严重后果的，人民法院除判令侵权人承担停止侵害、恢复名誉、消除影响、赔礼道歉等民事责任外，可以根据受害人一方的请求判令其赔偿相应的精神损害抚慰金。"《解释》还规定了三种精神损害抚慰金的方式：死亡赔偿金、残疾赔偿金和其他精神抚慰金。

关于幼儿受到人身侵害时，是否有权要求侵权人赔偿精神损害抚慰金问题，本书认为，虽然幼儿受伤时，其感受痛苦的程度低微，或全然没有感觉，但等他（她）长大后，就会大感痛苦，这是当前所能预见得到的，因此他（她）当前有权请求对于将来所蒙受的精神损害抚慰金。

 案例 4-15

幼儿被开水烫伤案

2002 年 4 月 27 日，某幼儿园一名员工将半桶热开水放置在供幼儿园教师休息的小房间内后转身离开。未满 3 岁的黄某在无人看护的情况下跌入开水桶中造成严重烫伤。经鉴定为六级伤残，未来还要做 22 次手术，以恢复机体机能。2003 年 4 月 15 日，××市中级人民法院判决幼儿园承担全部责任，判令幼儿园承担 77.49 万元的各项赔偿费用，其中，精神损害赔偿 15 万元。

【案例分析】

该案中，幼儿园员工的行为造成了幼儿黄某被烫伤，幼儿园应为其过失行为承担完全的法律责任。××市中级人民法院判决加害人（幼儿园）对受害人（未满 3 岁的幼儿黄某）承担 77.49 万元的各项赔偿费用，其中，精神损害赔偿 15 万元。法院的这一判决说明，司法实践认可幼儿受到人身侵害时，也有权要求侵权人赔偿精神损害抚慰金。

6. 幼儿园赔偿金的筹措途径

《学生伤害事故处理办法》设立了三种赔偿金的筹措途径。

1）幼儿园负责筹措赔偿金

《学生伤害事故处理办法》第二十九条规定："根据双方达成的协议、经调解形成的协议或者人民法院的生效判决，应当由学校负担的赔偿金，学校应当负责筹措；学校无力完全筹措的，由学校的主管部门或者举办者协助筹措。"幼儿园对于其应该负担的赔偿金应当负责筹措，这是幼儿园履行教育保护职责的重要内容，不能以幼儿园没钱为由拒绝赔偿。但由于我国公办幼儿园的办园经费主要由国家财政拨款，而国家财政拨付中用于教育教学的经费是不能挪用的，国家教育经费中又没有幼儿伤害事故赔偿金的项目，幼儿园筹措的经费来源只能是幼儿园的预算外收入，因此一些幼儿园要筹措事故赔偿金有很大的困难，所以《学生伤害事故处理办法》规定了幼儿园的主管部门或者举办者要协助幼儿园筹措赔偿资金，这是主管部门或者举办者在处理幼儿伤害事故中的一项重要职责。当然，主管部门或者举办者只有在"幼儿园无力完全筹措"赔偿金的条件下才有协助筹措赔偿金的义务。如果幼儿园有能力筹措赔偿金而不筹措，主管部门或者举办者应当责令或者要求幼儿园自行筹措。

2）设立伤害赔偿准备金

《学生伤害事故处理办法》第三十条规定："县级以上人民政府教育行政部门或者学校举办者有条件的，可以通过设立学生伤害赔偿准备金等多种形式，依法筹措伤害赔偿金。"

幼儿伤害赔偿准备金可以以多种形式筹措。例如，以行政区为单位，由地市或者县教育行政部门牵头，采取互助共济的形式，组织本行政区域的幼儿园采取政府资助、社会募捐等多种形式筹措。幼儿伤害赔偿准备金可以由教育行政部门管理，也可以设立一个非常设性的管理委员会，参加的幼儿园均为管委会成员。

3）设立幼儿园责任保险

《学生伤害事故处理办法》第三十一条第一款规定："学校有条件的，应当依据保险法的有关规定，参加学校责任保险。"第二款规定："教育行政部门可以根据实际情况，鼓励中小学参加学校责任保险。"《幼儿园工作规程》第十六条规定："幼儿园应当投保校方责任险。"所谓幼儿园责任保险，也称园方责任险，是指以幼儿园一定限额的赔偿责任为投保标的，一旦由于园方的疏忽或者过失造成幼儿的人身损害，在法律上应由园方承担的经济赔偿责任在保险限额内由保险公司支付，超过赔偿限额部分，仍由幼儿园承担赔偿的一种责任保险。其做法是：幼儿园出资为自己可能发生的过错和侵权责任向保险公司购买保险，只要园方对幼儿的人身伤害依法应当承担损害赔偿责任，在保险限额内就由保险公司负责赔偿。

在理解园方责任险时要注意以下几点。第一，园方责任险属于财险的范围。在保险合同约定的保险责任范围内，幼儿如果从幼儿园那里获得了该赔偿金，无权再向保险公司要保险金，如果向保险公司要了保险金，就不得再向幼儿园要赔偿金。第二，《学生伤害事故处理办法》第三十一条既有强制性的规定，又有任意性的规定。强制性的规定是，有条件的幼儿园都应当参加幼儿园责任保险，这是幼儿园预防和转移教育风险，保护幼儿合法权益，维护幼儿园保育教育秩序的一项必须履行的义务；任意性的而非强制性的规定是，教育行政部门可以根据实际情况，鼓励幼儿园参加幼儿园责任保险。

教育部、财政部、中国保险监督管理委员会于2008年联合签发了《关于推行校方责任保险 完善校园伤害事故风险管理机制的通知》，决定在全国各中小学校、幼儿园推行由政府购买校方责任保险的制度。其中明确规定，九年义务教育阶段学校投保校方责任险所需费用，由学校公用经费中支出，每年每生不超过 5 元。

教育部、最高人民法院、最高人民检察院、公安部、司法部等五部门于 2019 年联合颁布的《关于完善安全事故处理机制　维护学校教育教学秩序的意见》指出："形成多元化的学校安全事故损害赔偿机制。学校或者学校举办者应按规定投保校方责任险，有条件的可以购买校方无过失责任险和食品安全、校外实习、体育运动伤害等领域的责任保险。要通过财政补贴、家长分担等多种渠道筹措经费，推动设立学校安全综合险，加大保障力度。要增强师生和家长的保险意识，引导家长为学生购买人身保险，有条件的地方可以予以补贴。学校可以引导、利用社会捐赠资金等设置安全风险基金或者学生救助基金，健全救助机制。鼓励有条件的地方建立学校安全赔偿准备基金，或者开展互助计划，健全学校安全事故赔偿机制。"

（三）幼儿伤害事故的处理程序及处理途径

1. 幼儿伤害事故的处理程序

1）幼儿园对事故的及时处理程序

《学生伤害事故处理办法》第十五条规定："发生学生伤害事故，学校应当及时救助受伤害学生，并应当及时告知未成年学生的监护人；有条件的，应当采取紧急救援等方式救助。"即幼儿伤害事故发生后，幼儿园首先要做的是尽快救助受伤幼儿而不是先论过错与责任。至于具体采用什么方法救助，以有利于控制伤害的扩大和尽量减轻伤害后果为原则。

2）幼儿园对事故的报告程序

（1）幼儿园需要报告的事故范围是情形严重的幼儿伤害事故。《学生伤害事故处理办法》第十六条规定："发生学生伤害事故，情形严重的，学校应当及时向主管教育行政部门及有关部门报告；属于重大伤亡事故的，教育行政部门应当按照有关规定及时向同级人民政府和上一级教育行政部门报告。"所谓"情形严重"一般是指造成轻伤以上的伤害程度或者伤害面广的伤害事故。幼儿园需要报告的部门首先是向主管的教育行政部门报告。如果幼儿伤害事故涉及政府其他部门管辖范围的，还应向其他相关部门报告。

（2）事故处理后，幼儿园应当把事故的处理结果书面报告给主管的教育行政部门。《学生伤害事故处理办法》第二十二条规定："事故处理结束，学校应当将事故处理结果书面报告主管的教育行政部门；重大伤亡事故的处理结果，学校主管的教育行政部门应当向同级人民政府和上一级教育行政部门报告。"事故处理报告的内容应写明：事故处理的经过；事故处理争议的焦点及解决争议的方式；事故赔偿金额；对事故责任人员的处理；事故的教训及今后改进工作的措施等，并附有协商协议、调解协议、判决书等。

3）教育行政部门直接介入事故处理的程序

《学生伤害事故处理办法》第十七条规定："学校的主管教育行政部门应学校要求或者认为必要，可以指导、协助学校进行事故的处理工作，尽快恢复学校正常的教育教学秩序。"

2. 处理幼儿伤害事故赔偿争议的方式和途径

《学生伤害事故处理办法》第十八条规定了学生伤害事故发生后处理赔偿争议的方式，即："发生学生伤害事故，学校与受伤害学生或者学生家长可以通过协商方式解决；双方自愿，可以书面请求主管教育行政部门进行调解。成年学生或者未成年学生的监护人也可以依法直接提起诉讼。"归纳起来，处理幼儿伤害事故赔偿争议的方式和途径主要有以下三种。

1）协商

协商一般指争议各方当事人在自愿的基础上，按照有关法律、法规、政策规定，直接进行磋商或谈判，互谅互让达成解决赔偿争议的协议，这是幼儿园采取的最广泛的处理方式。这种方式最简单，不受时间、地域、程序的限制，当事人可以通过直接交涉，消除隔阂和误会，增进谅解和信任。《关于完善安全事故处理机制 维护学校教育教学秩序的意见》指出，健全学校安全事故纠纷协商机制。学校安全事故责任明确、各方无重大分歧或异议的，可以协商解决。协商解决纠纷应当坚持自愿、合法、平等的原则，尊重客观事实、注重人文关怀，文明、理性表达意见和诉求。学校应当指定、委托协商代表，或者由法治副校长、学校法律顾问等专业人员主持或参与协商。协商一般应在配置录音、录像、安保等条件的场所进行。受伤害者亲属人数较多的，应当推举代表进行协商，代表人数一般不超过 5 人并相对固定。双方经协商达成一致的，应当签署书面协议。

协商的最大特点是没有第三人介入，完全按照各方当事人的意愿自己解决。协商成功达成的协议实质上是一项赔偿合同，除非法律另有规定，合同采用签字生效的原则，即各方当事人都在协议上签字后，合同就具有法律效力，各方当事人都应当遵守。协商解决赔偿争议方式的局限性是：协商达成的协议虽然具有合同的效力，但对各方当事人都没有法律的强制约束力，一方当事人不履行协议，另一方当事人不能向法院申请强制执行。

协商一般适用于伤害轻微、影响面不大的事故。

2）调解

调解是指幼儿伤害事故当事人各方在第三人主持下，通过第三人的劝说诱导，促使各方当事人在自愿的基础上互谅互让，达成协议解决争议。

调解与协商的共同点在于它们都以当事人各方的自愿为原则；区别在于调解有第三人介入，协商没有第三人介入。

《关于完善安全事故处理机制 维护学校教育教学秩序的意见》指出，建立学校安全事故纠纷调解制度。教育部门应当会同司法行政机关推进学校安全事故纠纷调解组织建设，聘任人大代表、政协委员、法治副校长、教育和法律工作者等具备相应专业知识或能力的人员参与调解。建立由教育、法律、医疗、保险、心理、社会工作等方面专业人员组成的专家咨询库，为调解工作提供支持和服务。

应特别注意的是，如果是教育行政主管部门参与调解的，其调解不是以行政机关的名义和身份进行的行政处理，而是居中调解，其性质不是法定裁决，即教育主管部门是中间人的角色，不是处理人的角色，因为教育主管部门不一定有作出处理的权威。所以，调解不是行政行为，调解书不能被复议或诉讼，即没有可诉性，将来若有一方不满意，不能告教育行政主管部门，要告的是另一方。

调解达成协议后，双方都应自觉履行，一般也能做到自觉履行。但由于调解协议仅具有合同的约束力，没有法律的强制执行力，如果一方当事人不履行协议或者反悔的，另一方当事人不能向法院申请强制执行，教育行政部门也无权采取行政手段责令当事人履行协议，所以当事人只能依法提起民事诉讼，以解决争议。

调解一般适用于伤害较重，涉及方方面面责任，仅由幼儿园、家长难以协商好的情况。

3）诉讼

诉讼也叫"打官司"，是指在国家司法机关的主持下，由伤害事故当事人及其他诉讼参与人参加下，依照法定的方式和程序，解决事故责任承担和损害赔偿分担的司法活动。诉讼是通过法院解决社会纠纷的一种最有权威和最有效的机制。它是解决幼儿伤害事故赔偿纠纷的终局性方式。

民事诉讼的基本特征是"不告不理"，因此诉讼首先必须经当事人提起，一般由受害幼儿的父母及其他监护人代表幼儿向幼儿园所在地的基层法院提起。一审处理后，当事人如果对法院作出的判决或裁定不服，可以向上一级人民法院上诉，但逾期（判决 15 日、裁定 10 日）不上诉的，判决或裁定就发生法律效力，当事人必须执行。二审是当事人对于一审法院处理不服后向上一级人民法院提出再一次审理的请求。二审法院作出的判决和裁定，是终审判决和裁定。

《民法总则》第一百八十八条第一款规定："向人民法院请求保护民事权利的诉讼时效期间为三年。法律另有规定的，依照其规定。"第二款规定："诉讼时效期间自权利人知道或者应当知道权利受到损害以及义务人之日起计算。法律另有规定的，依照其规定。但是自权利受到损害之日起超过二十年的，人民法院不予保护；有特殊情况的，人民法院可以根据权利人的申请决定延长。" 所谓诉讼时效，是指权利人在一定期间不行使权利，在该期间届满后，发生义务人可以拒绝履行其给付义务效果的法律制度。该条第一款规定了普通诉讼时效期间为 3 年。该条款规定的"法律另有规定的，依照其规定"，是允许特别法对诉讼时效作出不同于普通诉讼时效期间的规定。"知道或者应当知道"是一种主观状态，很多情况下，当权利受到侵害时，受害人不一定能够马上知情。因此，第二款规定诉讼时效期间自权利人知道或者应当知道权利受到损害及义务人之日起计算。这里所说的"知道或者应当知道权利受到损害"和"知道或者应当知道义务人"这两个条件应当同时具备。第二款还规定，极端情况下，最长权利保护期间为 20 年。

此外，《民法通则》第一百三十六条规定，身体受到伤害要求赔偿的，诉讼时效期间为 1 年。

幼儿园在诉讼中要注意：一是诉讼前要做好充分的准备，包括：积极收集有力的起诉或应诉的证据，证据分为书证、物证、视听材料、证人证言、当事人的陈述、鉴定结论、勘验笔录等；委托懂行的诉讼代理人，最好请既懂民法又懂教育法的律师作为诉讼代理人。二是要明确民事诉讼的时效。幼儿伤害事故的诉讼时效为 1 年，从当事人知道或者应当知道受到伤害时起计算。三是应诉时要稳定情绪，幼儿园要认真审查起诉状，写好有理的答辩状。

诉讼一般在伤害严重、事故特大、影响面广、涉及面广的情况下使用。

总之，上述三种解决赔偿纠纷的途径可归纳为非诉讼途径和诉讼途径两大类，前两者（协商、调解）为非诉讼途径，第三者（诉讼）为诉讼途径。幼儿伤害事故的处理应坚持非诉讼程序先行原则。但协商、调解等不是必经途径，三种处理途径是平行关系，不是梯次关系，无先后之分。当事人有权选择是否诉讼，如何诉讼，是经协商、调解后再诉讼还是直接诉讼，但诉讼是最终途径。

五、积极预防与妥善处理幼儿伤害事故的对策

幼儿伤害事故发生前，要积极预防其发生，事故不幸发生后，要妥善处理。积极预防与妥善处理幼儿伤害事故的对策有以下几个方面。

（一）坚持"安全第一，防范为先"的理念，加强对师生的教育

一是要加强对幼儿的安全教育，包括日常安全教育、活动安全教育、自然灾害中的自我保护教育、社会治安教育、道路交通安全教育等。二是要加强对幼儿的心理健康教育。良好的心理素质是保障幼儿安全的内在原因，有一个健康的心理，在很大程度上能杜绝心理性安全事故的发生，特别是对那些心理承受能力较差的孩子，幼儿园应通过对他们的心理健康教育，培养他们健康的心态，使他们树立"生命非常可贵，安全始终第一，保护要靠自己"的思想。三是要加强对幼儿自救自护知识的教育。因为无论是父母、教师还是警察，都不可能给任何幼儿安全一生的承诺和保护，只有幼儿具备了安全意识和自救自护能力，方可一生平安。四是要加强对幼儿进行责任意识的教育。可以说，对幼儿进行责任意识的教育是对幼儿最好的保护。五是要加强对幼儿进行珍爱生命的教育。六是要加强对园长与教师的安全教育、法治教育，经常组织他们学习教育法律法规，特别是要让教师确实承担起法律法规规定的教育、管理和保护的责任，以增强他们的法律责任意识。《中小学幼儿园安全管理办法》第四十五条规定："学校应当制定教职工安全教育培训计划，通过多种途径和方法，使教职工熟悉安全规章制度、掌握安全救护常识，学会指导学生预防事故、自救、逃生、紧急避险的方法和手段。"《托儿所幼儿园卫生保健工作规范》规定："托幼机构应当加强对工作人员、儿童及监护人的安全教育和突发事件应急处理能力的培训，定期进行安全演练，普及安全知识，提高自我保护和自救的能力。"

（二）冷静处理幼儿伤害事故

幼儿伤害事故防不胜防，难以避免，一旦发生，处理得好，可以减少纠纷，避免矛盾。应如何处理好幼儿伤害事故呢？主要应抓以下几个环节。

（1）采取紧急措施及时进行抢救。幼儿伤害事故发生后，首先要保护生命，减少痛苦，做好防范事故恶化的紧急准备，把伤害的不良后果降到最低程度。

经常出现的问题是：幼儿园发生伤害事故后，没有引起教师的足够重视，以致延误了抢救的时间；有的教师要等到明确了谁应该承担责任后才要去筹款、才要去施救，以致延误了抢救的时间。

（2）尽快通知家长，并要注意通知的方式。"尽快"指的是时间上要快，但要考虑家长的心理承受能力，通知家长前要考虑通知的方式和措辞。

（3）主动向上报告。主动向上报告是幼儿园的法定职责。但一些幼儿园往往认为出了事故不光彩，尽量隐瞒事情真相，这是违法的。

（4）注意保护现场，及时取证。幼儿伤害事故的归责原则主要是过错推定责任原则，而该原则的一个重要特征是举证责任倒置。出事后，在保证抢救的前提下，幼儿园要尽可能完整地保护好现场，最好请公安部门或其他有关部门到场取证，要有详细的事件记录，以便日后处理问题时有旁证材料。千万不要为推卸责任而破坏现场，甚至伪造现场。

（5）查明事故原因，安抚受惊幼儿，采取防范事故再发生的对策。

（6）做好安全事故的信息发布工作，按照规定主动、适时公布或者通报事故信息，增强舆情应对的意识和能力。对恶意炒作、报道严重失实的，幼儿园要及时发声、澄清事实。

（三）争取各方面的支持

（1）争取教育主管部门的支持，其中很重要的一个方面是对经费的支持。很多事故的发生，与幼儿园设备的陈旧老化，幼儿园有危房未改造等因素有关，为此，解决这一问题的方式只有增加教育投入。如果该问题解决了，就可以在客观上为减少事故的发生创造条件。

（2）争取舆论的支持。幼儿伤害事故发生的原因是极其复杂的，平时，有关部门要通过报刊、广播、电视等宣传工具所起的舆论导向作用，引导幼儿园、社会、家长正确认识幼儿的伤害事故，以维护受教育者的合法权益，同时也维护幼儿园教育教学工作的正常运行。

（3）争取社会的支持。幼儿伤害事故的发生有时也与社会对幼儿园的关心、支持不够有一定关系。为此，要提高全社会对幼儿园教育风险性的认识，促进社会各方面提高对幼儿园责任承担的有限性和法定性的认识，共同加强对幼儿伤害事故的防范。

（四）营造依法解决伤害事故纠纷的社会氛围

要培育遵法、学法、守法、用法的社会氛围，推动形成依法、理性解决幼儿园伤害事故纠纷的共识。要通过法治思维和法治方式化解矛盾纠纷，坚决杜绝"大闹大赔""小闹小赔"。要及时制止"园闹"行为，一旦发现"园闹"行为，幼儿园要立即向所在地公安机关报案。责任认定前，幼儿园不得赔钱息事，杜绝不顾法律原则的"花钱买平安"。

2011～2019年
全国教师资格考
试真题及答案
（涉及专题四问
题三）

（五）加强对幼儿伤害事故处理的法律研究

对幼儿伤害事故的处理是一个被社会广为关注的问题。我国民事立法、教育立法不完善，一旦出了事故，家长漫天要价，幼儿园不知所措，法学研究人员说法不一，理论依据不一，相同的案件在不同地区的法院审理就有不同的判决结果。

为此，应加强对教育法学的研究，尤其是对如何处理幼儿伤害事故的法学研究，不断完善有关法律法规。

思考与练习

1. 填空题

（1）《未成年人保护法》第三条规定了未成年人享有五项基本权利，即____、____、____、____与____。

（2）幼儿园及其教师在幼儿安全方面的法定责任是____、____和____三个方面。

2. 判断题

（1）教育部颁布的《学生伤害事故处理办法》属于教育行政法规。 （　　）

（2）教育部等十部委颁布的《中小学幼儿园安全管理办法》属于部门教育规章。

（　　）

（3）《学生伤害事故处理办法》可以作为法院判案的依据。 （　　）

（4）幼儿园参照《学生伤害事故处理办法》的规定执行是说幼儿园不要执行该文件。

（　　）

（5）幼儿园的幼儿属于无民事行为能力人。 （　　）

（6）幼儿一般不存在擅自离园的问题。 （　　）

（7）在幼儿园外发生的幼儿伤害事故，幼儿园就不要承担法律责任。 （　　）

（8）过错包括故意和过失两种情况，幼儿园有故意的过错导致发生幼儿伤害事故时才须承担法律责任。 （　　）

3. 简答题

（1）什么叫幼儿伤害事故？

（2）为什么幼儿园是参照而不是直接适用《学生伤害事故处理办法》？

（3）根据事故发生的原因不同，幼儿伤害事故的类型有哪些？

（4）为了防止发生幼儿伤害事故，幼儿园应建立健全并严格执行哪些规章制度？

（5）什么是监护？什么是监护人？什么是被监护人？

（6）你认为幼儿园及其教师是不是幼儿的监护人？法律依据有哪些？

（7）民事责任的归责原则有哪几个？幼儿园主要适用的是哪一个归责原则？

（8）在幼儿安全问题上，幼儿园的职责有哪些？

（9）在幼儿安全问题上，幼儿监护人的职责有哪些？

（10）一般侵权行为民事责任的构成要件有哪些？

（11）可能成为幼儿伤害事故中民事责任赔偿主体的有哪些？

（12）解决幼儿伤害事故纠纷的途径有哪些？

（13）筹措幼儿园赔偿经费的渠道有哪些？

4. 论述题

（1）《未成年人保护法》规定幼儿园及其教师应履行哪些法定义务？

（2）幼儿园及其教师侵犯未成年人合法权益应承担哪些法律责任？

（3）容易造成幼儿园责任事故的原因主要有哪些？应如何采取措施加以预防？

（4）你认为应如何预防和减少幼儿伤害事故的发生？

5．案例分析

1）幼儿的肖像权受法律保护吗

【案情介绍】某幼儿园拟请广告公司为幼儿拍照片，用于幼儿园的招生广告。

在家长会上征得了家长们的同意后，幼儿园就约了某广告公司到幼儿园为在园幼儿拍照。广告公司看见正在花园旁边玩耍的美丽、活泼的幼儿王某，就请求幼儿园同意他们用王某的照片做广告公司的商业广告挂历，并答应付给幼儿园相应的报酬。幼儿园同意了，并在事后得到了这笔报酬。某日，王某的母亲外出办事，在街头的橱窗里发现印有女儿王某肖像的商业广告挂历，即找幼儿园和广告公司交涉。双方协商未果，王某的母亲便以王某法定代理人的身份将广告公司和幼儿园诉至法院，要求广告公司和幼儿园作出侵权赔偿。

分析：

广告公司和幼儿园有没有侵犯幼儿王某的肖像权？法律依据是什么？请结合案情作具体分析。

2）孙某体罚幼儿案

【案情介绍】2009年10月，某幼儿园教师孙某对幼儿有一套"独特"却残忍的管教方法——只要幼儿不听话，她就用未经消毒处理的一次性塑料注射器针头扎幼儿。她管理着的几十名3~4岁的幼儿，有61人遭遇过其毒手，此事件引起幼儿与家长恐慌。3岁多幼儿陈某的头、左右手、左右腰上的针眼竟有8个之多，是身上发现针眼最多的幼儿。此外，孙某还给幼儿注射洗脸水。孙某这样做的理由是：一个人管几十名幼儿管不过来，只想用这种办法让幼儿变得听话点。2009年10月24~28日，经医院检查：被刺幼儿的HIV、乙型肝炎、丙型肝炎抗体均为阴性。

法院认为，社区医学专业毕业的孙某具有一定的医学专业知识，应当知道使用未经消毒处理的同一注射器反复多次针刺幼儿，很可能在被刺幼儿之间造成交叉感染，传播疾病，但为了追求幼儿服从管教的目的，对可能造成的危害后果持放任态度，被告人的行为危害或直接威胁不特定多数人的生命安全，其行为符合以危险方法危害公共安全罪的构成要件。2010年3月24日，人民法院依法公开宣判：被告人孙某构成"以危险方法危害公共安全罪"，一审判处孙某有期徒刑3年，同时判决承担赔偿的民事责任。

分析：

幼儿园教师孙某的行为违反了哪些法律法规的规定？应承担哪些法律责任？请结合案情作具体分析。

3）幼儿被体罚致精神疾病案

【案情介绍】3岁的男孩王某，3月1日进入某幼儿园。3月13日下午，王某的外婆到幼儿园接他放学，发现王某的脸两边肿了，双眼睑通红，整个脸上有青紫印子，位置还是对称的。当晚，王某在睡梦中大叫"老师，别打我"，然后大哭不止。家长带王某到儿童医院看病，医生称这是惊吓所致，开了一些小儿安神药品让其服用，但药物没有阻止王某每晚从梦中惊醒，而且王某的脾气还越来越大。4月11日，家长又带王某去找心理医生，被心理医生诊断出患上了典型的"创伤后应激障碍"——一种和美国"9·11"

后出现的群体性症候一样的严重精神疾病，主要表现为病理性重现、噩梦惊醒、持续性警觉性增高和回避，以及对创伤经历的选择性遗忘和对未来失去信心。医生说，王某童年阴影对其未来成长发展有很大影响，"需要经过系统的、长期的治疗才能恢复"。

分析：

有哪些责任主体应该为王某的精神性疾病承担法律责任？这些责任主体应承担哪些法律责任？法律依据是什么？

4）幼儿上课时摔倒致腿部骨折案

【案情介绍】某日上午，某幼儿园教师组织中班幼儿在教室外搞分区活动。该活动内容符合中班幼儿的年龄特点，活动场所的地板铺的是防滑钢砖。当时有两名教师正在幼儿李某所在的组里看着幼儿们的活动。突然，李某一跳，摔倒了。教师马上送她到医院检查，经医生诊断，李某的右手骨折，共花了医药费 2 380 元。事后，李某的家长要求幼儿园承担全部赔偿责任，理由是：事故发生在幼儿园园内，幼儿园理应承担医药费、营养费及家长误工费的赔偿。幼儿园不同意家长的赔偿要求，家长将此事反映到当地有关报社，后来在报社编辑的协调下，家长和园方就此事进行了协商并达成协议，幼儿园同意支付给李某及其家长医药费、营养费及误工费等共计人民币 1 万多元。

分析：

该案属于什么类型的伤害事故？幼儿园是否要承担赔偿 1 万多元的民事责任？该案适用哪一个伤害事故赔偿的归责原则？

5）幼儿溺死幼儿园内水坑案

【案情介绍】一天 13:00 前后，5 岁男孩小明吃过午饭后由爷爷王某领着到幼儿园上学。进了幼儿园大门内，王某看见通往花园的小门外，有位幼儿园教师正带着几个幼儿玩耍。王某便领着孙子向教师走去，当走到离教师还有四五米开外时，王某松开小明的手，叫他自己找教师去。小明撒腿向花园跑去，王某在后面叮嘱："慢点，别摔着了！"然后就转身回去了。到 16:30，放学时间到了，教师一边把幼儿召集到前院做游戏，一边等着家长来接孩子。这时，来接孙子的王某没有看见自己的孙子，便问教师，教师却说："你孙子今天下午没有来。"王某便向教师讲了自己送孙子的事。教师马上四处寻找。后来在花园窖内的积水中发现了小明，急忙将其捞起，此时的小明早已溺死多时。

分析：

该案属于什么类型的伤害事故？有哪些责任主体该对幼儿小明的死负责任？这些主体具体应承担什么责任？法律依据是什么？请结合案情作具体分析。

6）9 年前幼儿园过错致伤，9 年后可否要求幼儿园赔偿损失

【案情介绍】某初三毕业班的女生刘某，9 年前 6 岁的她在某幼儿园上大班，在一次游戏课玩滑梯时，由于带班教师注意力分散，使其从滑梯高处不慎跌落地面，折断了左手无名指。幼儿园方面及时将刘某送到医院救治，支付了医疗费、护理费、营养费等一切费用，并多次带着礼品到刘某家中探望，向家长赔礼道歉。家长对幼儿园真诚的态度和善后处理很满意，也十分感激，打消了要求幼儿园赔偿的念头，园方与家长之间就此了结此事。9 年后，刘某面临初中毕业，家长希望她报考一所音乐艺术学校，但在体检时

发现她的左手无名指因外伤留下明显残疾而不能报考。为此，家长向刘某原就读幼儿园提出高额赔偿损失要求。

分析：

我国民法对人身损害赔偿的诉讼时效是如何规定的？该案是否超过了诉讼时效？法律依据是什么？

7）幼儿证言的有效性

【案情介绍】2017 年 10 月 18 日 15:00，某幼儿园的幼儿在寝室陆续起床，当班教师和保育员正给其他幼儿穿衣服，听见幼儿李某的哭泣声，发现李某的右眼被划伤。事发后幼儿园将受伤幼儿送至医院治疗并支付了部分医疗费用。后来幼儿园拒绝支付受伤幼儿的治疗费用，受伤幼儿家长只好起诉。一审开庭未果。时隔 8 个月后的 2018 年 6 月下旬，幼儿园及委托律师以该班 3 名 3 岁幼儿的证言举证证明李某右眼伤害是该班幼儿王某造成的。

法院审理认为，尽管证言出自幼儿，但与客观事实相符，又能与该正确意志表达能力相符，且又未有证明系另外第三人所为，故认定李某的受伤与王某的行为有因果关系，王某应当承担相应的民事责任。但幼儿园班生额超出要求，教师和保育员的配置也不达标，故幼儿园对李某受伤也应承担主要过错责任。王某监护人不服判决，认为伤害发生于 2017 年 10 月 18 日，而幼儿园提供的证言的取证时间为 2018 年 6 月 22 日，前后时间相隔 8 个月之久，3 名 3 岁左右的幼儿不可能对发生在 8 个月前的事能够记得清楚并明白无误地表述，所以证据不应作为定案的依据。

分析：

该案中 3 名 3 岁幼儿的证言是否具有法律效力？可否作为定案的依据？法律依据是什么？请结合案情作具体分析。

8）幼儿在幼儿园内眼睛被白鹤啄伤案

【案情介绍】某日上午，与斌斌同园、年仅 6 岁的利利由外公送到幼儿园上学时，还带来一只可爱的白鹤。幼儿园进行了口头阻拦，最终还是让利利带白鹤进园。17:00，教师刘某把幼儿们集中到院子里，等候家长来接。这时，白鹤引起了幼儿们的好奇。斌斌跑到白鹤跟前，蹲下来端详这只长嘴怪鸟。白鹤突然一啄，一阵钻心的疼痛使得斌斌放声大哭。当晚斌斌喊叫着左眼疼痛并啼哭不止，父母送斌斌到医院就诊。经医生诊断，斌斌的伤情严重，是左眼角膜穿通伤，外伤性白内障，必须实施角膜清创合手术。幼儿园和利利家长共同支付了 6 200 元医疗费，后来再也没有支付其他费用。斌斌出院后，家长将幼儿园和利利家长一并告上法庭，要求两被告赔偿医药费及精神损害费等共计 56 000 元。

分析：

该案属于什么类型的事故？有哪些责任主体该为斌斌的伤承担责任？具体应承担什么责任？请结合案情作具体分析。

9）幼儿报复伤人案

【案情介绍】一天下午，到了离园时间，父母还没来接的幼儿就在活动室里玩玩具。小班的东东和明明两名幼儿因争抢一支玩具手枪扭打起来。该小班有 30 名幼儿，由教师文某 1 人负责管理，事发时文某正与其他家长沟通。文某闻声后，立即走上前去阻止他们，并没收了玩具手枪，教育他们不能打架。待 2 名幼儿各自去玩其他玩具后，文某继续接待来园的家长。此时东东心有不满，突然跑到明明身后，用力将其推倒，造成明明额头被摔破，缝了 4 针。

事故发生后，明明的家长要求幼儿园和东东的家长共同承担赔偿责任。但幼儿园认为自己不存在过错，无须承担损害赔偿责任。东东的家长则认为，孩子是在幼儿园将人推倒致伤，是教师文某监管不力造成的，应该由幼儿园负全责。究竟应该由哪一方来承担明明的赔偿责任呢？

分析：

该案属于什么类型的事故？有哪些责任主体该为明明的伤承担法律责任？各个责任主体分别应承担多大的法律责任？请结合案情作具体分析。

10）幼儿被同伴咬伤案

【案情介绍】一天下午，某幼儿园小班（班生数 23 人）的红红和刚刚在户外游戏中突然发生争执，站在教室内的教师林某还来不及前去制止，刚刚就对着红红的手狠狠地咬了下去，红红立刻大哭起来。林某急忙走过去，只见一道深深的牙印赫然出现在红红稚嫩的小手上，经过仔细观察，牙印虽然较深，但没有破皮，为了防止出现肿胀，林某在安慰了红红后让园医进行了处理。离园时，林某及时将这一情况告诉了家长。家长火冒三丈，情绪激动，要求给红红注射破伤风疫苗，费用要由幼儿园出，并声称要将幼儿园告上法庭。

分析：

该案属于什么类型的事故？咬人的刚刚及其监护人要不要承担法律责任？幼儿园与教师要不要承担法律责任？幼儿园要不要赔偿注射破伤风疫苗的费用？请分别作具体分析。

11）幼儿在园内溺水受伤案

【案情介绍】某幼儿吴某 4 岁时入幼儿园。某日上午，幼儿园组织吴某所在班级戏水，9:30 左右，吴某溺水，教师发现后，即送医院抢救。由于溺水时间较长，虽经抢救，但至出院，吴某还神志不清，无自主动作，强刺激会哭，双下肢略强直，踝关节萎缩，双足呈内翻足。幼儿园垫付了医药费、护理费等总计 20 000 余元。但就未来吴某的抚养问题，双方存在争议。家长认为：吴某身体没有恢复，他们无力抚养，幼儿园应继续履行抚养义务至吴某身体恢复，他们不愿意将吴某领回家。幼儿园认为：家长作为吴某的监护人，对吴某有抚养的义务，幼儿园却没有此义务。由于幼儿园与家长双方多次协商不成，幼儿园便向法院起诉，要求家长领走吴某。法院受理了此案。在审理过程中，经法院主持调解，双方当事人达成协议如下：一、被告家长自愿将吴某送伤残儿童康复中心抚养，吴某所需费用由原告幼儿园负担；二、原告幼儿园自愿补偿给被告子女抚养费等 10 000 元。

分析：

该案属于什么类型的事故？幼儿园要不要承担法律责任？幼儿园有没有义务抚养和照顾出院后各项身体功能还没有完全恢复的吴某？请结合案情作具体分析。幼儿园自愿补偿给吴某的 10 000 元属于什么性质的一笔费用？

主要参考文献

蔡迎旗，2014．幼儿教育政策法规［M］．北京：高等教育出版社．

陈伯礼，李宁，李丽娜，2002．美国公立学校聘任中的法律问题［M］．哈尔滨：黑龙江人民出版社．

陈国维，2016．幼儿教育政策法规［M］．北京：教育科学出版社．

褚宏启，1998．学校法律问题分析［M］．北京：法律出版社．

褚宏启，2003．中小学法律问题分析（理论篇）［M］．北京：红旗出版社．

国家教育委员会政策法规司，1995．《中华人民共和国教育法》释义［M］．北京：科学普及出版社．

国务院法制办公室《校车安全管理条例》起草小组，2012．校车安全管理条例释义［M］．北京：中国法制出版社．

黄锡生，刘丹，2007．我国事业单位人事法律制度研究［M］．北京：中国检察出版社．

教育部基础教育司，2002．《幼儿园教育指导纲要（试行）》解读［M］．南京：江苏教育出版社．

教育部政策研究与法制建设司，国务院法制办公室教科文卫法制司，2004．民办教育促进法实施条例释义［M］．北京：中国青年出版社．

教育部政策与法制建设司，2002．《学生伤害事故处理办法》释义及实用指南［M］．北京：中国青年出版社．

郎胜，2011．中华人民共和国刑法修正案（八）释义［M］．北京：法律出版社．

劳动和社会保障部，2008．《中华人民共和国劳动争议调解仲裁法》讲座［M］．北京：中国劳动社会保障出版社．

劳凯声，2007．中国教育法制评论（第五辑）［M］．北京：教育科学出版社．

劳凯声，2008．教师职业的专业性和教师的专业权力［J］．教育研究，（2）．

李红霞，朱萍，周玲玲，2015．幼儿教育政策法规［M］．北京：高等教育出版社．

李季湄，冯晓霞，2013．《3～6岁儿童学习与发展指南》解读［M］．北京：人民教育出版社．

李连宁，孙宝森，1997．学校教育法制基础［M］．北京：教育科学出版社．

李适时，2017．中华人民共和国民法总则释义［M］．北京：法律出版社．

林雪卿，2002．典型教育法规案例评析［M］．北京：中国工人出版社．

林雪卿，2002．浅谈幼儿园在意外事故中的责任［J］．学前教育研究，（5）．

林雪卿，2003．学生伤害事故处理涉及的法律问题研究［M］．北京：中国广播电视出版社．

林雪卿，2006．订立、解除、终止教师聘任合同应注意些什么［J］．人民教育，（19）．

林雪卿，2006．"末位淘汰制"应淘汰［J］．中国民族教育，（6）．

林雪卿，2008．公立学校教师维权的仲裁与诉讼途径［J］．南通大学学报，（2）．

林雪卿，2008．论教师聘任合同的法律性质［J］．内蒙古师范大学学报，（9）．

林雪卿，2009．教师解除聘用合同的法定条件［J］．中国教育学刊，（7）．

林雪卿，2010．论法定解除教师聘用合同的程序［J］．扬州大学学报，（1）．

刘士国，2001．民法总论［M］．上海：上海人民出版社．

罗宏述，米桂山，1991．教育政策法规［M］．北京：科学普及出版社．

孟春梅，2006．聘任制条件下的教师合法权益保护［J］．中国教师，（9）．

彭茜，2007．论幼儿园在幼儿伤害事故中的责任归结［J］．西南大学学报，（3）．

全国人大常委会法制工作委员会行政法室，2007．中华人民共和国未成年人保护法释解［M］．北京：中国法制出版社．

人民教育编辑部，中国高等教育编辑部，1993．《教师法》学习手册［M］．北京：红旗出版社．

孙宝森，刘惠容，王悦群，1998．幼儿教育法规与政策概论［M］．北京：北京师范大学出版社．

孙宵兵，2007．教师法治教育读本［M］．北京：教育科学出版社．

唐纯林，谭如冰，2008．《劳动合同法》与幼儿园人力资源管理［J］．幼儿教育，（1）．

滕晓春，李志强，2007．《中华人民共和国劳动合同法》条文释义与案例精解［M］．北京：中国民主法制出版社．

童宪明，2017．幼儿教育法规与政策［M］．2版．上海：复旦大学出版社．

王大伟，2003．中小学生被害人研究：带犯罪发展论［M］．北京：中国人民公安大学出版社．

韦保宁，王瑜，2008．《劳动合同法》对民办幼儿园教师权益的影响［J］．幼儿教育，（1）．

解立军，2004．教师应如何维护自己的获取报酬待遇权［J］．人民教育，（18）．

徐霞，王倩，王宁，1997．中华人民共和国刑法学习纲要［M］．北京：人民出版社．

许安标，2005．中华人民共和国公务员法释义［M］．北京：人民出版社．

杨莉君，2015．幼儿教育政策法规［M］．北京：高等教育出版社．

杨立新，2000．侵权法论［M］．长春：吉林人民出版社．

杨立新，吴兆祥，杨帆，1999．人身损害赔偿［M］．北京：人民法院出版社．

杨立新，薛东方，穆沁，1999．精神损害赔偿［M］．北京：人民法院出版社．

叶静漪，2007．劳动合同法十二讲［M］．北京：中国法制出版社．

余明勤，郑尚元，2008．中华人民共和国劳动合同法实施条例释义［M］．北京：中国法制出版社．

余雅风，2008．论教师聘任合同的公法规范与控制［J］．教育发展研究，（22）．

袁曙宏，李晓红，许安标，2017．中华人民共和国民办教育促进法释义［M］．北京：法律出版社．

张志欣，2004．试论教师权利的法律保护［J］．中国教育学刊，（12）．

赵宏杰，严妍，2006．教师聘任合同之法律性质［J］．国家教育行政学院学报，（4）．

赵莉，张维平，2020．教育法学［M］．北京：国家开放大学出版社．

赵倩，李保民，祁净玉，2019．幼儿教育法规［M］．长沙：湖南师范大学出版社．

郑功成，程延圆，2007．《中华人民共和国劳动合同法》释义与案例分析［M］．北京：人民出版社．

周小虎，2014．幼儿教育政策法规［M］．上海：华东师范大学出版社．

最高人民法院民事审判第一庭，2001．最高人民法院《关于确定民事侵权精神损害赔偿责任若干问题的解释》的理解与适用［M］．北京：人民法院出版社．

附录　应知应会的幼教法律法规文本

中华人民共和
国教育法

中华人民共和
国义务教育法

中华人民共和
国教师法

中华人民共和国
民办教育促进法

中华人民共和
国未成年人保
护法

幼儿园管理条例

女职工劳动保
护特别规定

学生伤害事故
处理办法

中小学幼儿园
安全管理办法

托儿所幼儿园
卫生保健管理
办法

幼儿园工作规程